AF568782

Kurt Andermann / Thomas Biller / Timm Radt

Burg Neipperg

Architektur und Geschichte

Herausgegeben vom Heimatverein Kraichgau e. V.
Sonderveröffentlichung Nr. 43

verlag regionalkultur

Gedruckt mit freundlicher Unterstützung
der Kulturstiftung der Kreissparkasse Heilbronn
des Kraichgauer Adeligen Damenstifts, Karlsruhe
der Gustav-Siegle-Stiftung, Bad Rappenau
des Weinguts des Grafen Neipperg

Titelbildnachweis: Oben: Burg Neipperg. Fotografie Stefan Fuchs.
Unten: Der Raum im ersten Obergeschoss des Hinteren Turms, freie Rekonstruktion des Zustands im 13. Jahrhundert. Timm Radt.

Titel: Burg Neipperg

Untertitel: Architektur und Geschichte

Autoren: Kurt Andermann / Thomas Biller / Timm Radt

Herausgeber: Heimatverein Kraichgau e. V.

Umschlagentwurf: Timm Radt

Herstellung: verlag regionalkultur

ISBN 978-3-95505-443-4

Bibliografische Information der Deutschen Bibliothek
Die Deutsche Bibliothek verzeichnet diese Publikation in der Deutschen Nationalbibliografie; detaillierte bibliografische Daten sind im Internet über http://dnb.ddb.de abrufbar.
Diese Publikation ist auf alterungsbeständigem und säurefreiem Papier (TCF nach ISO 9706) gedruckt entsprechend den Frankfurter Forderungen.

verlag regionalkultur
Heidelberg • Ubstadt-Weiher • Stuttgart • Speyer • Basel

Verlag Regionalkultur GmbH & Co. KG
Bahnhofstraße 2 • 76698 Ubstadt-Weiher • *Telefon* 07251 36703-0 • *Fax* 07251 36703-29
E-Mail: kontakt@verlag-regionalkultur.de • *Internet*: www.verlag-regionalkultur.de

Inhalt

Vorwort

Burg Neipperg nahe Heilbronn gehört mit ihren beiden markanten Türmen und ihrer malerischen Lage in den Weinbergen des Heuchelbergs zu den bekannteren Burgen in Baden-Württemberg. Das gilt nicht nur aus der Sicht der Menschen in der Region, von Wanderern und Touristen, sondern auch für Architekturhistoriker, Burgenforscher und Denkmalpfleger, deren Interesse die Burg seit Generationen immer wieder gefunden hat. Im Fokus steht dabei vor allem der große Wohnturm, dessen stauferzeitliche Entstehung aufgrund seines sorgfältigen Buckelquadermauerwerks und der schönen Fenster nicht zu verkennen ist. Daher wird man kaum ein Buch oder einen Aufsatz zum Burgenbau in Südwestdeutschland finden, in denen Neipperg nicht zumindest erwähnt würde.

Eine monographische Darstellung, die sowohl die Geschichte der Burg und ihrer Erbauer als auch die Entwicklung ihrer Architektur untersucht, gab es freilich bislang nicht, und bei einer näheren Betrachtung Neippergs wird auch schnell klar, woran das liegt. Als stauferzeitlich-wohlerhaltenes Bauwerk erscheint nämlich außer dem großen Wohnturm die Gesamtanlage keineswegs, und die übrigen Bauteile entziehen sich einer raschen Beurteilung weitgehend. Das ist einerseits darauf zurückzuführen, dass Burg Neipperg ja eigentlich nicht als Sehenswürdigkeit zu besichtigen ist, sondern vor allem als Wirtschaftshof eines großen Weinguts genutzt wird. Der berühmte Wohnturm ist nur mit besonderer Erlaubnis des Eigentümers teils mittels behelfsmäßiger Leitern, teils über mühsam zu ersteigende Treppen aus dem 13. Jahrhundert begehbar, und die Plattform des anderen, schon aufgrund seiner isolierten Lage rätselhaften, baugeschichtlich jedoch ebenso wertvollen Turms erreicht man sogar nur über ein modernes, stählernes Baugerüst in seinem ansonsten deckenlosen Inneren.

Diese beiden spätstauferzeitlichen Türme machen indes nur einen kleinen Teil der Anlage von Burg Neipperg aus. Die übrigen Teile geben schon bei nur flüchtiger Betrachtung noch weit größere Rätsel auf. Es beginnt damit, dass es schwierig ist, überhaupt noch weitere mittelalterliche Bausubstanz zu entdecken. Allein der heute als Lager genutzte Nordflügel weist noch Buckelquaderpartien auf und die eine oder andere (spät-) gotische Öffnung. Der Rest der Bauten scheint hingegen erst aus dem 19. Jahrhundert zu datieren oder damals zumindest erneuert worden zu sein. Nur kleine Mauerpartien zeigen noch barocke Merkmale und einige Spolien gehen bis ins 16. Jahrhundert zurück. Schon diese Beobachtungen sind für sich allein genommen nur schwer verständlich, zeigen aber, dass es auf Burg Neipperg nicht allein im Mittelalter, sondern auch noch zur Zeit der Renaissance und des Barock umfangreiche Neubauten gegeben haben muss, die jedoch später wieder verschwanden und an deren Stelle die heutigen, weitgehend von den Bedürfnissen der Landwirtschaft geprägten Gebäude getreten sind.

Will man also die Burg so rekonstruieren, wie sie vom Mittelalter bis in die Renaissance und darüber hinaus bis ins frühe 19. Jahrhundert ausgesehen hat, kommt man mit der Untersuchung der erhaltenen Bausubstanz allein nicht weiter, obgleich manch unauffällige Spuren wie die verschiedenen Dachanschläge am Wohnturm noch Manches ahnen lassen. Außerdem muss man ergänzende Quellen heranziehen, vor allem frühe Darstellungen, die im Fall Neippergs aber nur bis ins späte 17. Jahrhundert zurückreichen, sowie Erwähnungen von Bauteilen oder Räumen in den Schriftquellen, die allerdings spärlich und nur selten hinreichend zu lokalisieren sind. Hilfreich sind schließlich Pläne aus dem Kontext der Umbaumaßnahmen um die Mitte des 19. Jahrhunderts.

Im Ergebnis lässt sich so zwar ein Bild der verschiedenen Entwicklungsphasen der beiden Neipperger Burgen gewinnen, aber die mühsame Kombination zahlloser Einzelbeobachtungen und -deutungen ist schon für den Bauforscher schwierig und leider ist sie es nicht weniger für den interessierten Besucher der Burg, ebenso wie für den Leser dieses Buchs. In dem Bemühen, die Geschichte und Architektur zu verstehen und verständlich zu machen, ist kein „Lesebuch“ entstanden, sondern eine detaillierte historisch-architektonische Bestandsaufnahme, die allerdings dem, der über Neipperg Orientierung sucht, hilft, die vielen Rätsel um diese bemerkenswerte Burg zu lösen.

Schließlich bleibt Dank zu sagen. Zuallererst ist hier der Burgherr, S. E. Graf von Neipperg, zu nennen, der allen Wünschen der Bearbeiter, sei es bei häufigen Begehungen der Burg, sei es bei der Benutzung seines Archivs oder zahlreicher in der gräflichen Verwaltung noch heute benötigter Pläne sowie bei vielen anderen Gelegenheiten mit großer Bereitwilligkeit entsprach. Die Drucklegung ermöglichten mit großzügigen Beihilfen die Kulturstiftung der Kreissparkasse Heilbronn und das Kraichgauer Adelige Damenstift, die Gustav-Siegle-Stiftung und das Weingut des Grafen Neipperg. Dem Heimatverein Kraichgau sind wir dafür verbunden, dass er unser Werk in seine Reihe aufgenommen hat. Und den Mitarbeiterinnen und Mitarbeitern des Verlags Regionalkultur danken wir, dass sie unsere Manuskripte und Bilder zu einem schönen Buch zusammengefügt haben.

Stutensee, Freiburg im Breisgau und Stuttgart, im Advent 2023

Die Verfasser

1 Zur Geschichte von Burg Neipperg

Kurt Andermann

1.1 Der historische Raum

Im frühen Mittelalter war der Raum um den Heuchelberg, auf dessen südlichem Rand Burg Neipperg liegt, dem Zabergau, dem Gartachgau und dem Neckargau zugeordnet, im Nordwesten ist darüber hinaus der Elsenzgau in Betracht zu ziehen[1]. Anders als vielfach angenommen, gehört diese Region nicht zum schwäbischen, sondern zum fränkischen Stammesgebiet, zu den alten Diözesen Worms und Speyer[2]. Die ältesten Nachweise für Güterbesitz und herrschaftliche Gerechtsame in der Region finden sich in den Überlieferungen der Klöster Lorsch, Weißenburg, Fulda, Hirsau, Mosbach und Odenheim. Am Neckar um Heilbronn gab es zur Zeit der Merowinger und Karolinger überdies umfangreichen Adelsbesitz, aus dem alle diese Schenkungen an die Klöster erfolgt waren, sowie bedeutendes Königsgut. In Wimpfen und Umgebung konnte in ottonischer Zeit das Bistum Worms auch herrschaftlich Fuß fassen, wurde aber später von den Staufern wieder weitgehend verdrängt, als diese seit der Mitte des 12. Jahrhunderts auf der Höhe über dem Neckar in verkehrsgünstiger Lage eine große Königspfalz als regionales Zentrum ihrer Reichsgutverwaltung anlegten. 1188 ist staufischer Besitz in Eppingen und Schwaigern sowie im Zabergäu zu fassen. Unter dem altfreien Adel, der im hohen Mittelalter hierzuland eine Rolle spielte, sind in erster Linie die Grafen von Lauffen zu nennen, daneben die Grafen von Vaihingen und im Zabergäu insbesondere die Edelherren von Magenheim, die ihren Stammsitz über Cleebronn auf dem östlichen Ausläufer des Strombergs hatten und mit den bereits zu Beginn des 12. Jahrhunderts ausgestorbenen Kraichgaugrafen verschwägert waren.

Nach dem Ende der Staufer entstand hierzuland, begünstigt durch das sogenannte Interregnum, zumal auch die mächtigeren eingesessenen gräflichen und dynastischen Familien nacheinander erloschen, im Zusammenwirken zahlreicher konkurrierender Kräfte eine bunte Vielfalt von größeren und kleineren sowohl weltlichen als auch geistlichen Herrschaften, die den Raum dann jahrhundertelang prägten. Am meisten profitierten von der Hinterlassenschaft der Staufer die

1 Das Folgende beruht auf Landkreis Heilbronn, Bd. 1, S. 33–52; Land Baden-Württemberg, Bd. 4, S. 28–37; vgl. auch die einschlägigen Karten im Historischen Atlas von Baden-Württemberg.

2 Andermann, Kraichgau, S. 21–24.

Weinsberger, denen es nicht nur gelang, sich aus der Reichsministerialität zu emanzipieren, sondern sich im Besitz einstigen Reichsguts obendrein in den Stand freier Herren aufzuschwingen. Zahlreiche andere Ministerialen schafften das zwar nicht, konnten sich aber in dem damals formierten Ritter- beziehungsweise Niederadel etablieren. Seit dem früheren 14. Jahrhundert griffen von Süden her zunehmend die Grafen von Württemberg ins Zabergäu aus und konnten dort, indem sie namentlich vom Niedergang der Grafen von Vaihingen profitierten, mit der Zeit ein weithin geschlossenes Territorium entwickeln. Den Pfalzgrafen bei Rhein beziehungsweise Kurfürsten von der Pfalz, die etwa um dieselbe Zeit von Norden her begannen, in die Region zu drängen, gelangen hier zwar nur ein paar kleinere, inselartige Erwerbungen, aber die Konkurrenz und Konflikte mit Württemberg konnten doch nicht ausbleiben, was Württemberg Mitte des 15. Jahrhunderts bewog, zwischen dem Bräunersberg bei Beilstein und dem Heuchelberg einen mit Hecken, Warten und Torhäusern befestigten Landgraben anzulegen[3]. Den regionalen Ritteradel haben diese Entwicklungen zwar immer wieder in Mitleidenschaft gezogen, aber letztlich profitierte er auch von dieser Situation, indem es ihm zwischen den Territorien der konkurrierenden Großen gelang, seine seit dem Zerfall der staufischen Herrschaft gewonnene Eigenständigkeit zu bewahren.

Im Zuge der voranschreitenden Verrechtlichung des Reiches während der frühen Neuzeit konsolidierten sich nicht allein die großen Territorien, sondern in der Organisation der freien Reichsritterschaft stabilisierten sich schließlich auch die kleinen Herrschaftsbildungen des Ritteradels, nördlich der Zaber im Ritterkanton Kraichgau, südlich der Zaber im Kanton Neckar-Schwarzwald, beide zum schwäbischen Ritterkreis gehörig. Diese Strukturen hatten mit nur geringfügigen Veränderungen Bestand, bis in napoleonischer Zeit der geistliche Besitz säkularisiert und die kaiserunmittelbaren Herrschaften des Ritteradels mediatisiert wurden (1805/06). Zusammen mit den geistlichen Herrschaften ging bereits 1802/03 auch die einst mächtige Kurpfalz unter. Die Oberhand im Raum um den Heuchelberg behielten fortan im Süden und Osten das von Napoleons Gnaden neu kreierte Königreich Württemberg, im Westen und Norden das gleicherart geschaffene Großherzogtum Baden. Den Angehörigen des mediatisierten Adels wurde, soweit er im Alten Reich reichsständisch gewesen war, in den Staaten des aus dem Wiener Kongress hervorgegangenen Deutschen Bundes der Charakter von Standesherren zugeschrieben und damit der Rang eines hohen, den regierenden Häusern ebenbürtigen Adels, soweit er reichsritterschaftlich war, der Charakter von Grundherren beziehungsweise niederem Adel. Dabei blieb es im wesentlichen bis zum Ende der Monarchie 1918.

3 Sagol, Landgraben.

1.2 Die Gründer der Burg

1.2.1 Herkunft

Fragt man nach den Gründern von Burg Neipperg, genügt es nicht, den Blick auf die seit 1241 bezeugte Familie gleichen Namens[4] zu richten, vielmehr ist zugleich die Frage nach deren Herkunft und verwandtschaftlichem Umfeld zu stellen.

Bereits 1899 postulierte A. Gustav Kolb[5] die agnatische Abstammung der von Neipperg von denen von Schwaigern und präsentierte sie, obgleich dafür kein beweiskräftiges urkundliches Zeugnis zu finden ist, in der von ihm erstellten ‚Stammtafel des mediatisierten Hauses Neipperg' als gesicherte Erkenntnis[6]. Freilich fehlt es nicht an Indizien, die Kolbs Hypothese zu stützen vermögen. Das stärkste Argument für die Identität beider Familien sind die Güter und Herrschaftsrechte in Schwaigern; im hohen Mittelalter waren diese namengebend für die einen, und während des späten Mittelalters und der frühen Neuzeit befanden sie sich ungeschmälert im Besitz der anderen. Hinzu kommt eine auffällige Verwendung gemeinsamer Taufnamen, unter denen insbesondere die weniger geläufigen Reinbodo und Warmund, aber auch Gottfried hervorzuheben sind. Zwar könnten die Kontinuität des Besitzes und der Namengebung ebensowohl auf einem kognatischen Abstammungsverhältnis beruhen. Aber es bliebe dann zu erklären, weshalb die Familie von Schwaigern genau in dem Moment aus den Quellen verschwindet, in dem die von Neipperg ins Licht der Geschichte treten. Demgegenüber fällt die Vorstellung leicht, dass nach dem Bau der eindrucksvollen Höhenburg am Rand des Heuchelbergs, deren klangvoller und mit viel Bedacht gewählter Name ihren Trägern naturgemäß mehr schmeichelte als die vorherige, eher zufällige Benennung nach einem schlichten Bauerndorf. Eine Gemeinschaft des Wappens könnte den agnatischen Zusammenhang vollends bestätigen, lässt sich aber nicht nachweisen, weil ein Siegel der von Schwaigern bedauerlicherweise nicht überliefert ist[7]. Das gleiche Wappen wie die von

4 Württembergisches Urkundenbuch online, Bd. 4, Nr. 984.

5 Dr. phil. A. Gustav Kolb, geboren 1871 in Brigach bei St. Georgen im Schwarzwald, gestorben 1915 in Preßburg, studierte Philologie in Freiburg im Breisgau und wurde dort 1909 promoviert. Um die Wende des 19. Jahrhunderts war er gräflich neippergischer Hauslehrer und Archivar in Schwaigern, wo er die Tochter des praktischen Arztes Dr. Eugen Lechler heiratete und mit mehreren regionalgeschichtlichen Veröffentlichungen hervortrat; danach lebte er als Privatgelehrter in Preßburg. Zur Person vgl. Genealogisches Handbuch bürgerlicher Familien, Bd. 110, S. 349.

6 Stammtafel des mediatisierten Hauses Neipperg, Tfl. 1.

7 von Alberti, Adels- und Wappenbuch, Bd. 2, S. 715.

Neipperg – drei silberne Ringe (2 : 1) in Rot[8] – führten in ihren Schilden übrigens auch die bereits während des späten Mittelalters ausgestorbenen Familien von Böckingen[9] und von Fürfeld[10], die somit ebenfalls zur Schwaigern-Neipperger Abstammungsgemeinschaft gezählt werden können. Zwischen anderen Familien von Neipperg, von Neidberg oder ähnlichen Namens in Schwaben, Sachsen, Böhmen, Bayern, Steiermark und der Schweiz und dem hier interessierenden Geschlecht besteht definitiv kein Abstammungszusammenhang.

Mithin beginnt die neippergische Geschichte nicht erst um die Mitte des 13., sondern bereits zu Beginn des 12. Jahrhunderts. Ob freilich schon der um 1100 im Komburger Schenkungsbuch erwähnte *Bertholt de Sweigeren* hierher gehört[11], ist zu bezweifeln; als Zeuge einer Schenkung Guta von Boxbergs dürfte er eher in dem Dorf Schweigern an der Umpfer unmittelbar östlich von Boxberg zu verorten sein. Gleiches gilt gewiss auch für *Cůnradus de Sweigere* (1219, 1220, 1231)[12] und *Tvͤto de Sweigeren* (1249)[13], die Kolb der Familie von Schwaigern an der Lein zurechnen wollte[14], sowie für *Herbordus et Heinricus de Sveigeren* (um 1228)[15], denn sie alle begegnen durchweg in räumlichen und sozialen Kontexten, die in die Gegend um Boxberg gehören und zu Schwaigern bei Heilbronn keinerlei Bezug haben. Hingegen dürfte – wiederum aufgrund des räumlichen und sozialen Kontexts – *Nibelunc de Sweicheim*, der um 1100 dem Kloster Hirsau eine halbe Hube zu Benningen am Neckar überließ[16], tatsächlich nach Schwaigern an der Lein gehört haben[17]. Das rechtfertigt allerdings, obgleich dieses Schwaigern damals zur Diözese Worms gehörte, nicht, den wenige Jahrzehnte später bezeugten Wormser Domherrn Nibelung ebenfalls hierher zu sortieren[18], denn dieser erscheint in den Quellen stets ohne nähere Zubenennung[19]. Sehr wohl aber ist die Heimat des Würzburger Domdekans Gottfried von Schwaigern (†1248)[20] an der Lein zu suchen, denn im Kapitel des Kiliansdoms gab es mit Warmund (1257–

8 von Alberti, Adels- und Wappenbuch, Bd. 2, S. 542 f.

9 von Alberti, Adels- und Wappenbuch, Bd. 1, S. 71; Beschreibung des Oberamts Heilbronn, Bd. 2, S. 238–240; Wanner, Böckingen und die Herren von Böckingen.

10 von Alberti, Adels- und Wappenbuch, Bd. 1, S. 205; Beschreibung des Oberamts Heilbronn, Bd. 2, S. 337–339.

11 Württembergisches Urkundenbuch online, Bd. 1, Nr. A21.

12 Württembergisches Urkundenbuch online, Bd. 3, Nr. 624, 627, 642 und 784.

13 Württembergisches Urkundenbuch online, Bd. 4, Nr. 1132.

14 Stammtafel des mediatisierten Hauses Neipperg, Tfl. 1.

15 Württembergisches Urkundenbuch online, Bd. 3, Nr. 731.

16 Schneider, Codex Hirsaugiensis, S. 29.

17 Württembergisches Urkundenbuch online, Bd. 4, Nr. 1132.

18 Eberl, Herren und Grafen von Neipperg, S. 386.

19 Schannat, Historia episcopatus Wormatiensis, Bd. 1, S. 85; Boos, Urkundenbuch Worms, Bd. 1, Nr. 63–65, 67, 69–71, 74 und 76 f. (1127–1160).

20 Amrhein, Reihenfolge, Bd. 32, S. 107 f.

Abb. 1: Wappen der Familie von Neipperg im Lehnbuch Pfalzgraf Friedrichs I. (1471)

1272/76)[21], Berthold (1257–1282)[22] und Reinbodo (1290–1307)[23] bald darauf auch noch drei Kapitulare mit dem Namen Neipperg. Zum Würzburger Domkapitel bestanden demnach über wenigstens drei Schwaigern-Neipperger Generationen hinweg nähere Beziehungen, die in der Geschichte des Hauses noch eine Rolle spielen sollten.

Neben dem bereits erwähnten Nibelung von Schwaigern, der dem Kloster Hirsau Grundbesitz in Benningen tradierte, ist dem Hirsauer Codex auch die Kenntnis der nächstjüngeren Angehörigen der Familie von Schwaigern zu verdanken. Um 1105/20 begegnen dort *Swigger de Sweigern et Birtilo frater eius* als Zeugen eines Güterhandels zu Hessigheim am Neckar[24], und um 1140/60 ist die Rede von einem *Adelhelm de Sweigern*, der mit einer Böckinger Erbtochter verheiratet war und die ihm von ihr zugebrachten Güter eigenmächtig verkauft hatte[25].

21 Amrhein, Reihenfolge, Bd. 32, S. 135.
22 Amrhein, Reihenfolge, Bd. 32, S. 151.
23 Amrhein, Reihenfolge, Bd. 32, S. 163.
24 Schneider, Codex Hirsaugiensis, S. 54 f.
25 Schneider, Codex Hirsaugiensis, S. 43.

Als Zeugen erscheinen im selben Kontext auch noch *Warmunt, Friderich, Otto* und *Wichelm de Sweigern*, allerdings ohne nähere verwandtschaftliche Zuordnung; Kolb interpretiert die letzteren Vier als Brüder und Adelhelm als deren rechten Vetter, was sich indes weder bestätigen noch widerlegen lässt. Bei Gottfried von Schwaigern (1219)[26], mit dem Kolb die Verbindung von besagtem Warmund (um 1140/60) zu dessen vermutetem Enkel *Reimboto de Sueigere* (1224) herstellt[27], handelt es sich um niemand anderen als den Würzburger Kleriker Gottfried von Schwaigern[28], so dass dieser als Vater der nächsten Schwaigerer Generation gar nicht in Betracht kommen kann und sich folglich an dieser Stelle eine genealogische Lücke auftut, die überlieferungsbedingt nicht zu schließen ist. Überdies ist die Stammtafel noch um Reinbodos Schwester Jutta zu ergänzen, die mit einem staufischen Ministerialen von Schmiedelfeld verheiratet war[29]. Bei dem von Kolb als Reinbodos Bruder ins Jahr 1220 gesetzten Heinrich von Schwaigern kann es sich eigentlich nur um den vorerwähnten Heinrich (um 1228)[30] handeln, der nach Boxberg gehört. Damit bleiben in der letzten Generation, die noch unter dem Namen von Schwaigern firmierte, außer Reinbodo nur noch dessen Schwester Jutta und ein mutmaßlicher Bruder Burkhard (1249)[31], der als Mönch im Kloster Odenheim lebte.

Diesen Reinbodo von Schwaigern wird man für identisch halten können mit dem 1241 und 1251 genannten Reinbodo von Neipperg[32] sowie mit dem nicht näher bezeichneten *dominus de Niberc* von 1246[33]. Und folglich dürften, weil nach allem, was man weiß, Burg Neipperg um die Wende vom 12. zum 13. Jahrhundert gegründet wurde, Reinbodos namentlich nicht bekannter Vater und er selbst die maßgeblichen Bauherren gewesen sein.

Angesichts der Tatsache, dass auf Burg Neipperg verschiedentlich Bauformen und Dekore begegnen, die auch an dem rund dreißig Kilometer entfernten Kloster Maulbronn zu beobachten sind (vgl. Kap. 4, insbesondere 4.1.10), stellt sich die Frage, ob es Beziehungen der Bauherren der Burg zu dieser Zisterzienserabtei gegeben hat und welchergestalt diese gegebenenfalls waren. Diesbezüglich ist zuerst an den vermutlich im 14. Jahrhundert entstandenen Wappenfries im Mittelschiff der Maulbronner Klosterkirche zu denken, auf dem unter 71 Schilden die drei neippergischen Ringe gleich zweimal auftauchen, vergesellschaftet mit den Wappen nahezu aller namhaften Familien des Adels aus dem weiteren

26 Stammtafel des mediatisierten Hauses Neipperg, Tfl. 1.
27 Boos, Urkundenbuch Worms, Bd. 1, Nr. 132.
28 Württembergisches Urkundenbuch online, Bd. 3, Nr. 622.
29 Boos, Urkundenbuch Worms, Bd. 1, Nr. 132.
30 Württembergisches Urkundenbuch online, Bd. 3, Nr. 731.
31 von Malottki, Heinrich von Leiningen, S. 184 f.
32 Württembergisches Urkundenbuch online, Bd. 4, Nr. 984 und 1172.
33 Württembergisches Urkundenbuch online, Bd. 3, Nr. 1081.

Umkreis der Abtei, darunter die von Gemmingen, von Leinburg, von Magenheim, von Remchingen, von Sickingen, von Sternenfels, von Stocksberg und viele andere mehr[34]. Ganz offensichtlich pflegten die Mönche auch auf solche Art das Andenken ihrer Wohltäter. Freilich lassen die Neipperger Beziehungen zu dem Zisterzienserkloster sich noch weiter konkretisieren. Zweifelhaft bleibt indes die Gestalt eines Maulbronner Gegenabts Johann von Neipperg, der – geächtet – im Jahr 1212 von den klösterlichen Hintersassen in Weissach getötet worden sein soll[35]. Klosterbrüder aus der Familie von Schwaigern-Neipperg wird es zu jener Zeit gewiss schon gegeben haben, urkundlich nachweisen lassen sie sich aber erst sehr viel später, so beispielsweise ein *frater C. de Nitperc monachus de Mulenbrunnen* (1289)[36], ein Subprior Heinrich von Neipperg (1294–1337)[37], *brůder Heinrich der keller von Nyperg* (1299)[38] und ein Klosterbruder Heinrich (1301)[39]. Ansonsten begegnen Angehörige der Familie von Neipperg immer wieder einmal als Zeugen oder Siegler in Urkunden zugunsten des Klosters[40], seltener auch in Urkunden, die von Maulbronner Äbten selbst ausgestellt wurden[41]. Gelegentliche Kauf- und Tauschgeschäfte zwischen der Adelsfamilie und dem Kloster waren nichts Besonderes[42]. Hin und wieder ist auch überliefert, dass ein Maulbronner Abt oder Prior als Schiedsrichter in Angelegenheiten der Familie von Neipperg tätig wurde[43]. Eine Neipperger Seelenheilstiftung an das Zisterzienserkloster im Tal der Salzach ist zwar erst aus dem Jahr 1299 bekannt[44], jedoch ist davon auszugehen, dass es dergleichen Stiftungen noch viel öfter und vor allem auch schon viel früher gegeben hat. Das alles ist in keiner Weise ungewöhnlich. Ganz allgemein erfreuten die Grauen Mönche sich im späteren 12. und im 13. Jahrhundert eines starken Zuspruchs aus Kreisen von Ministerialität und Ritteradel, weil man angesichts der strengen Observanz, die sie pflegten, von ihnen ein besonders wirkungsvolles Totengedenken erwartete. So fällt es leicht sich vorzustellen, dass schon bald nach der Gründung des Klosters Maulbronn um 1147 auch die von Schwaigern beziehungsweise von Neipperg dessen geistliche Nähe suchten und dort bei vielen Gelegenheiten verkehrten. Insofern kann auch die Übernahme architektonischer Formen aus dem mit Jenseitshoffnungen

34 Neumüllers-Klauser, Inschriften des Enzkreises, Nr. 41.
35 Beschreibung des Oberamts Brackenheim, S. 339 f.
36 Württembergisches Urkundenbuch online, Bd. 9, Nr. 3900.
37 Klunzinger, Neipperg, S. 9.
38 Württembergisches Urkundenbuch online, Bd. 11, Nr. 5302.
39 Dambacher, Urkundenarchiv, S. 209.
40 Württembergisches Urkundenbuch online, Bd. 4, Nr. 984 (1241) und 1237 (1252), sowie Bd. 9 Nr. 3665 (1287), 3749 (1288) und 3838 (1289).
41 Württembergisches Urkundenbuch online, Bd. 9, Nr. 3468 (1285) und 3740 (1288).
42 Württembergisches Urkundenbuch online, Bd. 9, Nr. 3781(1288), und Bd. 11, Nr. 5309 (1299).
43 Württembergisches Urkundenbuch online, Bd. 8, Nr. 3038 (12), und Bd. 11, Nr. 5232 (1299).
44 Württembergisches Urkundenbuch online, Bd. 11, Nr. 5273 (1299).

verbundenen Kloster auf der Burg nicht weiter erstaunen, und auch eine Beschäftigung von Steinmetzen, die in Maulbronn tätig waren, zu Neipperg ist durchaus in Betracht zu ziehen.

1.2.2 Stand

Die nicht ohne weiteres von der Hand zu weisende Annahme, die hochmittelalterlichen Wohltäter des Klosters Hirsau seien altfreien Standes gewesen, und der Respekt gegenüber dem mittlerweile in der Hocharistokratie der österreichisch-ungarischen Monarchie etablierten Haus Neipperg ließen Historiker, die sich im 19. und 20. Jahrhundert mit dessen Geschichte befassten, ganz selbstverständlich davon ausgehen, die von Schwaigern und mithin die von Neipperg hätten der Edelfreiheit entstammt. Tatsächlich ist dieser Prämisse für das 11. und 12. Jahrhundert eine gewisse Wahrscheinlichkeit nicht abzusprechen, zumal der neippergische Herrschaftsbesitz in Schwaigern zu seinem allergrößten Teil immer Allod war. Gleichwohl sind in den wenigen Quellennachweisen mit Bezug auf die von Schwaigern keinerlei Nachrichten überliefert, die diese als nobiles, ingenui oder dynastae charakterisieren[45]. Für die von Neipperg ist dann seit der Mitte des 13. Jahrhunderts zwar das Prädikat *dominus* wiederholt belegt[46], allerdings wird damit ja nicht nur die Zugehörigkeit zum älteren Herrenstand indiziert, sondern ebenso der Besitz der Ritterwürde und damit die Zugehörigkeit zum jüngeren Ritterstand, in dem sich im Übergang vom hohen zum späten Mittelalter ganz überwiegend die Ministerialen versammelten. Solches gilt auch für die Bezeichnung der ritterlichen Brüder Gottfried und Reinbodo von Neipperg 1263 als *nobiles*[47], denn herausragende ritterliche Ministerialen wurden damals schon längst mit dieser Titulatur bedacht. So rangieren die als Ritter klassifizierten Brüder Engelhard und Reinbodo von Neipperg unter den Zeugen einer Urkunde des Edelherrn Rudolf von Neuffen aus dem Jahr 1290 eindeutig hinter den Edelfreien, hinter dem Grafen Konrad von Vaihingen sowie hinter den Edelherren Konrad von Strahlenberg, Ulrich von Magenheim, Konrad von Weinsberg und Erkinger von Magenheim, und sind mithin als diesen nicht ebenbürtig gekennzeichnet.

Gewiss, als Ministerialen werden die von Neipperg ebenfalls in keiner Quelle ausdrücklich bezeichnet. Allerdings erscheinen sie in den Zeugenreihen von Urkunden immer wieder vergesellschaftet mit Angehörigen von Familien, die eindeutig dem Stand der Ministerialen – der „adligen Unfreiheit“[48] – zuzurechnen

45 Zur Problematik im allgemeinen vgl. Hechberger, Adel im fränkisch-deutschen Mittelalter.

46 Württembergisches Urkundenbuch online, Bd. 4, Nr. 1081 (1246) und 1172 (1251).

47 Remling, Urkundenbuch Speyer, Bd. 1, Nr. 331.

48 Bosl, Adelige Unfreiheit.

sind[49]. Nicht genug damit, werden in Urkunden des 14. und 15. Jahrhunderts Neipperger Agnaten, soweit sie die Ritterwürde nicht erlangt hatten, vielfach als *armigeri* oder Edelknechte tituliert[50], das heißt mit einem ständischen Attribut, dessen Grundwort Knecht ihre Herkunft aus der Dienstbarkeit respektive adligen Unfreiheit ausdrücklich als solche benennt[51]. Dem entspricht auch das neippergische Konnubium, das sich während des späten Mittelalters und der frühen Neuzeit so gut wie ausnahmslos in Kreisen des aus der Ministerialität hervorgegangenen Ritteradels bewegte. Und schließlich waren die ausweislich ihrer Wappen mit den Neipperg stammverwandten niederadligen Familien von Böckingen und von Fürfeld gleichfalls ministerialischen beziehungsweise ritteradligen Standes. So bleibt allenfalls noch in Betracht zu ziehen, dass die Schwaigern-Neipperger die edelfreie Standesqualität, die ihnen möglicherweise wirklich einmal eigen war, im Übergang vom 12. zum 13. Jahrhundert infolge Verschwägerung mit Ministerialen verloren hatten, entsprechend dem Rechtsgrundsatz der „ärgeren Hand"[52]. Wie dem auch sei: Spätestens mit dem Namenswechsel um die Mitte des 13. Jahrhunderts zählten die von Neipperg eindeutig zur Ministerialität respektive zum Ritteradel.

Damit erhebt sich die Frage, aus wessen Ministerialität die von Neipperg hervorgegangen sein könnten[53]. Zur Lösung dieses Rätsels gibt es nur wenige Indizien. Zu denken wäre etwa an die Ministerialitäten der Grafen von Lauffen oder der Grafen von Vaihingen. Auf den ersten Blick scheinen zumal die Vaihinger sehr gut in den Neipperger Kontext zu passen, weil die Grafschaft Vaihingen und namentlich die nahe gelegene Stadt Brackenheim wie auch Burg Neipperg vom Hochstift Würzburg zu Lehen rührten[54]. Allerdings war diese würzburgische Lehnshoheit über Vaihingen und Brackenheim keineswegs alt, sondern beruhte auf einer Lehnsauftragung, die wohl erst zu Beginn der 1340er Jahre erfolgte[55],

49 Württembergisches Urkundenbuch online, Bd. 4, Nr. 1237 (1252); Bd. 5, Nr. 1442 (1257); Bd. 8, Nr. 3285 (1283); Bd. 9, Nr. 3459 (1285), 3665 (1287) und 3828 (1289).

50 Nur exemplarisch: Knupfer/von Rauch, Urkundenbuch Heilbronn, Bd. 1, Nr. 77a und 265 (1310 und 1362); GLA Karlsruhe, 69 von Gemmingen-Michelfeld, Urk. von 1324 November 2; Andermann, Kopialbuch Neipperg, Nr. 2 (1331); Schuler, Regesten Württemberg, Nr. 69 (1331); GLA Karlsruhe, 69 von Gemmingen-Michelfeld, Urk. von 1324 November 2, 67 Nr. 284 fol. 59 (1342) und 67 Nr. 285 fol. 79 f. (1343, 1346 und 1365); Hoffmann, Lehenbuch Fürstbischof Albrecht, Nr. 833 (1351); Kraus, Archiv Neipperg, Nr. 16 (1412); Württembergische Regesten, Nr. 10965 und 10972 (1432 und 1436).

51 Deutsches Rechtswörterbuch, Bd. 2 (1932–1935) Sp. 1197.

52 Olechowski, Ärgere Hand.

53 Schaab, Ministerialität.

54 Hoffmann, Ältestes Lehenbuch Würzburg, Nr. 4081.

55 Assfahl, Würzburger Bischofslehen; Fritz, Grafen von Vaihingen, S. 76–78; Fritz, Hochadelige Herren, S. 88 f.

als Burg Neipperg schon längst Würzburger Lehen war[56]. Im übrigen sind die Anknüpfungspunkte zwischen Neipperg und Vaihingen ausgesprochen rar und keinesfalls signifikant für ein ministerialisches Abhängigkeitsverhältnis. 1289 bezeugten Heinrich und Reinbodo der Jüngere von Neipperg einen Güterverkauf des Grafen Konrad von Vaihingen an das Kloster Maulbronn[57], aber diese Zeugenschaft lässt sich wohl eher aus der neippergischen Nähe zu dem Zisterzienserkloster erklären als aus einem dienstbaren Verhältnis zu den Vaihinger Grafen. Und Ähnliches gilt auch für die Besiegelung der Urkunde eines Herrn von Neuffen für das Kloster Frauenzimmern bei Güglingen im Zabergäu, in der im Jahr darauf Engelhard und Reinbodo von Neipperg neben demselben Grafen von Vaihingen sowie Herren von Strahlenberg, Magenheim und Weinsberg begegnen[58]. Für eine Herkunft der von Neipperg aus der Ministerialität der bereits 1219 ausgestorbenen Grafen von Lauffen[59] finden sich zwar überhaupt keine urkundlichen Anhaltspunkte, aber angesichts der beherrschenden Stellung, die diesen Dynasten im hohen Mittelalter beiderseits des Neckars zukam, ist diese Möglichkeit unbedingt in Betracht zu ziehen, und mit ihr ließe sich auch am ehesten die Eigenständigkeit erklären, mit der die von Neipperg um die Mitte des 13. Jahrhunderts, nach dem Aussterben ihrer mutmaßlichen Herren, ins Licht der Geschichte treten. An kleinere Dynasten wie die von Magenheim oder von Leinburg als ursprüngliche Dienstherren möchte man angesichts einer solchen Eigenständigkeit, die ihren Ausdruck ja auch in den Dimensionen und Bauformen zumindest des Wohnturms der Hinteren Burg zu Neipperg findet, gar nicht denken. Die Territorienbildung der Grafen von Württemberg und der Pfalzgrafen bei Rhein hatte im 13. Jahrhundert das Gebiet um den Heuchelberg noch nicht erfasst, und nichts deutet darauf hin, dass die Schwaigerer respektive Neipperger einst den regional zuständigen Bischöfen von Worms oder einem anderen Prälaten der näheren oder weiteren Umgebung dienstbar gewesen wären.

Stattdessen ziehen sowohl Karl Bosl als auch Meinrad Schaab für die Herkunft der Familie die Reichsministerialität in Betracht[60]. Dafür könnte sprechen, dass es in der ganzen Region, insbesondere in Schwaigern und Massenbachhausen staufisches Reichsgut gab[61] und überdies Schwaigern an der südlichen Grenze des zur Königspfalz Wimpfen gehörigen Bannforsts lag, also zum inneren Bezirk des Reichsguts um diese Stauferpfalz zählte[62]. Die einzige Urkunde freilich, in

56 Hoffmann, Ältestes Lehenbuch Würzburg, Nr. 721, 2589, 2646 f. und 3161; Kraus, Archiv Neipperg, S. 273.

57 Württembergisches Urkundenbuch online, Bd. 9, Nr. 3828.

58 Württembergisches Urkundenbuch online, Bd. 9, Nr. 4037.

59 Grafen von Lauffen; Schaab, Ministerialität, S. 102.

60 Bosl, Reichsministerialität, Bd. 2, S. 407; Schaab, Ministerialität, S. 102.

61 Appelt, Urkunden Friedrichs I., Nr. 970.

62 Vollmer, Besitz der Staufer.

der ein Angehöriger der Familie von Neipperg in unmittelbarem Zusammenhang mit der Wimpfner Reichsgutverwaltung in Erscheinung tritt, ist ein Spruch des dortigen Landgerichts aus dem Jahr 1285, den Heinrich von Neipperg gemeinsam mit ritteradligen Standesgenossen aus der Umgebung bezeugte[63]. Dass im übrigen die wenigen aus der Neipperger Frühzeit überlieferten Nachrichten von Ämtern und Funktionen in der Verwaltung des Reichsguts um Wimpfen[64] nichts zu berichten wissen, muss nicht viel besagen, weil ohnehin anzunehmen ist, dass die wenigen namentlich erwähnten Ministerialen, von denen man weiß, dass sie in Wimpfen engagiert waren, nur die Spitze des sprichwörtlichen Eisbergs darstellen können. Allerdings ließe sich der Anspruch, den Burg Neipperg mit ihrer Architektur erhebt, sehr wohl als Reflex der Wimpfner Pfalzarchitektur interpretieren[65]. Auf eine nähere Verbindung zu den Staufern könnte überdies die Stiftung einer Neipperger Jahrzeit in deren Hauskloster Lorch im Remstal hindeuten[66]. Und schließlich wird man in nachstaufischer Zeit auch den *dominus Reinpoto pincerna regis* auf die Königspfalz in Wimpfen beziehen dürfen, der 1281 in Nürnberg eine Urkunde des Edelherrn

Abb. 2: Siegel Heinrich von Neippergs (1288).

Abb. 3: Siegel des Schenken Reinbodo von Neipperg (1281).

63 Württembergisches Urkundenbuch online, Bd. 9, Nr. 3459.

64 Hofacker, Reichslandvogteien, S. 60–66 und 123–129.

65 Zur Königspfalz Wimpfen vgl. Biller, Pfalz Wimpfen; Maurer, Deutsche Königspfalzen, Bd. 3,2, S. 382–440.

66 Württembergisches Urkundenbuch online, Bd. 4, Nr. 1172 (1251).

Friedrich von Hohenlohe für das Kloster Kitzingen am Main bezeugte[67]. Dass er mit dem jüngeren Reinbodo von Neipperg († nach 1305) zu identifizieren ist, ergibt sich aus dessen ebenfalls aus dem Jahr 1281 überlieferten Siegel, das die Umschrift trägt: *S . R[EI]NBOTONIS . PIN[CER]NE . DE . NIBERG*[68]. Die Zugehörigkeit der von Neipperg zur Reichsministerialität der späteren Stauferzeit ist demnach nicht zu bezweifeln, umso weniger, als sie sich mit einem ursprünglichen Dienstverhältnis zu den Grafen von Lauffen sehr gut vereinbaren lässt.

1.3 Der Name Neipperg

Das Grundwort des Namens Neipperg gibt zu erkennen, dass zuerst die Burg auf dem Berg entstand, das gleichnamige Dorf zu seinen Füßen aber erst im Anschluss daran als dessen Burgweiler. Über die Deutung des Bestimmungsworts zerbrach man sich spätestens seit dem 19. Jahrhundert den Kopf, blieb am Ende aber doch einigermaßen ratlos[69]. Der Name Montenuovo, der 1821 für die Nachkommenschaft aus Adam Albert von Neippergs zweiter Ehe mit Erzherzogin Marie Luise, verwitweter Kaiserin der Franzosen, kreiert wurde[70], beruht jedenfalls, indem er einen Burgnamen „Neuberg" voraussetzt, auf einem Missverständnis. Denn mustert man die frühesten Namensbelege durch – *Niberch* (1241)[71], *Niberc* (1246, 1257, 1277)[72], *Niperch* (1251)[73], *Niperc* (1252)[74], *Niperg* (1263)[75], *Nyberch* (1279)[76], *Niepb...* (1280)[77] und *Nitperg* (1281, 1285)[78] –, so ergeben sich bei diesen ersten Formen, die auch später noch vielfach wiederkehren, keinerlei Anklänge an mittelhochdeutsch *niuwe*, *niwe* oder *niu*, was dem neuhochdeutschen Adjektiv „neu" entspräche. Vielmehr steckt im Bestimmungswort des zuletzt zitierten Belegs das mittelhochdeutsche Appellativ *nît* mit der Bedeutung von feindseliger Gesinnung, Kampfesgrimm, Tapferkeit und Kampfesmut[79]. Das ist nicht etwa mit

67 Weller/Belschner, Hohenlohisches Urkundenbuch, Bd. 1, Nr. 413.
68 Württembergisches Urkundenbuch online, Bd. 8, Nr. 3038.
69 Bazing, Name Neipperg; Dähn, Neipperg, S. 419.
70 Schwennicke, Europäische Stammtafeln, Bd. 3, Tfl. 403.
71 Württembergisches Urkundenbuch online, Bd. 4, Nr. 984.
72 Württembergisches Urkundenbuch online, Bd. 4, Nr. 1081, Bd. 5, Nr. 1442, und Bd. 8, Nr. 2714.
73 Württembergisches Urkundenbuch online, Bd. 4, Nr. 1172.
74 Württembergisches Urkundenbuch online, Bd. 4, Nr. 1237.
75 Remling, Urkundenbuch Speyer, Bd. 1, Nr. 331.
76 Württembergisches Urkundenbuch online, Bd. 8, Nr. 2891.
77 Württembergisches Urkundenbuch online, Bd. 12, Nr. 5981.
78 Württembergisches Urkundenbuch online, Bd. 8, Nr. 3038, und Bd. 9, Nr. 3468.
79 Lexer, Mittelhochdeutsches Handwörterbuch, Bd. 2, Sp. 86.

dem Neid des heutigen Sprachgebrauchs zu verwechseln, denn die Beschwörung von Missgunst, Bosheit oder bösem Willen wäre für die Benennung einer Burg, die stets mit einem Anspruch auf Ehre und Ruhm verbunden war, kaum denkbar gewesen. Stattdessen ist leicht nachzuvollziehen, dass von einer Burg und ihren Bewohnern Tugenden wie Wehrhaftigkeit, Tapferkeit und Eifer im Gefecht erwartet werden und dass man diese Erwartung mit der Namengebung propagierte. Jüngere Belege bestätigen die Namensform *Nitperg* beziehungsweise *Nitberg* oder *Neitperg* vielfach[80]. Bei den sonstigen Namensformen sind ebenso wie bei der heute gültigen, die aufeinander folgenden, der Artikulation hinderlichen Konsonantenverbindungen tb oder tp im Sprachgebrauch verschliffen.

Mithin steht Burg Neipperg, was ihren Namen betrifft, in einer Reihe mit Burgen wie Neidenstein (1319 *Nydensteyn*) im Kraichgau[81], Neideck (heute Neudeck!, 1231 *Nidekke*) an der Brettach[82], Burgen des Namens Neideck in Oberschwaben[83] und in Oberfranken[84] oder Nideck im Elsass[85]. Alle diese Burgen wurden um 1200 oder im früheren 13. Jahrhundert gegründet, zur Zeit der Staufer, als die ritterlich-höfische Kultur in ihrer höchsten Blüte stand[86]. Die Burgen Neidenfels im Pfälzerwald[87] und bei Crailsheim[88] sowie Burg Neidenstein in der Fränkischen Schweiz[89] datieren hingegen erst aus dem späteren 14. beziehungsweise sogar erst aus dem 15. Jahrhundert. Ihrer Namengebung liegt zwar ebenfalls der ritterlich-höfische Tugendbegriff *nît* zugrunde, allerdings nur noch in epigonaler Spätbesinnung.

Eine solche Deutung ihres Namens ist geeignet, Burg Neipperg einmal mehr im Zusammenhang zu sehen mit der Königspfalz in Wimpfen. Denn die Burgen entlang der östlichen und nördlichen, dem Neckar folgenden Grenze des Wimpfner Bannforts tragen ebenfalls Tugendnamen: Ehrenberg (êre), Guttenberg (*güete*), Minneberg (*minne*), Stolzeneck (*stolz*) und Reichenstein (*rîche*)[90]. Auch Burg Neidenstein am Schwarzbach im nördlichen Kraichgau gehört in diesen

80 Württembergisches Urkundenbuch online, Bd. 9, Nr. 3749 (1288), 3781 (1288), 3828 (1289) und 3900 (1289), und Bd. 10, Nr. 4542; Hoffmann, Ältestes Lehenbuch Würzburg, Nr. 721 (1304/06), 2589 (1327/28) und öfter; Knupfer/von Rauch, Urkundenbuch Heilbronn, Bd. 1, Nr. 127 (1331); Hoffmann, Lehenbuch Fürstbischof Albrecht, Nr. 832 f. (1351), 1216 (1359) und öfter; Würdtwein, Nova subsidia diplomatica, Bd. 7, Nr. 125 (1369); Kraus, Archiv Neipperg, Nr. 7 (1383); GNA Schwaigern, Urkunden Nr. U37 (1443).

81 Andermann, Neidenstein.

82 Landkreis Heilbronn, Bd. 2, S. 77.

83 Stätten der Herrschaft und Macht, S. 71–74.

84 Kunstmann, Burgen der südwestlichen Fränkischen Schweiz, S. 37–58.

85 Biller/Metz, Burgen des Elsass, Bd. 2, S. 360–368.

86 Nagel, Staufische Klassik.

87 Keddigkeit/Losse/Puhl, Neidenfels.

88 Landkreis Schwäbisch Hall, Bd. 2, S. 257.

89 Kunstmann, Burgen der nordwestlichen und nördlichen Fränkischen Schweiz, S. 183–186.

90 Andermann, êre – güete – minne.

Kontext, denn sie liegt gleichfalls im Gebiet des Bannforsts. Während Neidenstein von oettingischen Ministerialen errichtet wurde, die auch in Diensten des Reiches standen[91], sind die Burgen entlang des Neckars unmittelbar auf die Königspfalz in Wimpfen bezogen und auf Wormser Reichskirchengut gegründet. Es ist anzunehmen, dass ihre Namengebung so geschlossen, wie sie sich präsentiert, von Wimpfen ausging, zwar kaum auf königliche Weisung, aber sicher angeregt durch die am Wimpfner Königshof gepflegte ritterlich-höfische Kultur. Demnach wären die „tugendreichen" Namen dieser Burgen ein Widerhall von Literaturrezeption, der Reflex einer kulturellen Blüte, die in Wimpfen am ehesten zur Zeit König Heinrichs (VII.), des Sohnes Kaiser Friedrichs II., zu suchen ist[92]. Der königliche Literaturmäzen besuchte die Pfalz über dem Neckar zwischen 1222 und 1235 nicht weniger als zwölfmal[93], so oft wie kein anderer Herrscher. Und eben damals wird vermutlich auch der Name *Nîtberg* respektive Neipperg ersonnen worden sein für eine Burg, die am südlichen Rand des Heuchelbergs zwar außerhalb der Wimpfner Bannforstgrenzen lag, deren Bauherren aus der Familie von Schwaigern aber am Königshof in Wimpfen ganz sicher zugange waren und an der dort gepflegten Hochkultur regen Anteil nahmen.

1.4 Besitz- und Rechtsverhältnisse

Obgleich die Geschichte des Lehens Neipperg seit dem Beginn des 14. Jahrhunderts vergleichsweise gut schriftlich dokumentiert ist, lassen die älteren Besitzverhältnisse auf der Burg und in der dazugehörigen Herrschaft sich doch nur teilweise erhellen. Das liegt nicht zuletzt daran, dass die Genealogie des Hauses Neipperg trotz aller Bemühungen A. Gustav Kolbs und Detlev Schwennickes in ihren Anfängen noch immer unsicher, lückenhaft und teilweise auch nicht ganz fehlerfrei ist[94].

Die Ritter Konrad und Warmund von Neipperg, die um 1304/06 vom Bischof von Würzburg mit der Burg samt zugehörigen Gerechtsamen (*castrum Nitberg, vineas, agros et areas sub eodem castro sitas*) belehnt wurden[95], sind der Enkel- respektive Urenkelgeneration der mutmaßlichen Burggründer zuzurechnen.

91 Andermann, Neidenstein.

92 Bumke, Mäzene im Mittelalter, S. 248–253; Meyer, Deutsche Literatur.

93 Maurer, Deutsche Königspfalzen, Bd. 3,2, S. 407–411; Vogtherr, Der bedrängte König.

94 Stammtafel des mediatisierten Hauses Neipperg, Tfl. 1 f.; Schwennicke, Europäische Stammtafeln, Bd. 5, Tfl. 73 f. Die auf den Seiten 173–178 dieses Buchs präsentierten Stammtafelauszüge orientieren sich zwar dankbar an den wertvollen Vorarbeiten Kolbs und Schwennickes, übernehmen deren Ergebnisse aber nur dort, wo diese selbst erhobenen urkundlichen Befunden nicht widersprechen.

95 Hoffmann, Ältestes Lehenbuch Würzburg, Nr. 721.

Allerdings können sie schon damals nicht mehr die alleinigen Inhaber der Burg gewesen sein, wenn man bedenkt, dass in den folgenden Jahrzehnten auch noch die in derselben Generation wurzelnden agnatischen Zweige der Göler von Neipperg und der von Neipperg genannt von Lauffen über Anteile an der Burg verfügten. Darüber hinaus gab es 1321 wenigstens zwei *taile an der burch ze Nipperg und swas darzů gehőrt, lűte und gůtes*, die sich in ganz anderen Händen befanden[96], ohne dass man wüsste, wie es zu dieser Entfremdung gekommen war. Einer der Teile gehörte Engelhard (VI.) von Weinsberg und wurde von diesem im genannten Jahr um 300 Pfund Heller an die Grafen von Württemberg verpfändet. Einen weiteren Teil hatten, wie man aus derselben Urkunde beiläufig erfährt, die Württemberger ohnehin schon in Besitz, und da dieser Teil, wie viel später ausdrücklich betont wird, kein würzburgisches Lehen war[97], muss er bereits vor 1304/06 in württembergischer Hand gewesen sein. Der Grund für die Verpfändung ist vermutlich in einer Fehde zwischen den Vettern Engelhard VI. und Konrad V. von Weinsberg zu suchen, in der 1322 der Ritter Engelhard von Neipperg und sein Vetter Reinbodo von Neipperg ihren Teil der Burg für Konrad den Älteren (V.) von Weinsberg öffneten[98]. Der bereits 1304/06 erwähnte Ritter Konrad von Neipperg findet 1327/28 ein letztes Mal Erwähnung, als er mit seinem Teil der Burg (*partem suam castri Nitperg cum omnibus suis pertinenciis*) nochmals belehnt wurde und mit ihm zugleich Ludwig von Rohrbach und Raban *dictus Meyser* – vorsorglich – als Träger seiner Kinder[99]. Bald darauf starb Konrad von Neipperg ohne agnatische Nachkommen zu hinterlassen und sein Anteil an Burg Neipperg fiel an seine kognatischen Erben aus der Familie Meiser[100]. Der in den gängigen Stammtafeln gar nicht erwähnte Edelknecht Reinbodo von Neipperg, der gemeinsam mit seinem Vetter Engelhard 1322 Konrad V. von Weinsberg das Öffnungsrecht auf der Burg eingeräumt hatte, verkaufte seine Anteile an Neipperg und Schwaigern neun Jahre später – wohl infolge wirtschaftlicher Bedrängnis – um 110 Pfund Heller an die Grafen von Württemberg[101], die damit ihre Position zu Neipperg weiter auszubauen vermochten.

Um 1328/29 werden Anteile an der Burg erstmals näher quantifiziert. Demnach gehörten Engelhard und Wilhelm von Neipperg je ein Viertel (*recepit*

96 HZA Neuenstein, GA 15, Schublade L, Nr. 9.

97 GNA Schwaigern, Urkunden Nr. U27 (1432).

98 HZA Neuenstein, GA 15, Schublade Mb, Nr. 1 Bündnisse; zu den seinerzeitigen Verhältnissen im Hause Weinsberg vgl. Dillenius, Weinsberg, S. 26–28; zum Öffnungsrecht allgemein vgl. Andermann, Öffnungsrecht.

99 Hoffmann, Ältestes Lehenbuch Würzburg, Nr. 2589.

100 Hoffmann, Ältestes Lehenbuch Würzburg, Nr. 2647 (1328/29); Hoffmann, Lehenbuch Fürstbischof Albrecht, Nr. 834 (1351), 1138 (1357) und 1216 (1359); Kraus, Archiv Neipperg, Nr. 3 (1364); Andermann, Kopialbuch Neipperg, Nr. 7 (1364); zur Familie vgl. von Alberti, Adels- und Wappenbuch, Bd. 1, S. 483 f.

101 Schuler, Regesten Württemberg, Nr. 69 (1331).

quartam partem castri Nitperg)[102]. Darüber hinaus hatten dem Würzburger Lehnbuch zufolge Engelhard und Wilhelm aber auch noch den Teil der Burg empfangen, den der verstorbene Konrad hinterlassen hatte (*partem dicti castri, relictam per quondam Cunradum de Nitperg*)[103]. Das irritiert, weil ja auch Konrads Nachkommen und Erben aus der Familie Meiser noch mehr als drei Jahrzehnte lang an der Burg beteiligt blieben[104]. Ebenso bedarf folgender Nachsatz einer Erklärung: *Supradicti militis feoda receperunt Th(eodericus) de Gemmingen et Hartmannus (de Ense) ad portandum pueris suis masculis et femellis*. Bei besagtem Ritter (*miles*) kann es sich eigentlich nur um jenen Engelhard von Neipperg handeln, der bereits 1295 als Ritter Erwähnung findet[105], den zu Gebote stehenden Stammtafeln zufolge aber erst zwischen 1362 und 1371 verstorben sein soll[106] und folglich ein zu seiner Zeit ungewöhnlich hohes Alter von etwa neunzig Jahren erreicht hätte. Das ist zwar nicht ohne weiteres auszuschließen, aber es bleibt doch zu überlegen, ob nicht hier ein gleichnamiger Sohn interpoliert werden müsste, der dann 1362/71 in mittlerem Alter gestorben wäre. Der ältere Engelhard hätte demnach nur bis um 1328/29 gelebt, und damit wäre auch die im älteren Würzburger Lehnbuch nachgetragene Notiz erklärt, dass seine offenbar noch minderjährigen Kinder der ritteradligen Standesgenossen Dieter von Gemmingen und Hartmann von Endsee als Lehnsträger bedurften.

1.4.1 Die Hintere (Obere) Burg

Seit der Mitte des 14. Jahrhunderts beginnt die schriftliche Überlieferung zwischen Vorderer und Hinterer beziehungsweise Unterer und Oberer Burg zu unterscheiden. An der Oberen Burg empfing 1351 Heinrich Göler von Neipperg († nach 1368) einen Teil zu Lehen (*partem suam superioris montis castri Nitperg*)[107], zweifellos denselben, mit dem er unspezifisch bereits 1334 belehnt worden war[108]. Auch Konrad Göler von Neipperg der Jüngere († vor 1351) hatte einen Teil an der Oberen Burg (*cum pertinenciis suis infra muros eiusdem superioris castri sitam*), den nach seinem Tod sein Bruder Heinrich als Vormund der hinterbliebenen Kinder (*Heinricus Goler patruus sive tutor eorundem fratruelium suo et ipsorum puerorum nomine*) um 240 Gulden an Heinrich von Neipperg

102 Hoffmann, Ältestes Lehenbuch Würzburg, Nr. 2646 f.
103 Hoffmann, Ältestes Lehenbuch Würzburg, Nr. 2647.
104 Vgl. Anm. 147.
105 Württembergisches Urkundenbuch online, Bd. 10, Nr. 4749.
106 Schwennicke, Europäische Stammtafeln, Bd. 5, Tfl. 73.
107 Hoffmann, Lehenbuch Fürstbischof Albrecht, Nr. 832.
108 Hoffmann, Ältestes Lehenbuch Würzburg, Nr. 3161.

genannt von Lauffen verkaufte[109]. Heinrich genannt von Lauffen († vor 1383) war aber auch schon zuvor an der Oberen Burg beteiligt[110].

Nach der Mitte des 14. Jahrhunderts begann ein Konzentrationsprozess, der schließlich die meisten Anteile der Burg in Händen des nicht weiter zubenannten Neipperger Mannesstamms zusammenführte. Zunächst allerdings blieben auch die von Neipperg genannt von Lauffen und die Göler von Neipperg noch immer Teilhaber in der Oberen Burg. Heinrich Göler resignierte, weil er offenbar ohne Leibeserben war, seine Anteile zu Neipperg und Schwaigern 1366/68 seinen Schwestersöhnen aus der Familie von Sachsenheim[111], deren damit erworbene anteilige Gerechtsame erst 1482 um 350 Gulden an das Haus Neipperg zurück gelangten[112]. Und Heinrich von Neipperg genannt von Lauffen verkaufte seine Rechte zu Neipperg und Schwaigern 1383 um 1.650 Gulden an den Ritter Eberhard von Neipperg (†1406)[113]. Schon vor 1379 war diesem mit dem Erlöschen der agnatischen Nachkommenschaft Konrad von Neippergs genannt vom Stein († vor 1379) ein weiteres Viertel an der Hinteren Burg, das von Würzburg zu Lehen rührte, erblich zugefallen[114].

Noch 1377 empfing Eberhard von Neipperg vom Würzburger Bischof neben zwei Teilen der Vorderen Burg nur ein Viertel der Hinteren[115]. 1406 hingegen, als sein gleichnamiger Sohn (†1450) belehnt wurde, bestand das Lehen aus der ganzen Hinteren Burg und der Hälfte der Vorderen Burg[116]. Gegenstand der würzburgischen Belehnungen für Eberhards des Älteren agnatische Nachkommen waren seither stets die Hintere Burg – obgleich daran 1468 zumindest de iure noch immer die von Sachsenheim beteiligt gewesen sein dürften[117] – und ein Teil der Vorderen Burg[118]. Als Reinhard von Neipperg († vor 1461), Eberhards des Jüngeren Bruder, als alter Mann sein Haus bestellte und 1458 seine Erbfolge regelte, traf er auch nähere Bestimmungen bezüglich der Burg. So verfügte er, dass sein Anteil an beiden Schlössern zu Neipperg stets im gemeinschaftlichen Besitz seiner Söhne Eberhard († nach 1476)[119], Wendel († vor 1480), Hans (†1482) und Engelhard (†1495) beziehungsweise ihrer männlichen Nachkommen bleiben und weder versetzt noch verkauft werden sollte. Damit

109 Hoffmann, Lehenbuch Fürstbischof Albrecht, Nr. 833.

110 Hoffmann, Lehenbuch Fürstbischof Albrecht, Nr. 833.

111 Württembergische Regesten, Nr. 7419 (1366); Hoffmann, Lehenbuch Fürstbischof Albrecht, Nr. 2059 (1368).

112 Andermann, Kopialbuch Neipperg, Nr. 106.

113 Andermann, Kopialbuch Neipperg, Nr. 17; Kraus, Archiv Neipperg, Nr. 6 f.

114 Kraus, Archiv Neipperg, Nr. 5.

115 Kraus, Archiv Neipperg, Nr. 4.

116 Kraus, Archiv Neipperg, Nr. 13; GNA Schwaigern, Urkunden Nr. U13.

117 Andermann, Kopialbuch Neipperg, Nr. 106.

118 Kraus, Archiv Neipperg, Nr. 17, 41 und 49.

119 Kraus, Archiv Neipperg, Nr. 37.

hatte er gewissermaßen ein Stammgut konstituiert. Gemeinsam sollten die Brüder das Schloss *in hůt, buwe und ern halten*, und wenn für nötig erachtete und einvernehmlich beschlossene Baumaßnahmen die Einkünfte aus der Herrschaft Neipperg überstiegen, sollte der erforderliche Mehraufwand entsprechend der jeweiligen Anteilsgröße aus dem sonstigen Vermögen der beteiligten Agnaten finanziert werden[120]. Teilhaber war damals neben Reinhard auch noch Eberhards (1450†) Sohn Dieter (†1465)[121]; von dessen Söhnen Eberhard (†1506) und Wilhelm (†1498)[122] nahmen dann die neippergischen Linien zu Adelshofen und Schwaigern (erloschen 1708) und zu Schwaigern und Klingenberg (blüht) ihren Ausgang. Die männliche Nachkommenschaft des Stammgutstifters Reinhard († vor 1461) hingegen erlosch bereits mit dessen Enkeln; als letzter Agnat seines Zweigs trat Engelhard (†1495)[123] seinen Teil an Schloss und Dorf Neipperg samt Zugehörungen 1491 noch zu Lebzeiten an seine Vettern Eberhard und Wilhelm als rechtmäßige Lehnserben ab[124]. Fortan teilten sich in das würzburgische Lehen Neipperg beide Stämme zu Adelshofen und zu Schwaigern, anfangs vermutlich je zur Hälfte, aber aufgrund von Erbschaft, Teilung[125], Verkauf[126] und Tausch[127] gab es später immer wieder größere und kleinere Verschiebungen in den tatsächlichen Besitzverhältnissen, sowohl innerhalb der beiden Linien als auch von der einen zur anderen. Der so bewirkte permanente Wandel fand seinen Niederschlag in zahlreichen Lehnbriefen[128], braucht jedoch in den Einzelheiten hier nicht weiter dargelegt zu werden.

Bis 1559 erfolgte die Beschreibung des Lehens in den Urkunden mit hergebrachten Formulierungen als Hintere Burg Neipperg und Teil an der Vorderen Burg. Erst danach wurde unter Bezifferung von Bruchteilen auf wechselnde

120 Andermann, Kopialbuch Neipperg, Nr. 83–85.

121 Andermann, Kopialbuch Neipperg, Nr. 91.

122 Kraus, Archiv Neipperg, Nr. 69; Andermann, Zwischen adliger Herrschaft.

123 Andermann, Zwischen adliger Herrschaft.

124 Kraus, Archiv Neipperg, Nr. 79; Andermann, Kopialbuch Neipperg, Nr. 120.

125 Kraus, Archiv Neipperg, Nr. 170 (1571) und 187 (1582); Andermann/Maier, Urkunden Gemmingen Hornberg, Nr. 771–773 (1652).

126 Kraus, Archiv Neipperg, Nr. 221 f. (1596) und 246–248 (1612).

127 Kraus, Archiv Neipperg, Nr. 256 (1614).

128 Kraus, Archiv Neipperg, Nr. 81 (1492, S), 85 (1498, S), 105 (1525, S), 118 (1535, S), 124 (1537, S), 129 (1543, S), 132 (1545, S), 151 (1559, S), 198 (1586, S), 208 (1592, A), 215 (1595, A), 222 (1597, S), 229 (1604, S), 239 (1609, S), 241 (1609, S), 244 (1612, S), 256 (1614, A), 268 (1618, S), 278 (1624, S), 286 (1649, S), 291 (1654, S), 306 (1673, S), 312 (1677, S), 318 (1684, S), 320 (1687, S), 375 (1722, S) und 376 (1722, vormals A). Im 18. Jahrhundert wurde zunächst der jeweilige Chef des Hauses belehnt, später die an den Lehen berechtigten Agnaten gemeinschaftlich. Die Tatsache, dass Lehnbriefe für die Adelshofer Linie (A) sehr viel spärlicher überliefert sind als solche für die Schwaigerer Linie (S), könnte sich daher erklären, der größte Teil der Adelshofer Registratur im Orléans'schen Krieg 1693 untergegangen wäre.

individuelle Besitzverhältnisse Bezug genommen. Einen gemeinschaftlichen Lehnsträger für das Gesamthaus gab es bis ins 18. Jahrhundert nicht. Nachdem 1708 die Adelshofer Linie ausgestorben und ihr Anteil an Burg Neipperg der Schwaigerer Linie zugefallen war, wurde die Gewohnheit der getrennten Lehen zu Neipperg noch bis zum Ende des Alten Reiches mit je eigenen Lehnbriefen weiterhin beibehalten. Demnach bestanden die bisher Adelshofer Gerechtsame aus der Hinteren Burg, die inzwischen auch als Neue Burg bezeichnet wurde, samt drei Vierteln des Dorfs Neipperg und einer Hälfte der Malefizgerechtigkeit (Hoch- und Blutgerichtsbarkeit)[129], die Schwaigerer Gerechtsame hingegen aus der Vorderen Burg mit einem Viertel des Fleckens Neipperg und der anderen Hälfte der Malefizgerechtigkeit[130]. Selbst im 19. Jahrhundert, als die vordem bischöflich würzburgische Lehnshoheit längst dem König von Württemberg zugefallen und die staatlichen Hoheitsrechte der Lehnsinhaber hinfällig geworden waren, wurde an der Tradition der separaten Lehnbriefe für die vormals Adelshofer und Schwaigerer Anteile weiterhin festgehalten[131].

Wer im einzelnen aus dem Kreis der Familie tatsächlich in der Hinteren respektive Oberen oder Neuen Burg wohnte, ist nicht leicht zu eruieren. Namenszusätze wie „gesessen zu“, die wörtlich zu nehmen sind, kommen in den zur Verfügung stehenden Quellen nur selten vor, und Titulaturen wie „zu“ oder „von und zu“ sind mit Vorsicht zu gewichten, weil sie spätestens seit dem 17. Jahrhundert nur noch einen allgemeinen Herrschaftsanspruch zum Ausdruck bringen und über die tatsächliche Ansässigkeit an diesem oder jenem Ort nicht mehr viel besagen. Um die Mitte des 16. Jahrhunderts wohnten zu Neipperg offenbar Ludwig (†1570)[132] aus der Adelshofer Linie mit drei Vierteln am Kondominat und Philipp (†1581)[133] aus der Schwaigerer Linie mit einem Viertel[134]. Als die Brüder Eberhard (†1591), Reinhard († nach 1612) und Georg Wilhelm (1607†), Söhne Ludwigs, 1571 die Hinterlassenschaft ihres Vaters teilten, räumten sie ihrer Mutter als Witwensitz *Nifferers* Haus zu Neipperg ein; bis zu dessen Herstellung

129 Kraus, Archiv Neipperg, Nr. 376 (1722), 399 (1730), 429 (1750), 454 (1779), 460 (1793) und 467 (1796); GNA Schwaigern, Amtsbücher Nr. B114 (1564).

130 Kraus, Archiv Neipperg, Nr. 375 (1722), 400–402 (1730), 428 (1750), 455 (1779), 461 (1793) und 468 (1796); GNA Schwaigern, Amtsbücher Nr. B114 (1564).

131 Kraus, Archiv Neipperg, Nr. 492 (1831) und 499 (1837) für die Hintere Burg sowie 493 (1831) und 498 (1837) für die Vordere Burg.

132 Kraus, Archiv Neipperg, Nr. 141 (1554) und 145 (1557); Andermann, Urkunden Gemmingen Treschklingen, Nr. 213 (1556); Krimm u. a., Archive Helmstatt, Nr. 728 (1560); Andermann/Maier, Urkunden Gemmingen Hornberg, Nr. 434 (1574) und 451 (1579); Klunzinger, Neipperg, S. 18.

133 Kraus, Archiv Neipperg, Nr. 141 (1554), 145 (1557) und 170 (1571); Krimm u. a., Archive Helmstatt, Nr. 734 (1561), 778 (1567) und 779 (1566); Klunzinger, Neipperg, S. 18.

134 GNA Schwaigern, Amtsbücher Nr. B114 (1564).

Abb. 4: Allianzwappen Eberhard von Neippergs und Rosina von Neippergs (1581) an der Hinteren Burg.

sollte sie als Gast Philipp von Neippergs auf Schloss Neipperg wohnen[135]. Dabei bleibt letztlich unklar, ob das genannte Haus im Dorf – sehr wahrscheinlich – oder auf der Burg zu suchen ist, und ebenso erfährt man über Philipps Domizil auf dem Schloss nichts Näheres. Eberhard von Neipperg[136], der 1579/81 in der Hinteren Burg das Neue Schloss errichten ließ[137] und später in der Pfarrkirche zu Neipperg seine letzte Ruhe fand, war nicht nur Ludwigs (zu Adelshofen) Sohn, sondern zugleich Philipps (zu Schwaigern) Schwager. Des Letzteren Erbe auf der Burg war sein Sohn Engelhard (†1600)[138], dessen Söhne den Dreißigjährigen Krieg allesamt nicht überlebten. Eberhards einziger Sohn Ludwig († nach 1613)

135 Kraus, Archiv Neipperg, Nr. 170.

136 Kraus, Archiv Neipperg, Nr. 180 (1581); Andermann, Urkunden Gemmingen Fürfeld, Nr. 105 (1574) und 120 (1589); Andermann/Maier, Urkunden Gemmingen Hornberg, Nr. 451 (1579); Beschreibung des Oberamts Brackenheim, S. 333 (Grabinschrift in der Kirche zu Neipperg).

137 Vgl. die Bauinschrift in der Beschreibung des Oberamts Brackenheim, S. 337.

138 Kraus, Archiv Neipperg, Nr. 187 (1582) und 198 (1586); Andermann, Urkunden Gemmingen Fürfeld, Nr. 112 (1583).

residierte in Adelshofen, aber sein Neffe Melchior Ludwig (†1619)[139], der die Linie fortführte, scheint seinen Sitz wieder auf der Burg gehabt zu haben. Ob das Schloss im Dreißigjährigen Krieg Schaden nahm und danach überhaupt noch bewohnt war, ist nicht bekannt. Die im Kieser'schen Forstlagerbuch präsentierte Ansicht von Burg und Dorf aus der ersten Hälfte der 1680er Jahre (Abb. 67) gibt zumindest an den Bauten des Hinteren Schlosses keine größeren Schäden zu erkennen; das Vordere Schloss hingegen bestand schon damals außer dem Turm nur noch aus Wirtschaftsgebäuden[140]. Unbewohnbar wurde die ganze Anlage wohl erst infolge des Orléans'schen Kriegs 1688/93, als das Zabergäu, der Kraichgau und der Heilbronner Raum von den Franzosen schwer heimgesucht wurden[141]. Aus der Tatsache, dass Bernhard von Neipperg, der letzte Agnat der Adelshofer Linie, im Sommer 1708 von seinem Jäger auf Burg Neipperg getötet wurde[142], kann nicht geschlossen werden, dass er auch noch dort gewohnt hätte.

1.4.2 Die Vordere (Untere) Burg

Die Vordere oder Untere Burg war bereits zur Zeit ihrer ersten Erwähnung in der schriftlichen Überlieferung 1351 wie die Hintere beziehungsweise Obere Burg schon länger geteilt, und das blieb sie auch bis ins 18. Jahrhundert[143]. Mit einem Anteil wurde 1351 der Edelknecht Raban Meiser als Erbe seines Großvaters Konrad von Neipperg belehnt (*recepit partem suam castri inferioris montis in Nytperg*)[144]. Gelegentlich der Belehnungen des Nachfolgers Swicker Meiser ist zu erfahren, dass es sich bei diesem Anteil 1357 um ein Viertel handelte (*recepit quartam partem anterioris castri Nytperg*)[145], 1359 aber nur noch um ein Sechstel (*recepit sextam partem anterioris castri Nitperg*)[146]. Die Söhne des mittlerweile verstorbenen Swicker Meiser verkauften 1364 ihren Teil der Vorderen Burg zu Neipperg samt allen Zugehörungen in den Orten Neipperg und Schwaigern um 350 Pfund Heller an den Ritter Reinhard von Neipperg (†1377)[147]. 1376 bezeichnete dieser sich selbst als zu Neipperg gesessen[148], allerdings bleibt

139 ANDERMANN, Urkunden Gemmingen Treschklingen, Nr. 381 (1610) und 430 (1615); KRAUS, Archiv Neipperg, Nr. 246 f. (1612) und 256 (1614); ANDERMANN, Urkunden Gemmingen Guttenberg, Nr. 138 (1614) und 145 (1617).

140 HStA Stuttgart, H 107/16, Bd. 5, fol. 15.

141 Landkreis Heilbronn, Bd. 1, S. 142; DÄHN, Neipperg, S. 433; FARRENKOPF, Neipperg, S. 14 f.

142 Stammtafel des mediatisierten Hauses Neipperg, Tfl. 4.

143 Beschreibung des Oberamts Brackenheim, S. 347 f.

144 HOFFMANN, Lehenbuch Fürstbischof Albrecht, Nr. 834.

145 HOFFMANN, Lehenbuch Fürstbischof Albrecht, Nr. 1138.

146 HOFFMANN, Lehenbuch Fürstbischof Albrecht, Nr. 1216.

147 KRAUS, Archiv Neipperg, Nr. 3; ANDERMANN, Kopialbuch Neipperg, Nr. 7.

148 MONE, Krauchgauer Urkunden, S. 321.

unklar, ob diese Aussage auf die Vordere Burg oder auf die Hintere zu beziehen ist. Der 1364 erworbene Teil dürfte identisch gewesen sein mit den zwei Teilen der Vorderen Burg, die 1377 Reinhards Sohn Eberhard (†1406) von Würzburg zu Lehen empfing[149]. 1406 wurde Eberhard (1450†) mit der ganzen Hinteren Burg und der Hälfte der Vorderen Burg belehnt[150] und 1407 von demselben Bischof gleich noch einmal mit den *zwey sloß Nytperg mit allen iren rechten, nutzen und zugehorungen, nichtz ußgenomen dan des von Wirtenberg teile in der vordern burg und etlicher zehenden, die von andern herren zu lehen gen*[151].

1413 beginnt sodann eine lange Reihe würzburgischer Lehnbriefe, mit denen jedes Mal ein Teil der Vorderen Burg vergeben wurde[152]; nur anlässlich der Belehnung für Eberhard von Neipperg aus dem Jahr 1443 heißt es ganz allgemein: *Neitperg, das slos und das dorff dorunder gelegen*[153]. 1586 erhielt Engelhard von Neipperg (†1600) aus der Schwaigerer Linie vom Würzburger Bischof nur die Vordere Burg und ein Viertel der Herrschaft im Dorf Neipperg zu Lehen[154], desgleichen später seine Söhne Hans Philipp (1622†), Wolf Eberhard († nach 1622) und Hans Georg (1622†)[155]. Nachdem Hans Philipp seinen Anteil 1612 an seine gleichfalls Schwaigerer Vettern Ludwig Christoph (†1635) und Bernhard (†1622) verkauft hatte[156], gehörten zu deren und ihrer agnatischen Nachkommen Lehen vom Hochstift Würzburg künftig zwei Drittel der Vorderen Burg und ein Viertel des Dorfs Neipperg[157], seit 1677 wieder ein nicht näher definierter Teil der Vorderen Burg mit einem Viertel des Dorfs[158] und seit 1722 kurzerhand die Vordere Burg mit einem Viertel des Dorfs[159]. Als 1652 die Brüder Bernhard Ludwig (†1672), Eberhard Wilhelm (†1672) und Friedrich Dietrich (†1680) die Hinterlassenschaft ihres Vaters Ludwig Christoph teilten, fiel das mit einem Wert von 400 Gulden taxierte Vordere Schloss und Lehnhaus zu Neipperg samt Zugehörungen ins Los des ältesten[160].

In der Vorderen Burg sind auch die 1321 erstmals erwähnten Weinsberger und Württemberger Anteile zu suchen[161], von denen oben bereits die Rede war. Den

149 Kraus, Archiv Neipperg, Nr. 4.

150 Kraus, Archiv Neipperg, Nr. 13.

151 Kraus, Archiv Neipperg, Nr. 14; GNA Schwaigern, Urkunden Nr. U24.

152 Kraus, Archiv Neipperg, Nr. 17 (1413), 41 (1450), 49 (1456), 61 (88), 81 (1492), 85 (1498), 105 (1525), 118 (1535), 124 (1537), 129 (1543), 132 (1545) und 151 (1559).

153 Kraus, Archiv Neipperg, Nr. 37; GNA Schwaigern, Urkunden Nr. U37.

154 Kraus, Archiv Neipperg, Nr. 198.

155 Kraus, Archiv Neipperg, Nr. 229 (1604), 239 (1609) und 244 (1612).

156 Kraus, Archiv Neipperg, Nr. 248.

157 Kraus, Archiv Neipperg, Nr. 268 (1618), 278 (1624), 286 (1649), 291 (1654) und 306 (1673).

158 Kraus, Archiv Neipperg, Nr. 312 (1677), 318 (1684) und 320 (1687).

159 Kraus, Archiv Neipperg, Nr. 375 (1722), 400–402 (1730), 428 (1750), 455 (1779), 461 (1793) und 468 (1796).

160 Andermann/Maier, Urkunden Gemmingen Hornberg, Nr. 771 und 773.

161 HZA Neuenstein, GA 15, Schublade L, Nr. 9.

württembergischen Teil hatte vor 1362 der Heilbronner Kirchherr Ulrich *Schriber* pfandweise inne. Im genannten Jahr wurde er von Graf Eberhard dem Greiner um 500 Pfund Heller an Reinhard von Neipperg († 1377) verpfändet, wobei der Pfandnehmer dem Pfandgeber neben dem Wiederlösungs- auch noch ein Öffnungsrecht zugestehen musste[162]. Jahrzehnte später, als die Grafen Ludwig I. und Ulrich V. von Württemberg offenbar überlegt hatten, wie sie ihren Teil an Neipperg und seinen Zugehörungen territorialpolitisch nutzbar machen könnten, kam es mit denen von Neipperg zum Streit, der 1432 mit einem aufwendigen Schiedsverfahren unter Beteiligung eines Grafen von Eberstein, zahlreicher ritterlicher Standesgenossen, des Erzbischofs Raban von Trier und zweier Notare beigelegt wurde[163]. Damals wurde klargestellt, dass Württemberg nur Anspruch hatte auf *daz steinhuß in der vordern burge mit syme begriffe und etliche zinse und gulte zu Niperg*, während für den Turm der Vorderen Burg, deren Vorhöfe, Ställe, Zwinger, Weitreiche (*weitreiten*) und alles andere allein die von Neipperg zuständig waren. Desgleichen konnten die Württemberger Grafen die von ihnen beanspruchten Rechte an Badstube und Kelter im Dorf Neipperg nicht urkundlich nachweisen, und auch ein Zugriff auf die Leute im Dorf wurde ihnen nur zugestanden, soweit es sich dabei um württembergische Eigenleute (*eigen lute*) handelte, *als dann gewonlich ist, daz soliche lute, so under andern herren sitzen, yren eygen libesherren von yrme libe sweren und thun sollent.* So kann es nicht wunder nehmen, dass die Herzöge Christoph (1555) und Ludwig von Württemberg (1569) sich erst Mitte des 16. Jahrhunderts noch einmal darauf besannen, die Pfandschaft wieder zurück zu lösen und für eigene Zwecke zu nutzen, doch stellte sich nun heraus, dass inzwischen die Urkunde von 1362 ihr Siegel eingebüßt hatte, weshalb die herzoglichen Räte dafür plädierten, die Sache auf sich beruhen zu lassen und nicht weiter zu verfolgen, um nicht am Ende in einem Prozess mit denen von Neipperg über die zweifelhafte Rechtskraft des schadhaften Pfandbriefs den Kürzeren zu ziehen. Der Verzicht dürfte freilich umso leichter gefallen sein, als bereits 1489, nach einer Visitation der Burg, der Brackenheimer Vogt Dietmar *Aschmann* nach Stuttgart berichtet hatte, das Württemberg gehörige Steinhaus in der *fordern burg* sei *nuhrmer ein burgstell oder gar verfallen*[164]. So wurde aus dem anfänglichen Pfandgeschäft schließlich ein Kaufgeschäft, und der vormals württembergische Anteil an der Vorderen Burg blieb auf Dauer neippergisch (Schwaigerer Linie). Mit dem Siegel der Urkunde von 1362 war selbstverständlich auch der württembergische Anspruch auf Öffnung der (Vorderen) Burg verlorengegangen. Aber die zugehörigen Gerechtsame im Dorf verkaufte Württemberg erst um die Wende vom 17. zum 18. Jahrhundert an die von Neipperg[165].

162 Schuler, Regesten Württemberg, Nr. 825; Beschreibung des Oberamts Brackenheim, S. 347.
163 Kraus, Archiv Neipperg, Nr. 27; GNA Schwaigern, Urkunden Nr. U27.
164 HStA Stuttgart, A 602, Nr. 6013.
165 Vgl. unten mit Anm. 180.

Von dem Weinsberger Anteil an der Vorderen Burg zu Neipperg ist 125 Jahre lang überhaupt nichts mehr zu hören. Erst zum Jahr 1446 erfährt man eher beiläufig, dass er dem Hochstift Worms lehnbar gewesen sei[166]. Danach ist aber auch davon keine Rede mehr. Offenbar hatten die Weinsberger, nachdem sie ihren Anteil 1321 an Württemberg verpfändet hatten, kein Interesse, diese Pfandschaft wieder auszulösen. So scheint die Sache schließlich in Vergessenheit geraten zu sein, und weil auch Württemberg mit seinen Rechten zu Neipperg später nichts mehr anzufangen wusste, belehnte es damit um die Wende zum 15. Jahrhundert die von Gemmingen älteren, dann Guttenberger Hauptstammes[167]. In den anlässlich vieler Herrn- und Mannfälle darüber ausgefertigten Lehnbriefen und -reversen ist immer nur von einem nicht näher beschriebenen Teil zu Neipperg die Rede[168]. Allein anlässlich der 1524 von der um Exaktheit bemühten österreichischen Administration erteilten Belehnung wurden die Lehnstücke einmalig näher beschrieben als Teil *zu Neipperg an burgstall, keltern, agkern, wisen, welden, zinssen und anderm daselbst gefallend*[169], wobei aber doch weiterhin viele Fragen offenbleiben. Jedenfalls waren die Grafen und Herzöge von Württemberg spätestens im 15. Jahrhundert nicht mehr die Besitzer, sehr wohl aber noch die Eigentümer eines Teils der Vorderen Burg. Wie es scheint fehlte ihnen auch eine genauere Kenntnis der Rechtsverhältnisse im Einzelnen, aber geblieben war ihnen die Erinnerung, dass es da irgend etwas gab, was man möglicherweise territorialpolitisch instrumentalisieren konnte. Daher ist gewiss auch zu erklären, dass Pfalzgraf Friedrich, als er 1455 die Vettern Reinhard und Dieter von Neipperg (†1465) mit ihren Gütern und Gerechtsamen in seinen Schirm nahm, Burg und Dorf Neipperg ausdrücklich hervorhob[170].

Dass die Vordere Burg bereits 1489 und 1524 noch einmal als Burgstall bezeichnet wurde[171], deutet darauf hin, dass sie bereits am Ende des Mittelalters nicht mehr bewohnt war. Inwieweit die von Württemberg belehnten Gemmingen ihren Teil der Burg tatsächlich nutzten oder überhaupt nutzen konnten, bleibt völlig unklar, erscheint aber zweifelhaft. Nutzbar waren wohl auch in diesem Fall nur die Zugehörungen im Dorf Neipperg und seiner Gemarkung sowie in Brackenheim[172].

166 HZA Neuenstein, GA 15, Schublade A, Nr. 65, Worms 4. Im ältesten Wormser Lehnbuch ist davon nicht die Rede, vgl. LOHMANN, Lehnbuch Worms, S. 9 (1427).

167 Beschreibung des Oberamts Brackenheim, S. 347 f.; MILLER, Brief und Revers, Katalog württembergischer Lehen bis zum Jahr 1500, Landkreis Heilbronn, Neipperg 4.

168 HStA Stuttgart, A 157, Nr. U1081 (1415), U1082 (1420), U1083 f., U1084 (1429), U1085 f. (1443), U1087 (1455), U1088 (1456), U1089 f. (1461), U1091 (1483), U1092 f. (1491), U1094 (1497), U1095 (1499), U1096 (1516), U1097 (1524), U 1098 (1551), U1099 (1556), U1100 (1569), U1101 (1587), U1103 (1594), U1104 (1597), U1105 (1601), U1106 (1613) und U1107 (1675). Für freundliche Hinweise danke ich Herrn Wolfgang Ehret, Eppingen.

169 HStA Stuttgart, A 157, Nr. U1097 (1524).

170 KRAUS, Archiv Neipperg, Nr. 48.

171 HStA Stuttgart, A 602, Nr. 6013 (1489), und A 157, Nr. U1097 (1524).

172 Vgl. unten mit Anm. 197.

1.4.3 Würzburger und Württemberger Lehnshoheit

Weder die seit dem frühen 14. Jahrhundert bezeugte Lehnshoheit der Bischöfe von Würzburg noch jene der Grafen beziehungsweise Herzöge von Württemberg, können hochmittelalterlichen Ursprungs gewesen sein und bis in die Entstehungszeit von Burg und Dorf Neipperg zurückgereicht haben. Im einen Fall dürfte dem Lehnsverhältnis eine freiwillige Auftragung bis dato allodialer Rechte zu Grunde gelegen haben (Würzburg), im anderen Fall eine sekundär begründete Bindung und Instrumentalisierung von nicht selbst genutztem Besitz (Württemberg).

Was Würzburg betrifft, so reichten zwar vom frühen Mittelalter bis zum Ende des Alten Reiches die Grenzen der Diözese bis an den Neckar bei Heilbronn und Lauffen, aber würzburgischen Herrschafts- oder Territorialbesitz gab es in diesem Raum und schon gar links des Neckars zu keiner Zeit. Insofern ist auszuschließen, dass Burg Neipperg auf würzburgischem Grund und Boden errichtet und deshalb den Bischöfen lehnspflichtig geworden wäre. Es bleibt also nur die Möglichkeit einer nachträglichen Lehnsauftragung, die wohl bereits im späteren 13. Jahrhundert erfolgte. In Frage kommen dabei eine freiwillige Auftragung, sei es mit dem Wunsch nach Schutz und Sicherheit in dieser Welt, sei es auf der Suche nach Seelenheil für die Ewigkeit; aber auch an eine erzwungene Auftragung ist zu denken, als Sühneleistung für einen möglicherweise begangenen Frevel oder infolge einer verlorenen kriegerischen Auseinandersetzung[173]. Von einer Fehde oder sonstigen Konflikten zwischen denen von Schwaigern-Neipperg und den Bischöfen von Würzburg ist freilich nichts bekannt, und die Tatsache, dass im 13. und 14. Jahrhundert gleich mehrere Angehörige der Familie am Würzburger Dom bepfründet waren[174], lässt viel eher darauf schließen, dass zwischen beiden Seiten ein gutes und einvernehmliches Verhältnis bestand. Unter dieser Voraussetzung ist eine freiwillige Lehnsauftragung leicht vorstellbar, zumal sich dabei das Verlangen nach ewigem Seelenheil und das Bedürfnis nach Schutz leicht verbinden ließen. Indem nämlich man einem geistlichen Herrn aus freien Stücken Lehnshuldigung leistete, vermehrte man mit der Zahl von dessen Vasallen auch dessen „Macht“ und bewährte so die eigene fromme Gesinnung. Mit der Übertragung allodialer Güter zu Eigentum an den Prälaten gewann man aber zugleich dessen Schutz und Schirm, denn fortan war dieser verpflichtet, den Lehnsmann in seinem nunmehr lehnsrechtlich gebundenen Besitz zu schützen und zu schirmen, sowohl im Fall einer Bedrängnis von dritter Seite als auch bei innerfamiliären Konflikten, wie sie in dem personenstarken Haus Neipperg um die Wende vom 13. zum 14. Jahrhundert anzunehmen sind. Wenngleich mit der

173 Zu den verschiedenen Aspekten der Lehnsauftragung vgl. BRÜCKNER, Lehnsauftragung.
174 Vgl. oben S. 10 f. mit Anm. 20–23.

Inanspruchnahme fürstlichen Schutzes und Schirms auch Risiken verbunden sein konnten[175], stand im Fall Neipperg aufgrund der Lehnsauftragung an Würzburg seitens des Lehnsherrn kaum etwas zu befürchten, weil dessen in Mainfranken gelegene Territorien viel zu weit entfernt waren, um gegenüber dem Vasallen am Heuchelberg einen hegemonialen Anspruchen zu erheben. Daher scheint es sogar denkbar, dass die jüngere Lehnsauftragung der Grafen von Vaihingen an die Bischöfe von Würzburg um 1345 sich an dem neippergischem Vorbild orientierte[176].

Bei all dem fällt auf, dass die Art der neippergischen Lehnsbindung an das Hochstift Würzburg in rechtlicher Hinsicht zunächst unscharf blieb[177]. In den ältesten, lateinisch verfassten Würzburger Lehnbüchern ist nur von *feuda* oder *feoda* die Rede. Erst seit 1443 heißt es in den Lehnbriefen, Schloss und Dorf Neipperg würden *zu rechtem manlehen* verliehen[178]. Vielleicht hatte man bei der Lehnsauftragung auf eine nähere Präzisierung der Rechtsverhältnisse ganz bewusst verzichtet, um den Vasallen zwar einerseits den lehnsherrlichen Schutz zu gewährleisten, ihnen aber andererseits doch weiterhin einen möglichst großen Handlungsspielraum zu belassen. Damit ließe sich auch erklären, weshalb die Lehen zu Neipperg immer von neuem geteilt, an Agnaten und Kognaten gleichermaßen frei vererbt sowie an Fremde beliebig verkauft und verpfändet werden konnten. So erscheint es nur folgerichtig, dass um die Mitte des 15. Jahrhunderts, als im Hause Neipperg der „Stammgutsgedanke" aufkam und man künftig allein eine agnatische Erbfolge wollte[179], auch Wert darauf legte, diese ausschließlich männliche Erbfolge rechtsförmlich abzusichern, indem man in den entsprechenden Urkunden das Lehen Neipperg fortan als Mannlehen qualifizieren ließ.

Mit dem württembergischen Lehen für die von Gemmingen hatte es eine ganz andere Bewandtnis. Gegenstand dieses Lehens war der seit dem späteren 13. Jahrhundert württembergische Anteil an der Vorderen Burg samt dazugehörigen Gerechtsamen im Dorf Neipperg. Weil diese Befugnisse im einzelnen offenbar gar nicht klar definiert, mitunter sogar strittig waren, scheint es, als sei Württemberg bemüht gewesen, allfällige darauf bezogene Konflikte „auszulagern", indem es damit um die Wende des 14. Jahrhunderts eine den Neipperg benachbarte und mit ihnen vielfach verschwägerte Ritteradelsfamilie belehnte. Zwischen 1711 und 1729 vertauschten und verkauften die Gemmingen ihre Neipperger Gerechtsame

175 Vgl. Andermann, Unterwerfungsstrategien.

176 Assfahl, Würzburger Bischofslehen.

177 Zum Lehnswesen allgemein und mit Bezug auf Würzburg vgl. Spiess/Willich, Lehnswesen; Baum/Sprandel, Statistische Forschungen.

178 GNA Schwaigern, Urkunden Nr. U37 (1443), U41 (1450), U49 (1456), U61 (1468) und so fort.

179 Andermann, Kopialbuch Neipperg, Nr. 83–85.

an die Familie von Neipperg, die fortan im alleinigen Besitz der Burg samt Zugehörungen war[180].

Eine Wormser Lehnshoheit über Teile von Burg Neipperg, wie sie 1446 einmalig und ganz unvermittelt aufscheint, hat es wohl nie wirklich gegeben. Die entsprechende Nachricht kann sich nur auf den 1321 von Engelhard von Weinsberg an die Grafen von Württemberg verpfändeten Teil in der (Vorderen) Burg beziehen, der offenbar nie wieder zurückgelöst wurde. Dass dieser Anteil ausgerechnet 1446 im Kontext anderer, unzweifelhafter weinsbergischer Lehnsgüter noch einmal Erwähnung findet, weckt den Verdacht, dass der bankrotte Reichserbkämmerer Konrad von Weinsberg (†1448) in dem Bemühen, seine finanziellen Probleme in den Griff zu bekommen[181], auch noch die letzten Ressourcen zu mobilisieren suchte, sich dabei auf die alte Neipperger Pfandschaft besann und dafür sogar die Hilfe des Bischofs von Worms in Anspruch nehmen wollte. Geholfen hat ihm das freilich nicht. Im Zuge der Insolvenzabwicklung nach seinem Tod spielte die vorgebliche Wormser Lehnshoheit zu Neipperg keine Rolle mehr, und so schnell die Sache ersonnen war, so schnell geriet sie auch wieder in Vergessenheit. Der entsprechende Teil der Burg war und blieb bis ins 18. Jahrhundert Bestandteil des württembergischen Lehens der von Gemmingen.

1.4.4 Ergebnisse

Versucht man diese komplexen Besitz- und Rechtsverhältnisse abschließend zu charakterisieren, ist zunächst festzuhalten, dass erste Teilungen auf Burg Neipperg bereits im Lauf des 13. Jahrhunderts erfolgt sein müssen. Angesichts der getrennten Befestigung von Vorderer und Hinterer Burg wird man sogar davon ausgehen können, dass die allererste Teilung schon im früheren 13. Jahrhundert geschah und deshalb die beiden Burgen nebeneinander entstanden. Wie die Dinge sich dann im einzelnen weiter entwickelten, auf welche Art um 1300 oder bald danach die Herren von Weinsberg und die Grafen von Württemberg in der Vorderen Burg Teilhaber wurden, bleibt rätselhaft und lässt sich im Grunde nur mit mutwilligen, auf neippergische Familienbelange keine Rücksicht nehmenden Verkäufen weichender Erben erklären oder mit Fehden, nach deren unglücklichem Ausgang es dem siegreichen Gegner gelang, Teile der Burg dauerhaft an sich zu bringen. Unter solchen Umständen könnte zur Wahrung des Familieninteresses im späteren 13. Jahrhundert auch die Lehnsauftragung an die Bischöfe von Würzburg zustande gekommen sein. Weil aber die derart konstituierte lehnrechtliche

180 Beschreibung des Oberamts Brackenheim, S. 347 f.; GNA Schwaigern, Amtsbücher Nr. B129 (1735).

181 FUHRMANN, Konrad von Weinsberg; ANDERMANN, Konrad von Weinsberg.

Bindung anfangs zu locker und zu unbestimmt war, ging das Teilen auch danach noch munter weiter. Teilhaber wurden dabei nicht allein agnatische, sondern auch kognatische Erben, ebenso konnten Anteile weiterhin verkauft und verpfändet werden. Angesichts der vielen verschiedenen Herren und Mitherren der Burg sollte man annehmen, dass zur Regelung des täglichen Zusammenlebens in den Mauern und im Kondominat sowie zur einvernehmlichen Nutzung der dazugehörigen Ressourcen für Neipperg einmal ein Burgfrieden vereinbart worden wäre, aber offensichtlich war das nicht der Fall, denn ein entsprechender Vertrag, der für jeden einzelnen Teilhaber in einem eigenen Exemplar hätte ausgefertigt werden müssen, ist weder in einer Ausfertigung noch in einer Abschrift überliefert, auch findet er nirgends Erwähnung; mithin ist er wohl nie existent gewesen. Schon allein diese Beobachtung könnte auf mangelnde Eintracht unter den Teilhabern der Burg schließen lassen.

Nachdem im Laufe des 14. Jahrhunderts die Göler von Neipperg, die von Neipperg genannt von Lauffen und die Meiser aus der Teilhabe der beiden Neipperger Burgen ausgeschieden waren, konnten die von Neipperg ohne Zubenennung, die Vorfahren des heutigen Hauses Neipperg, die Hintere Burg schließlich ganz in Besitz nehmen. Zwar blieb es auch jetzt noch bei mehr oder minder zahlreichen Teilhabern aus verschiedenen Zweigen der Familie, aber um die Mitte des 15. Jahrhunderts wird doch der Wille erkennbar, das Stammhaus gemeinschaftlich in Ehren und beim neippergischen Mannesstamm zu erhalten, was dann auch tatsächlich geschah. Im Ergebnis der am Ende des 15. Jahrhunderts vorgenommenen Teilung zwischen den Brüdern Eberhard (†1506) und Wilhelm von Neipperg (†1498)[182], nach der für die Dauer von rund zwei Jahrhunderten die beiden Linien zu Adelshofen und zu Schwaigern nebeneinander bestanden, gehörte den Adelshofern die Hintere Burg, den Schwaigerern die vormals württembergische Hälfte der Vorderen Burg. Allein der ehedem weinsbergische, 1321 an die Grafen von Württemberg verpfändete und von diesen um 1400 denen von Gemmingen zu Lehen gegebene Teil der Vorderen Burg blieb bis ins 18. Jahrhundert in fremder Hand. Freilich war die Vordere Burg schon am Ende des Mittelalters verfallen; 1489 und 1524 wurde sie als Burgstall bezeichnet. Nachdem 1708 die neippergische Linie zu Adelshofen ausgestorben war, fiel die Hintere Burg den Vettern aus der Schwaigern-Klingenberger Linie zu, die fortan durch die Bischöfe von Würzburg und später durch die Könige von Württemberg in separaten Lehnbriefen sowohl mit der Vorderen als auch mit der Hinteren Burg belehnt wurden. Das Sagen auf der Burg hatte nun der jeweilige Chef des inzwischen gräflichen Hauses als Graf und Herr von Neipperg. Die Allodifizierung der Lehen erfolgte erst in den 1870er Jahren[183].

---

182 ANDERMANN, Zwischen adliger Herrschaft.
183 GNA Schwaigern, Herrschaftsakten Nr. H143.

1.5 Leben auf der Burg

Bezüglich des Lebens auf Burg Neipperg wissen die Quellen nicht viel zu berichten. Die im Graben zwischen beiden Burgen gelegene, an die Hintere Burg angefügte Kapelle war St. Georg geweiht (*confirmata*) und hatte 1496 eine eigene Kaplaneipfründe, deren Verleihung der Herrschaft Neipperg oblag[184]. Zu ihr gehörte auch ein Kaplaneihaus mit Scheune[185], das aber nicht auf der Burg, sondern im Dorf zu suchen ist. Näheres zur Geschichte der Kapelle ist nicht überliefert.

Anfang Februar 1372, im Zuge der Auseinandersetzungen zwischen Graf Eberhard II. von Württemberg und den schwäbischen Reichsstädten, wurde Graf Ulrich von Helfenstein, Hauptmann des kaiserlichen Landfriedens, auf dem Heimweg von Heidelberg, wo er den Pfälzer Kurfürsten aufgesucht hatte, von den mit dem Grafen von Württemberg verbündeten Ritteradligen Hans von Klingenberg, Heinrich von Neipperg genannt von Lauffen und Ulrich von Sternenfels gefangen genommen, um Lösegeld von ihm zu erpressen. Zunächst verwahrte man den Gefangenen auf Burg Neipperg, dann aber brachte Eberhard von Falkenstein ihn auf seine Burg Ramstein zwischen Schramberg und Tennenbronn im östlichen Schwarzwald, wo Graf Ulrich Anfang Mai desselben Jahres ermordet wurde[186]. Es trifft also nicht zu, dass, wie die Neresheimer Annalen glauben machen wollen, der Graf von Helfenstein, auf Burg Neipperg getötet wurde (*dominus Ulricus de Helffenstain comes erat occisus in castro Niberg*)[187].

Mitte der 1550er Jahre gab es einen Konflikt zwischen dem auf der Burg wohnhaften Ludwig von Neipperg (†1570) aus der Adelshofer Linie und seinem Schwaigerer beziehungsweise Klingenberger Vetter Philipp von Neipperg (†1581), in dem ganz herkömmlich ritteradlige Standesgenossen und Verwandte als Schiedsrichter vermittelten, darüber hinaus aber auch gelehrte Juristen konsultiert wurden[188]. Die Anlässe waren für ein Kondominat ganz alltäglich und wären auch mit einem Burgfrieden, so es zu Neipperg einen solchen jemals gegeben hätte, nicht zu vermeiden gewesen. Es ging um den Umfang und die Nutzung der beiderseitigen Gerechtsame, um das Recht, Gefangene auf der Burg unterzubringen, um die Schließung des Burgtors, die Nutzung von Keller, Bandhaus und sonstigen Liegenschaften, um die Wahrnehmung obrigkeitlicher Rechte im Dorf Neipperg und seiner Gemarkung, um die Ausübung des Patronatsrechts an der Kaplanei auf dem Schloss, um leibeigene Leute, um die

184 VON WEECH, Wormser Synodale, S. 436.

185 KRAUS, Archiv Neipperg, Nr. 180.

186 SCHULER, Regesten Württemberg, Nr. 1300; dort zahlreiche Hinweise auf weitere Quellen und Literatur.

187 PERTZ, Monumenta Germaniae Historica, Scriptores, Bd. 10, S. 26.

188 KRAUS, Archiv Neipperg, Nr. 141 (1554) und 145 (1557).

Inanspruchnahme von Frondiensten, um den Viehtrieb sowie um vieles andere mehr. In der nächsten Generation stritten Eberhard (†1591) und die Brüder Philipp (†1595) und Engelhard (†1600), Söhne der früheren Antagonisten, über die alten Themen, um die Ausübung der Hoch- und Blutgerichtsbarkeit (Malefizjurisdiktion) und ihre finanziellen Erträge, um die Teilhabe an Erbschaften, um die Jagd sowie um die Zuständigkeit für die Instandhaltung von Toren, Brücken und Mauern auf der Burg. Der gemeinsame Torwart, so wurde 1581 festgelegt, sollte allein von den jeweils auf der Burg wohnhaften herrschaftlichen Parteien entlohnt werden, nicht aber von deren gegebenenfalls angestellten Amtleuten[189]. Indes schlossen solche Auseinandersetzungen nicht aus, dass um dieselbe Zeit die Mutter der einen Partei ihren Witwensitz auf der Burg vorübergehend als Gast der anderen Partei nahm[190].

Nach der Zerstörung der Burg im Orléans'schen Krieg und dem Aussterben der Adelshofer Linie wurden an dem alten Gemäuer 1714 Reparaturarbeiten vorgenommen, freilich kaum in der Absicht, dort noch einmal herrschaftlichen Wohnraum zu schaffen[191].

1.6 Besitz und Herrschaft

Die herrschaftlichen Befugnisse der Burg im engeren Sinn erstreckten sich allzeit allein auf das zu ihren Füßen gelegene Dorf mit seiner Gemarkung, wie dieses seit dem früheren 13. Jahrhundert als Burgweiler entstanden war[192]. Nach vielerlei Erbgängen, Teilungen und sonstigen Veränderungen im Besitzstand waren an dieser Herrschaft seit dem späteren 16. Jahrhundert die Adelshofer Linie als Inhaber der Hinteren Burg zu drei Vierteln beteiligt und die Schwaigern-Klingenberger Linie mit der Vorderen Burg zu einem Viertel[193]. Die Hoch- und Blutgerichtsbarkeit oblag beiden Linien je zur Hälfte. Die Grafen und Herzöge von Württemberg konnten nach dem Schiedsspruch von 1432 in Neipperg keine obrigkeitlichen Rechte mehr beanspruchen. Diese etwas merkwürdige Aufteilung der mit der Burg verbundenen herrschaftlichen Gerechtsame im Dorf muss letztlich ins frühe 14. oder sogar ins 13. Jahrhundert zurückreichen, aber erklären lässt sich ihre Genese nicht mehr.

189 Kraus, Archiv Neipperg, Nr. 180.
190 Kraus, Archiv Neipperg, Nr. 170.
191 GNA Schwaigern, Herrschaftsakten Nr. H1024.
192 Beschreibung des Oberamts Brackenheim, S. 332–336; Landkreis Heilbronn, Bd. 1, S. 382–384.
193 GNA Schwaigern, Amtsbücher Nr. B114 (1564) und B121 (1722).

Burg und Dorf Neipperg sind im Uhrzeigersinn umgeben von Schwaigern, Nordheim, Hausen an der Zaber, Dürrenzimmern, Brackenheim und Stetten am Heuchelberg. Sie liegen demnach inmitten altbesiedelten Gebiets, das allerdings von dem bewaldeten Höhenzug des Heuchelbergs durchschnitten ist. Die Burg- und Dorfgemarkung in einer Mulde an der Südabdachung des Heuchelbergs ist klein, sie umschließt nur wenig mehr als 560 Hektar. Ihr Zuschnitt kann erst im Zusammenhang mit der Gründung der Burg erfolgt sein, vermutlich unter Absonderung von der Schwaigerer Gemarkung. Dass Neipperg, bevor es 1476 Sitz einer eigenen Pfarrei (St. Katharina) wurde, nicht zum Kirchspiel von Schwaigern, sondern zu jenem von Meimsheim bei Lauffen am Neckar gehörte, muss einer älteren herrschaftlichen Zuordnung nach Norden nicht widersprechen, denn ursprünglich war auch Meimsheim selbst Teil des Landkapitels Schwaigern. Wenn die Burg, wie anzunehmen ist, von denen von Schwaigern gegründet wurde, setzt dies voraus, dass der Grund und Boden, auf dem sie steht, den Gründern gehörte, und das wiederum ist nur denkbar, wenn die Rodung des dafür nötigen Areals von Schwaigern her und in Schwaigerer Wald geschah. Im Dorf zählte man 1564 nicht mehr als 53 Haushaltungen (*herbergen*)[194], woraus zu damaliger Zeit auf etwa 220 bis 250 Einwohner zu schließen ist.

Im einzelnen umfasste die Herrschaft[195], die zusammen mit der Burg vom Hochstift Würzburg zu Lehen rührte und seit der Mitte des 16. Jahrhunderts beim Reichsritterkanton Kraichgau immatrikuliert war, die hohe oder malefizische Obrigkeit und Herrlichkeit mit der Befugnis zu gebieten und zu verbieten sowie zu strafen. Für das Dorfgericht, das von denen von Neipperg besetzt wurde, hatte nicht von ungefähr das Gericht im benachbarten Schwaigern die Funktion des Oberhofs. Zu den ortsherrlichen Befugnissen zählten weiterhin das Steuerrecht, Geldzinse von Liegenschaften aller Art, vielerlei Hühner- und Gänsezinse, Fruchtgülten und Landachtfrucht, Frondienste (35 *bedhecker*), das hohe und das niedere Waidwerk, leibeigene Leute mit Leibzins, Leibhennen, Hauptrecht und Nachsteuer, die Teilhabe an Pferch und Viehtrieb, diverse Groß-, Klein- und Weinzehntrechte, eine Bannkelter im Dorf sowie das Vorschlagsrecht zur Besetzung von Pfarr- und Mesneramt. Darüber hinaus gehörten der Herrschaft Neipperg mehrere Wälder auf der Dorfgemarkung, deren Umfang sich für das 16. Jahrhundert allerdings noch nicht beziffern lässt, außerdem mehr als 30 Morgen Wiesen und einige wenige Gärten und Weingärten. Ein zur Burg gehöriger herrschaftlicher Eigenwirtschaftsbetrieb (Meierei) findet in den einschlägigen Lagerbüchern aus der Zeit des Alten Reiches keine Erwähnung.

Zu den gemmingischen Gerechtsamen, die zu Beginn des 18. Jahrhunderts durch Kauf in neippergischen Besitz übergingen, gehörten 1570 Wald im Umfang

194 GNA Schwaigern, Amtsbücher Nr. B114, fol. 174.
195 GNA Schwaigern, Amtsbücher Nr. B114 (1564).

von 129 Morgen und knapp 2 Morgen Wiesen, dazu jährlich 2 Pfund 9 Schilling 7 Heller Martinizinse von Liegenschaften, drei Fröner, vier Martinshühner, zwei Fastnachthühner, 41 Sommerhühner und zwei Gänse sowie 3 Simri flürliche Frucht und 42 Eimerlein Weinzins[196].

Württemberg hatte wegen des einstigen Steinhauses in der Vorderen Burg, *welches aber dermahlen eingefallen und nichts alß das gemäuer darvon noch vorhanden*, und im Kontext seiner Herrschaft zu Brackenheim noch in der frühen Neuzeit zwar keine obrigkeitlichen, wohl aber grundherrschaftliche Gerechtsame zu Neipperg, bestehend aus den Leibzinsen und Leibhennen einzelner württembergischer Eigenleute, geringfügigen Heller- und Getreidezinsen, Hühner- und Gänsezinsen, flürlicher Frucht und sechs Häckerdiensten[197]. Auch diese Abgaben und Dienste gelangten im früheren 18. Jahrhundert käuflich an das Haus Neipperg.

Darüber hinaus gab es in Neipperg im Lauf der Jahrhunderte noch allerhand Berechtigungen anderer Herren, die zumeist ebenfalls über kurz oder lang seitens der von Neipperg erworben werden konnten. Das Kloster Maulbronn trennte sich von seinem hiesigen, zweifellos auf Seelenheilstiftungen zurückzuführenden Besitz bereits 1418. Die von Klingenberg und die von Sachsenheim verkauften Güter, die aus dem Heiratsgut neippergischer Töchter gestammt haben dürften, in den Jahren 1366 und 1482. Auch ein vermutlich schon im 14. Jahrhundert an die von Niefern vererbtes Anwesen gelangte über das Kloster Herrenalb (1417) spätestens im 16. Jahrhundert wieder an die von Neipperg. Die von Helmstatt veräußerten 1329 einen Getreidezins an die Deutsch-Ordens-Kommende Heilbronn. Außerdem verfügten über hiesige Einkünfte zeitweise auch noch der Bischof von Augsburg (1366/1762), die örtliche St. Katharinen-Pfarrei (1451) und die Frühmesspfründe (1567), die Pfarrei Dürrenzimmern (1567) und – als württembergisches Lehen – die von Liebenstein (1609/1749)[198].

Bezüglich der Zehnten war die Neipperger Gemarkung von jeher in verschiedene Distrikte aufgeteilt, wobei es außerordentlich schwerfällt, über die einzelnen Berechtigungen und ihre Herkunft Klarheit zu gewinnen. Unter den Dezimatoren finden sich neben denen von Neipperg – meist nur zeitweise – noch viele andere Herrschaften, so die von Venningen (1366), die von Gemmingen (1415/1613), die Meiser (1428/62), die von Sachsenheim (1457/76), die von Hailfingen (1462/1530), die Lemlin von Talheim (1470), die von Liebenstein (1476/1575), die von Nippenburg (1499/1646), die Lamparter (1530), der Herzog von Württemberg (1610), die Varnbüler von Hemmingen (1650/1795), die Göler von Ravensburg (1666), das Domstift Worms (1717) sowie geistliche

196 GNA Schwaigern, Amtsbücher Nr. B127 (1570).
197 GNA Schwaigern, Amtsbücher Nr. B125.
198 Landkreis Heilbronn, Bd. 1, S. 383.

Pfründen aus Neipperg (1564), Schwaigern (1564), Dürrenzimmern (1567) und Brackenheim (1570)[199].

Zu Beginn der 1870er Jahre, nachdem die Grafen von Neipperg längst von Württemberg mediatisiert und auch die einstigen grundherrschaftlichen Gerechtsame großenteils obsolet geworden waren, umfasste das zur Burg gehörige Rittergut noch 711 Morgen, das heißt etwa 250 Hektar – knapp die Hälfte der Gemarkung –, darunter 174 Morgen Äcker, 41 Morgen Wiesen, 19 Morgen Weinberge und 477 Morgen Wald. Die Äcker und Wiesen bewirtschaftete damals ein auf der Burg gesessener Pächter[200].

1.7 Das Haus Neipperg vom 17. bis ins 20. Jahrhundert

Um die Zeit, als Burg Neipperg, Schwaigern und andere Besitzungen der Reichsritter von Neipperg durch die Franzosen ruiniert wurden, nahm der eigentliche Aufstieg ihres Hauses seinen Anfang[201]. Im Frühjahr 1698 schloss Kaiser Leopold mit dem damals 43jährigen Obristen Eberhard Friedrich von Neipperg (†1725) aus Schwaigern einen Vertrag über die Aufstellung eines neuen Infanterieregiments, und in der Folge brachte der erfolgreiche Soldat und Kriegsunternehmer es bis zum kaiserlichen Generalfeldmarschall und Gouverneur der Festung Philippsburg; der Kraichgauer Reichsritterschaft machte er sein hohes Ansehen von 1707 bis zu seinem Tod als deren Ritterdirektor nutzbar. Eberhard Friedrichs Sohn Wilhelm Reinhard (†1774), seit 1717 Obrist im Regiment des Vaters, wurde 1723 Erzieher Herzog Franz Stephans von Lothringen, des späteren Kaisers Franz I., 1730 Gouverneur von Luxemburg, General und schließlich 1755 Hofkriegsratspräsident. 1726, nachdem er zur römischen Kirche konvertiert war, erfolgte seine Erhebung in den Grafenstand, 1753 die Aufnahme in den Orden vom Goldenen Vlies und mit der Rezeption als Personalist ins schwäbische Reichsgrafenkollegium 1766 auch der Aufstieg in die Reichsstandschaft und damit in den hohen Adel des Alten Reiches. Zwar hatte noch Eberhard Friedrich 1702 bis 1704 in Schwaigern ein neues Schloss errichten lassen, aber schon bald darauf lag der Lebensmittelpunkt der Familie nicht mehr im Kraichgau und im Zabergäu, sondern in Wien, wo das Erreichte durch Verschwägerungen im hocharistokratischen Umfeld des Kaiserhofs sozial abgesichert wurde.

---

199 Landkreis Heilbronn, Bd. 1, S. 383 f.

200 Beschreibung des Oberamts Brackenheim, S. 339.

201 Zum Folgenden vgl. die verschiedenen Beiträge in: Neipperg. Ministerialen – Reichsritter – Hocharistokraten; Klunzinger, Neipperg; Eberl, Herren und Grafen von Neipperg; Stammtafel des mediatisierten Hauses Neipperg; Schwennicke, Europäische Stammtafeln, Bd. 3, Tfl. 73–78.

Abb. 5: Wappen der Familie von Neipperg aus deren Grafendiplom (1726).

Dem entsprach auch der Erwerb eines stattlichen Palais an der prominenten Wiener Freyung, nicht weit von der kaiserlichen Hofburg. Die Ruinen der Stammburg am Heuchelberg spielten angesichts solcher Erfolge nur noch eine nachgeordnete Rolle.

Graf Leopold (†1792) – bereits die dritte Wiener Generation des Hauses Neipperg – schlug keine militärische Laufbahn mehr ein und zog es stattdessen vor, sich dem diplomatischen Dienst zu widmen. Er war kaiserlicher Gesandter in Neapel, bevollmächtigter Minister und Botschafter an verschiedenen Höfen, Wirklicher Geheimer Rat sowie Wirklicher Reichshofrat, womit er jedoch seine wirtschaftlichen Ressourcen bei weitem überforderte und schließlich große Schulden hinterließ. Sein Sohn und Nachfolger Adam Albert (eigentlich Adam Adalbert, †1829) begab sich wieder in kaiserliche Militärdienste, kämpfte gegen Napoleon, wurde Feldmarschalleutnant und schließlich in Parma Oberstallmeister der Erzherzogin Marie Luise von Österreich, der getrenntlebenden Gemahlin des einstigen Franzosenkaisers, die er nach dessen Tod 1821 heiratete. Aus dieser

Abb. 6: Graf Alfred von Neipperg, Ölgemälde von Natale Schiavoni (1843).

Verbindung ging das 1864 gefürstete, 1951/72 ausgestorbene Haus Montenuovo hervor, das in Ober- und Niederösterreich sowie in Ungarn begütert war. Adam Alberts erster Ehe mit einer Gräfin von Pola entstammen die folgenden Generationen des gräflichen Hauses Neipperg.

Der längst bewährten Familientradition entsprechend trat auch Graf Alfred (†1865), Adam Alberts ältester Sohn, in kaiserliche beziehungsweise österreichische Kriegsdienste, wechselte jedoch, nachdem er in zweiter Ehe 1840 Marie von Württemberg, die älteste Tochter König Wilhelms I. geheiratet hatte, in württembergische Dienste, wo er es bis zum Rang eines Generalmajors brachte. Gemeinsam mit seinen Brüdern begründete er 1833 ein neippergisches Fideikommiss, das fortan entsprechend dem Senioratsprinzip vererbt wurde. Als Gemahl einer königlichen Prinzessin baute er das gräfliche Schloss in Schwaigern seit 1847 anspruchsvoll aus, kaufte 1843 Schloss und Rittergut Stocksberg wenige Kilometer westlich von Neipperg und ließ sich zu Beginn der 1850er Jahre auch die Pflege von Burg Neipperg angelegen sein, indem er eine Pächterwohnung und große

Wirtschaftsgebäude ganz neu errichten, sowie den Turm der Hinteren Burg aus romantisch-historistischem Geist aufwendig renovieren ließ. Die Bedeutung, die er der Stammburg seines Geschlechts beimaß, kommt nicht zuletzt in den Gemälden zum Ausdruck, die in seinem Auftrag der Stuttgarter Maler Pieter Francis Peters schuf (Abb. 7–10). Bei der Gamsjagd in Vorarlberg 1853 abgestürzt und schwer verletzt, verbrachte Graf Alfred die letzten zwölf Jahre seines Lebens mit einem Gehirntrauma in der Landesirrenanstalt in Winnenden.

Da Graf Alfreds beide Ehen kinderlos geblieben waren, folgte im Fideikommiss der nächstältere überlebende Bruder Erwin (†1897), auch er wieder kaiserlich österreichischer General und Ritter des Ordens vom Goldenen Vlies. Mit ihm etablierten die Neipperg sich erneut am Wiener Hof und in der österreichisch-ungarisch-böhmischen Hocharistokratie. Die damals geknüpften Verbindungen des Hauses dauern über das Ende der Monarchie hinaus fort und werden mit entsprechenden Heiratsallianzen noch heute gepflegt[202]. Burg Neipperg ist inzwischen Teil eines renommierten Prädikatsweinguts; der Schlossberg zählt zu dessen Spitzenlagen.

202 Gothaisches genealogisches Handbuch der fürstlichen Häuser, Bd. 2, S. 310–319.

Abb. 7: Neipperg von Nordosten, Aquarell von Pieter Francis Peters (1850).

Abb. 8: Neipperg von Norden, im Vordergrund Graf Alfred zu Pferd, Ölgemälde von Pieter Francis Peters (1850).

Abb. 9: Neipperg, Turm der Vorderen Burg von Westen, Pastell von Pieter Francis Peters (1851).

Abb. 10: Neipperg, Burg und Dorf von Norden, Ölgemälde von Pieter Francis Peters (1853).

2 Der Bauplatz

Thomas Biller

Die Burgengruppe Neipperg (Abb. 11, 12, 13) liegt auf einem relativ breiten, gegen Westsüdwest vorspringenden Ausläufer des Heuchelbergs, von dem man vor allem gegen Süden einen guten Blick auf das Zabergäu hat, während der Bergsporn im Westen und Norden vom tief eingeschnittenen Tal des Neipperger Bachs und im Süden von einem kleinen Nebental gebildet wird. Die Anhöhe besteht wie der Großteil des Heuchelbergs aus Keuper, dessen Schichtung auch die Terrassierungen im Bereich der beiden Burgen erklärt, soweit sie nicht durch menschliche Eingriffe ergänzt wurden, vor allem als Gräben oder relativ begrenzte Aufschüttungen. Keupersandstein ist auch das Material für die meisten Bauteile der Burgen, an den beiden Türmen als Buckelquader, sonst meist als Bruchstein wechselnden Formats und teilweise mit geglättetem Spiegel.

Auf der etwas niedrigeren Spornspitze steht als einziger Rest der Vorderen Burg der Vordere Turm, ein gut erhaltener Bergfried, dessen romanische Formen das unterstreichen, was schon der Standort auf der bestgesicherten Bergspitze nahelegt, dass nämlich die Vordere Burg die ältere der beiden Burgen war und damit die Gründungsanlage von Neipperg (vgl. Kap. 3)[203]. Sie bestand, wie heute nur noch Geländeformen erahnen lassen, vermutlich aus einer kleinen Kernburg, mit größten Achsen von nur etwa 25 und 40 m, an deren östlicher Angriffsseite der Bergfried stand. Auf einer etwas tiefer gelegenen kleinen Terrasse, die sich, im Westen etwas breiter, auch nördlich und nordöstlich um diesen Kernburghügel herumzieht, dürfte eine Vorburg gelegen haben.

Nordöstlich vor dieser mit Ausnahme des Turms verschwundenen ältesten Burg zieht sich in typischer Weise ein Halsgraben über den Bergsporn, auf dessen Sohle der vom Dorf Neipperg nördlich aufsteigende Weg mündet. Nordöstlich vor diesem Graben steht etwas höher, auf einem bereits deutlich verbreiterten Teil des Sporns,

203 Eine Quelle des späten 16. Jahrhunderts (Beschreibung des Oberamts Brackenheim, S. 348; vgl. Anm. 129) nennt die „hintere oder neue Burg“, was die Reihenfolge der Entstehung zusätzlich belegt. Die Vordere Burg oder auch Untere Burg auf der Spornspitze, die bis auf ihren Bergfried verschwunden ist, war die erste Anlage, die in erheblichen Teilen erhaltene Hintere oder Obere Burg entstand erst danach. DÄHN, Burg Neipperg, leitet seine Ausführungen mit der Erwähnung zahlreicher älterer Autoren ein, die sich vor allem mit der Frage befassten, ob es sich angesichts der beiden Türme um zwei oder doch nur um eine Burg gehandelt habe, auch mit wenig weiterführenden Fragen einer eventuellen Feindschaft zwischen den Erbauern beider Türme sowie zur Terminologie. Die meisten von Dähn zitierten Autoren – seine Übersicht ist vor allem deshalb wertvoll, weil sie zeigt, welch breite Aufmerksamkeit Neipperg immer wieder fand – erwähnen die Burg aber nur kurz, beschränken sich vielmehr auf die Erwähnung der beiden Türme und bieten auch insoweit keine detaillierte Bauanalyse.

Abb. 11: Neipperg, die Burg von Süden (oben) und mit dem Dorf von Nordosten (unten).

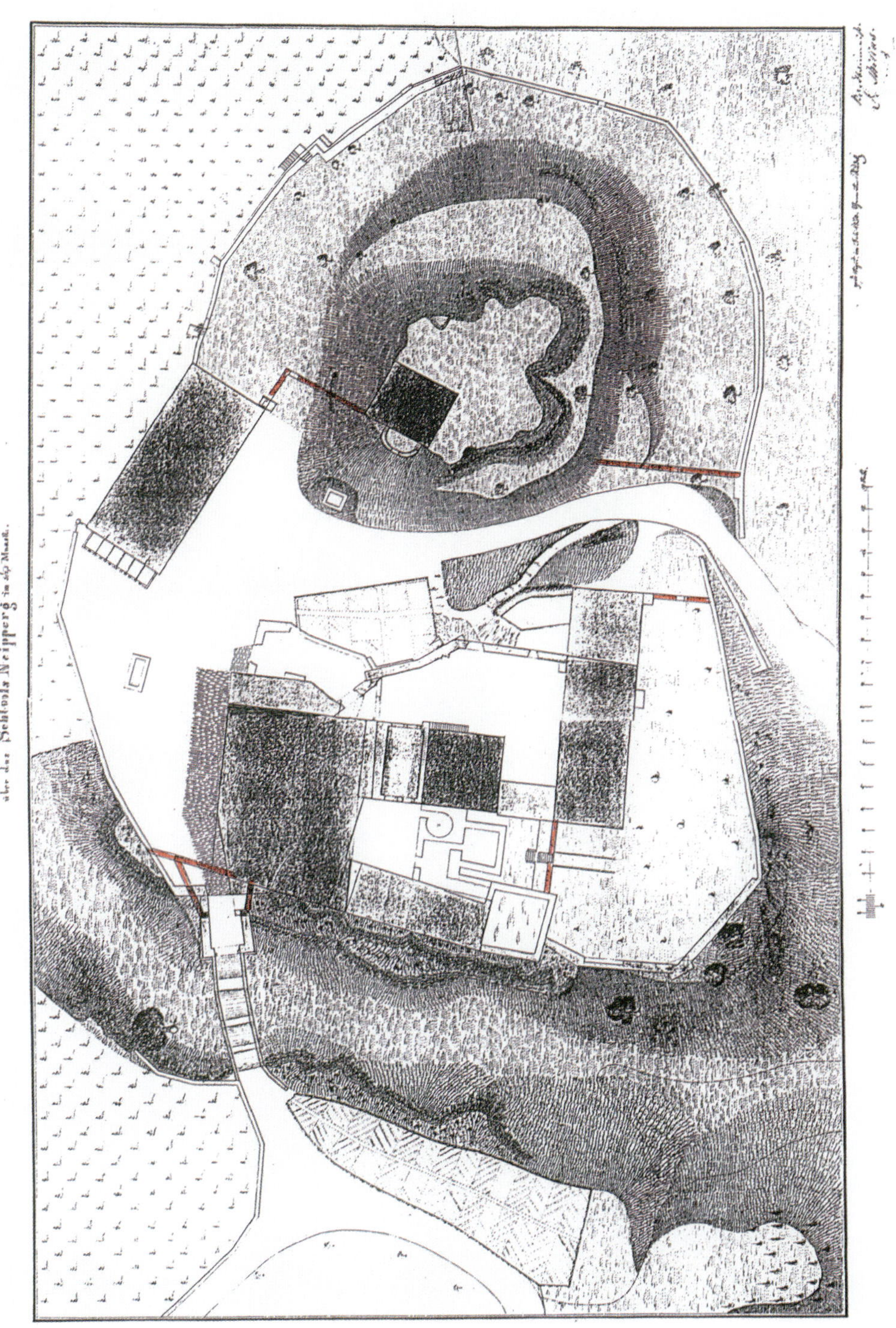

Abb. 12: Neipperg, Lageplan der Gesamtanlage nach de Millas (1851).

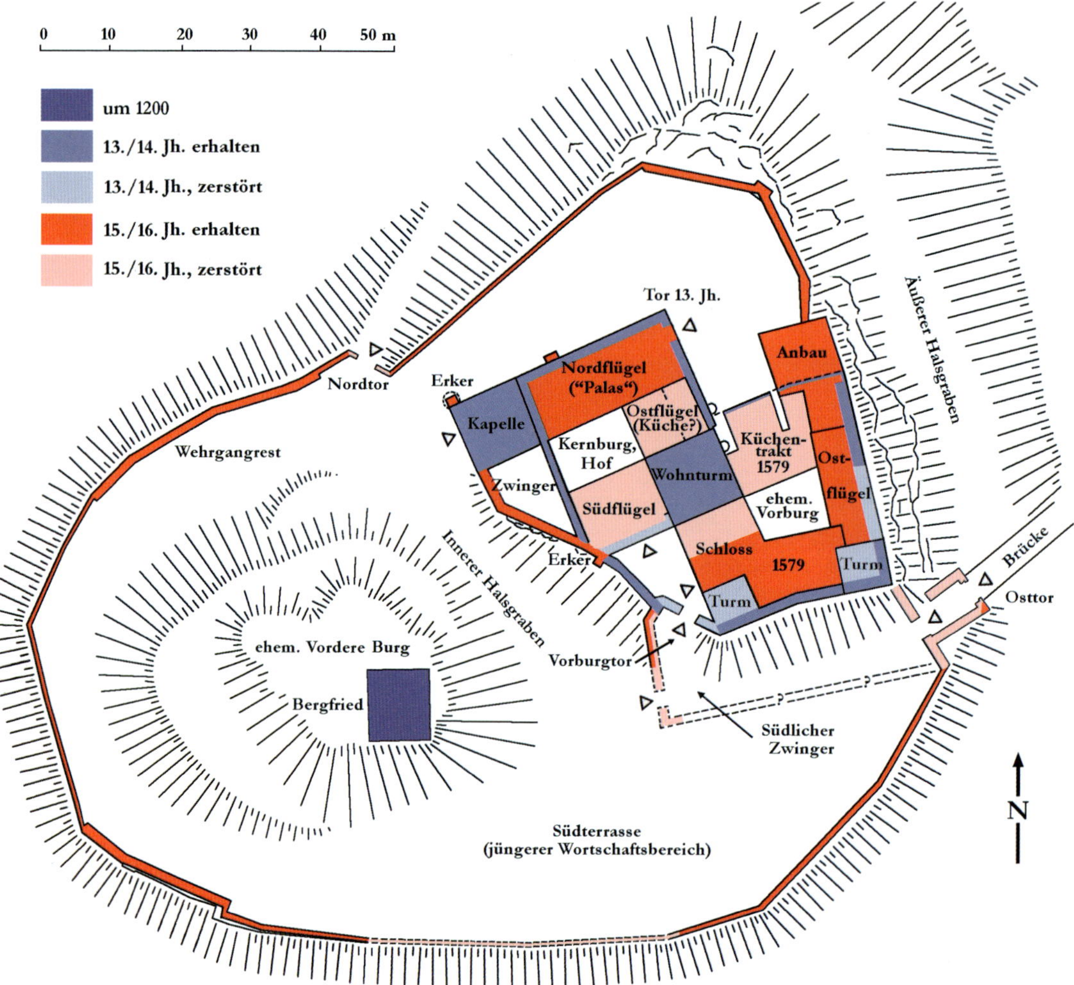

Abb. 13: Neipperg, Lageplan der Gesamtanlage, Rekonstruktionsversuch des Zustands im späten 17. Jahrhundert mit Angaben zu Chronologie und Erhaltungszustand, auf Grundlage der Ansicht von Kieser aus den 1680er Jahren und der Baubefunde. (Thomas Biller)

die vielgliedrige Baugruppe der Hinteren Burg, die von Norden nach Süden gegen 60 m misst. Auch vor ihr liegen beidseitig, im Nordwesten wie im Südosten, wenig abfallende Terrassen, so dass die Gesamtbreite der Spornoberfläche im Bereich der Hinteren Burg beachtliche 90 bis 100 m erreicht. Es ist davon auszugehen, dass das natürliche Gelände in diesem Bereich durch die Bebauung und durch Terrassierungen erheblich verändert wurde.

Abb. 14: Neipperg, das ursprüngliche Tor der Hinteren Burg.

Östlich vor den Bauten der Hinteren Burg, etwa 20 m von deren Wohnturm beziehungsweise der ehemaligen Kernburg entfernt, zieht sich ein zweiter Halsgraben bogenförmig über den Bergsporn. Er ist rund 100 m lang und selbst an der schmalsten Stelle, neben der Brücke zum Osttor, an seinem oberen Rand noch rund 25 m breit. Das sind beachtliche Maße, die sich aber aus der Form des breiten Bergsporns ergaben. Wer hier eine zweite Burg angriffsseitig schützen wollte, kam um einen Halsgraben von so ungewöhnlicher Länge nicht herum. Dass dieser östliche Graben selbstverständlich auch die Vordere Burg zusätzlich schützte, dürfte bei seiner Anlage aber nur ein Nebeneffekt gewesen sein. Die alternative Deutung, dass nämlich der östliche Halsgraben als weit vorgeschobener Schutz bereits bei der Gründung der Vorderen Burg angelegt worden sei, scheint angesichts des hohen Aufwands für seine Herstellung weniger wahrscheinlich.

Eduard Paulus, der Verfasser der 1873 erschienenen Oberamtsbeschreibung von Brackenheim, vermutete im Bereich der Hinteren Burg noch einen dritten Graben, der nach seiner Vorstellung deren Kernburg im Osten und Norden direkt umgeben hätte[204]. Er schreibt nämlich, die ehemalige Vorburg östlich vor dem

204 Beschreibung des Oberamts Brackenheim, S. 336.

Wohnturm beziehungsweise vor der nördlich an den Turm anschließenden Buckelquadermauer nehme die Stelle eines ehemaligen Grabens ein, und fügt hinzu, es gebe auch einen „an der Nordseite hinlaufenden Hauptgraben“. Wie Paulus zu dieser Deutung kam, ist schwer verständlich, denn an beiden Stellen fehlt heute jeder Hinweis auf einen Graben. Vermutlich hat er lediglich aus der Lage des ursprünglichen Rundbogentors an der Ostseite des Nordflügels der Kernburg (Abb. 14) Schlüsse zu ziehen versucht. Die Schwelle dieses später vermauerten Tors liegt nämlich etwa 3 m über dem heutigen Gelände und damit ungefähr auf dem Niveau der Vorburg, deren heutiger Abschluss aber einige Meter südlich des Tors liegt. Diese Verhältnisse lassen, entgegen Paulus, nicht zwingend auf einen Graben vor dem Tor schließen, sondern lediglich darauf, dass das natürliche Geländeniveau östlich der Kernburg ursprünglich rund 3 m unter der Torschwelle lag; dass der Bereich der dortigen Vorburg heute deutlich höher liegt, ist fraglos erst die Folge späterer Aufschüttungen. Diese Vorstellung der natürlichen Geländeformen bestätigt auch der flache Wiesenhang vor der Nordseite der Kernburg, der dem Niveau östlich unter dem Tor entspricht und wo ebenfalls jede Spur einer Contrescarpe beziehungsweise eines Grabens fehlt. Die Hochlage des ursprünglichen Rundbogentors der Kernburg ist also, so kann man zusammenfassen, sicher nicht durch einen ehemals vorgelagerten Graben zu erklären, sondern wahrscheinlicher dadurch, dass man das Tor beim Bau der Kernburg über eine Rampe oder Holzkonstruktion zugänglich machte, um es besser zu schützen.

3 Die Vordere Burg

Timm Radt

3.1 Situation und historische Überlieferung

Die Reste der Vorderen Burg Neipperg liegen in der Westhälfte der zweiteiligen Gesamtanlage auf einem rund 40 mal 25 m messenden Hügel, der sich über das östliche Vorfeld und das ihn im Süden, Westen und Norden zwingerartig umziehende Burgareal erhebt (Abb. 15).

Der Kernburghügel weist gegenüber dem östlich und südöstlich vor ihm gelegenen Hofareal, das heißt dem Bereich des vorgelagerten Halsgrabens, eine Höhe von rund 8 m auf. Nach Osten hin, in Richtung der Hinteren Burg, und nach Norden fällt der Kernburghügel steil ab, wobei vor allem im Norden Felsstufen zutage treten. Demgegenüber sind die Abhänge im Süden und Westen vergleichsweise flach. Im Gipfelbereich des Hügels erstreckt sich eine rund 16 mal 11 m messende, in der Aufsicht ungefähr rautenförmige verebnete Fläche. Der Turm steht an deren östlichem Rand. Neben dem Turm sind auf dem Hügel keine weiteren Baureste mehr zu erkennen, nicht einmal Schutthalden oder Fragmente von Kernmauerwerk.

Abb. 15. Neipperg, Rekonstruktionsversuch der Gesamtanlage im Zustand um 1300. (Timm Radt)

Auf den ersten Blick könnte man also durchaus vermuten, dass lediglich der Turm errichtet wurde und ein weiterer Ausbau der Anlage unterblieb. Jedoch belegen mehrere Details an der südlichen und der östlichen Turmfassade, dass ehemals doch eine Bebauung bestanden haben muss, auf die sich diese Merkmale beziehen. Daher ist davon auszugehen, dass die Vordere Burg durchaus vollständig als kompakte Baugruppe auf dem Kernburghügel errichtet wurde. Dem Baubefund am Turm zufolge geschah dies um oder kurz nach 1200 (vgl. Kap. 3.4).

Schriftliche Hinweise, die konkrete Rückschlüsse auf einzelne Gebäude oder die architektonische Entwicklung der Burg im 13. Jahrhundert und später zuließen, existieren nicht. Die wenigen Erwähnungen aus dem 14. und 15. Jahrhundert beziehen sich allgemein auf Veränderungen in den Besitzverhältnissen oder es wird lediglich die Anlage der Vorderen Burg insgesamt erwähnt, so dass ihre Existenz in dem betreffenden Zeitraum immerhin belegt ist[205]. Aus einer Erwähnung von 1489 geht hervor, dass sie zu dieser Zeit nicht mehr bewohnt war, denn sie wird darin als *gar verfallen* beschrieben[206]. In den folgenden Jahrzehnten, spätestens aber bis 1680 muss die Anlage dann bis auf den Turm abgetragen worden sein, da auf der ältesten bekannten Abbildung der Gesamtanlage von Kieser (Abb. 67) allein noch der Turm auf dem mit Büschen und vereinzelten Bäumen bewachsenen Hügel zu sehen ist.

3.2 Der Bergfried

3.2.1 Material und Erscheinung

Der Bergfried ist mit Ausnahme seiner modernen Einbauten durchgehend aus Keupersandstein errichtet. Dieser dürfte vor Ort gebrochen worden sein. Insbesondere ist zu vermuten, dass das Material im unmittelbaren östlichen Vorfeld der Anlage gewonnen wurde, um dort – auf der Angriffsseite – fortifikatorisch günstige Ausgangsbedingungen zu schaffen, das heißt einen Halsgraben.

Der Turm ist über querrechteckigem Grundriss errichtet, wobei die Längsseiten nach Osten beziehungsweise Westen gerichtet sind. Seine Außenabmessungen betragen 6,70 mal 8,00 m (Abb. 16). Der Turm ist mit Ausnahme seiner hölzernen Bauteile (Geschossdecken, Dachkonstruktion etc.) bis zu seiner mit Zinnen bewehrten Brustwehr nahezu ohne Substanzverlust erhalten. Seine Höhe beträgt auf der Südseite rund 24 Meter.

205 Vgl. Kap. 1.4.2

206 HStA Stuttgart, A 602, Nr. 6013.

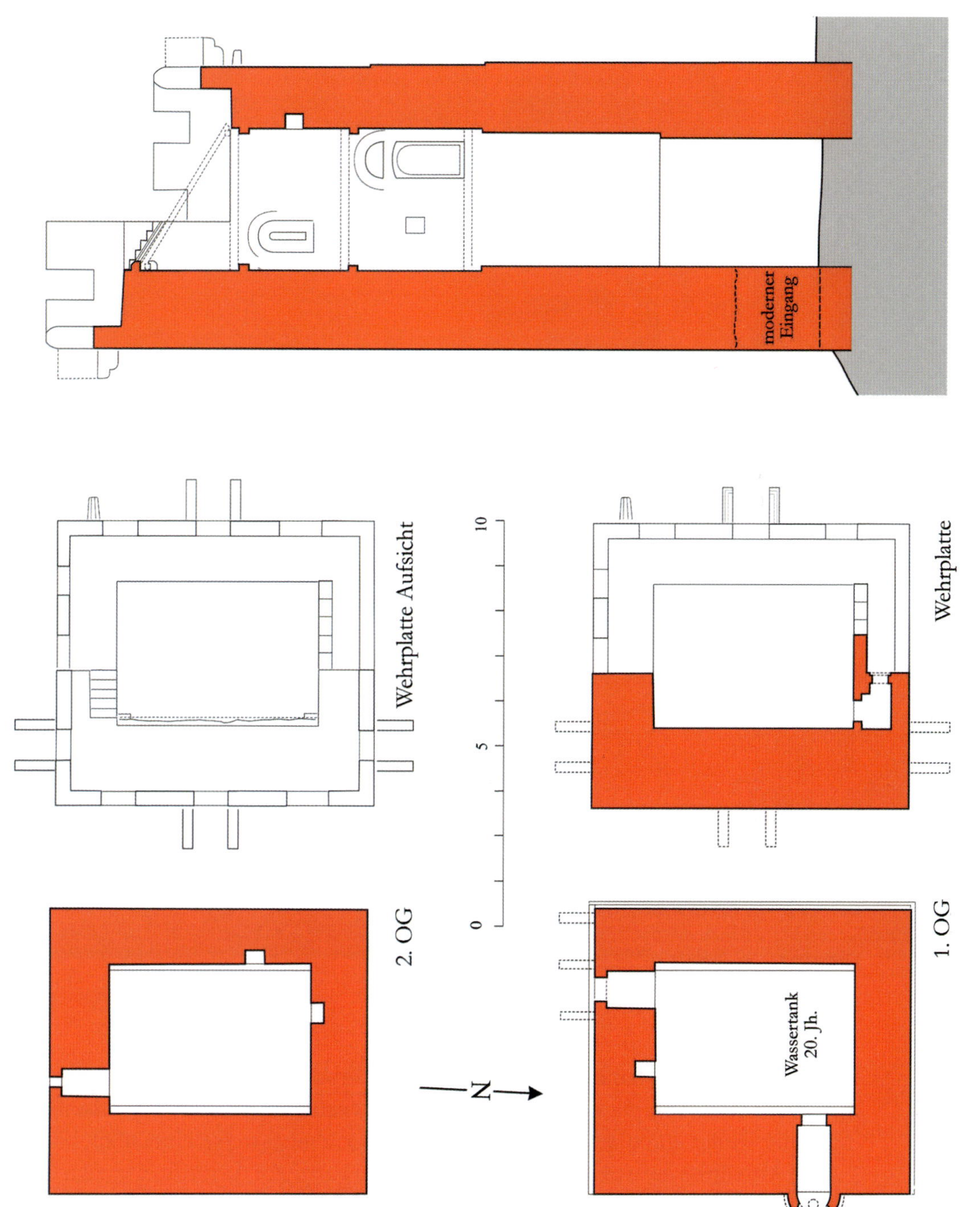

Abb. 16: Neipperg, Vorderer Turm, Baualterpläne auf vier Höhen und Schnitt, messtechnische Grundlage Grobaufmaß. (Timm Radt)

Abb. 17: Neipperg, Vorderer Turm, Ansicht von Südwesten, rechts im Hintergrund der Hintere Turm.

Was dem Turm eine besonders markante Erscheinung gibt, ist die Tatsache, dass er keine Wehrplatte auf einheitlichem Niveau und somit keinen allseitig auf gleicher Höhe durchlaufenden Zinnenkranz beziehungsweise einheitlich horizontalen Abschluss aufweist (Abb. 17). Stattdessen hat er zur Angriffsseite nach Osten hin eine Art kleine Schildmauer, die den rückwärtigen, nach Westen blickenden Teil der Wehrplatte um rund 4 m überragt. Zur Nord- und zur Südseite hin ist diese „Schildmauer“ jeweils fast bis zur Hälfte der Schmalseiten des Turms um die Ecke gezogen, so dass sie einen U-förmigen Grundriss aufweist (Abb. 16).

Sowohl zur Angriffsseite, als auch nach Norden und Süden hin sind an ihrer Brustwehr Reste von Wehrerkern erhalten. Die Konsolen eines entsprechenden Erkers sind auch an der nach Westen gerichteten, tiefer gelegenen Brustwehr vorhanden (vgl. Abb. 30).

Die Außenschalen des Turms bestehen bis zu den Zinnen durchgehend aus Buckelquadern; die Qualität ihrer Bearbeitung und des Versatzes ist hoch. Die Randschläge der Quader sind einheitlich 4 cm breit, ihre Buckel vor allem in der oberen Turmhälfte in Ansätzen kissenförmig abgearbeitet; in den unteren Partien sind sie dagegen tendenziell schlagrau belassen. Die Proportionen der Quader sind insgesamt uneinheitlich; es existieren sowohl blockhafte als auch längliche Formate. Steinmetzzeichen sind auf den Schauseiten der Quader nicht vorhanden, ebensowenig Hebezangen- oder Wolfslöcher. Gemäß dem Befund an den Decksteinen der Zinnen an der Turmkrone, die jeweils ein mittig angeordnetes Wolfsloch aufweisen, ist aber auf der Oberseite aller Quader ein Wolfsloch anzunehmen.

Auf den ersten Blick sind lediglich an der Süd- und der Ostseite Elemente vorhanden, die die Turmfassaden gliedern oder Akzente setzen. An der Ostseite sind dies die Reste eines Aborterkers, die auf 11 m Höhe leicht außermittig nach Norden versetzt aus der Turmwand vorspringen (Abb. 18, 19). An der Südseite befindet sich in 14 m Höhe ein rundbogiger Lichtschlitz (Abb. 17). Darunter durchbricht der ehemalige Hocheingang die Turmwand in rund 13 m Höhe. Unmittelbar unter ihm sind drei Balkenlöcher des ehemaligen Eingangspodests angeordnet. Sie liegen wiederum dicht oberhalb eines Gesimses, das sich über die gesamte Breite der Turmwand zieht. Drei beschädigte Hakenkonsolen, die sich in symmetrischer Anordnung unmittelbar unterhalb dieses Gesimses befinden, verdeutlichen, dass das Gesims einen Dachanschlag vor Bewitterung schützte. Drei weitere Konsolsteine in entsprechender Anordnung ragen rund 3,5 m tiefer aus der Turmwand. Der Umstand, dass die Schauseite der Quaderreihe oberhalb davon geglättet ist, verdeutlicht, dass diese Konsolen ehemals dazu dienten, einen Streichbalken zu tragen.

Daneben existieren sowohl an der Nord- und West- als auch der Südfassade des Turms schmale, jeweils auf ganzer Breite horizontal durchlaufende Absätze über denen die Wand jeweils um rund 10 cm zurückspringt. Auch wenn diese Absätze aus größerer Entfernung kaum wahrnehmbar sind, bedeutet dies, dass der Turm sich nach oben verjüngt (Abb. 16). An der Südostecke weisen die Quader im Sockelbereich des Turms starke Brandschäden auf, die von einem Scheunenbrand im Jahr 1956 herrühren[207] (Abb. 20).

207 Freundliche Mitteilung des Grafen Neipperg.

Abb. 18: Neipperg, Vorderer Turm, Ansicht von Südosten.

Abb. 19: Neipperg, Vorderer Turm, Ansicht der Reste des Aborterkers auf der Ostseite.

Abb. 20: Neipperg, Vorderer Turm, brandgeschädigte Buckelquader am südöstlichen Turmfuß.

3.2.2 Das Innere

Zu welchem Zeitpunkt der Turm sein Dach und die hölzernen Decken verlor, ist unbekannt. Geht man davon aus, dass der heutige Zugang am Turmfuß erst beim Einbau eines Wassertanks in der ersten Hälfte des 20. Jahrhunderts hergestellt wurde, ist zu schließen, dass der Turm bereits mit Abbruch der anderen Gebäude der Unteren Burg (vgl. Kap. 3.3) aufgegeben wurde. Denn der im vorangegangenen Abschnitt erwähnte Zugang an der Südseite des Turms liegt zu hoch, als dass er mittels einer freistehenden hölzernen Treppenkonstruktion ohne extremen Aufwand zu erreichen gewesen wäre.

Heute betritt man den Turm ebenerdig von Osten her durch den erwähnten Durchbruch. Der Innenraum weist einen querrechteckigen Grundriss von 4,40 mal 3,00 m auf, und die Turmwände sind an den verschiedenen Seiten unterschiedlich dick. Zur Angriffsseite nach Osten hin beträgt die Wandstärke 2,50 m, dagegen sind die Turmwände nach Süden, Westen und Norden rund 2,20 m dick. Seit rund zwanzig Jahren ist im Inneren des Turms ein Baugerüst aufgestellt, das eine meteorologische Meßstation auf der Turmkrone erschließt (Abb. 21). Ohne dieses Gerüst wäre die vorliegende Untersuchung gar nicht möglich gewesen, denn davor existierte lediglich eine schmale Stahlleiter, die in der ersten Hälfte des 20. Jahrhunderts beim Einbau eines Wassertanks in Höhe des früheren Einstiegsgeschosses an der östlichen Innenwand angebracht wurde und die ohne bergsteigerische Ausrüstung und Sicherung ohne Lebensgefahr keine Begehung ermöglichen würde. Mittels des Gerüsts ist es hingegen problemlos möglich, die Innenwände des Turms aus nächster Nähe zu inspizieren.

Die Innenwände des Turms sind einheitlich aus sauber behauenen Glattquadern gefügt; wie an den Außenschalen variieren deren Schichthöhen. Steinmetzzeichen sind auf den Schauseiten der Quader nicht vorhanden, an der nördlichen

Abb. 21: Neipperg, Vorderer Turm, Innenansicht mit modernem Gerüst, am oberen Bildrand der Wassertank aus der ersten Hälfte des 20. Jahrhunderts.

Innenwand existiert lediglich ein auffällig großes, kreuzförmiges Zeichen in Bodennähe (Abb. 22); es ist nur leicht eingeritzt und kann nicht als Steinmetzzeichen gedeutet werden.

Aufgrund des sauberen Versatzes und der akkuraten Steinbearbeitung lassen sich die bauzeitliche Geschossunterteilung und ihre späteren Veränderungen gut ablesen (Abb. 16). Demnach hatte der Turm zur Bauzeit zuunterst ein knapp 11 m hohes, schachtartiges und öffnungsloses Geschoss. Dieses wurde vielleicht von einer hölzernen Decke geteilt, deren Balken auf Absätzen geruht haben könnten, die in rund 6,30 m Höhe über dem Erdgeschossboden an der südlichen, östlichen und der westlichen Innenwand horizontal verlaufen (Abb. 16, 21). Darüber befand sich in 11 m Höhe ein Geschoss, das in seiner Südwestecke über den Eingang zugänglich war, dessen rundbogige Pforte sich in 13 m Höhe über dem angrenzenden Terrain auf der südlichen Außenwand des Turms öffnet (Abb. 16, 17). Der Boden dieses Geschosses bestand wiederum aus Balken, die auf Absätzen an der West- und der Ostwand des Turminneren ruhten.

Die Nische des Hocheinstiegs in der Südwestecke des Raums ist modern mit Ziegelsteinen vermauert, so dass man die Türöffnung von innen nicht sehen kann. Das rundbogige Gewände ist umlaufend mit einem Rundstabprofil versehen (Abb. 23). Die Pfortennische ist von einem sauber gefügten stichbogigen Keilsteingewölbe überfangen; dieses wird wiederum durch eine gemauerte Halbtonne entlastet (Abb. 24). Wie die Tür verriegelt werden konnte, wird infolge der modernen Vermauerung nicht ersichtlich; im Hinblick auf zahllose Vergleichsbeispiele ist zu vermuten, dass dafür ein einfacher Balkenriegel existierte.

Östlich neben dem Zugang befindet sich in der Südwand eine rechteckige Nische, die wohl auf eine zumindest temporäre Bewohnbarkeit des Raums hindeutet (Abb. 16). Dafür spricht auch der Abort, der in seiner Nordostecke lag und dessen Erker in Resten noch heute an der östlichen Turmaußenwand erhalten ist (Abb. 18, 19). Wie der Zugang zu dem Abort vom Innenraum des Turms her gestaltet war beziehungsweise ist, lässt sich heute nicht erkennen, weil die betreffenden Wandpartien vollständig durch den modernen Wassertank verdeckt sind, eine auf Stahlträgern gelagerte kastenartige Konstruktion aus Stahlbeton, die die beiden nördlichen Drittel des Geschosses einnimmt (Abb. 16, 21). Daher bleibt nur die Betrachtung des Aborterkers von außen, die andeutet, dass dieser durch einen gerade geführten und flachgedeckten Gang erschlossen wurde. Der Erker sprang halbrund vor die Turmwand, sein unterer Abschluss war durch ein U-förmig behauenes monolithisches Werkstück gebildet, dessen untere Außenkanten abgerundet waren und in das die runde Abortöffnung eingehauen war. Darüber folgten die Abortwände aus

Abb. 22: Neipperg, Vorderer Turm, kreuzförmiges Zeichen an der Nordwand des Erdgeschosses.

Abb. 23: Neipperg, Vorderer Turm, Hocheinstieg auf der Südseite.

mehreren Schichten sauber im Halbkreis behauener Werkstücke. Ob er auch eine Lichtöffnung hatte, ist infolge der Teilzerstörung nicht mehr zu bestimmen. Oben wurde die Abortwandung von einem Karniesprofil abgeschlossen; darüber folgte ein gebaucht-kegelförmiges Dach aus mehreren Werkstücken.

Über dem Zugangsgeschoss lag ein 3,30 m hohes Geschoss. Wie zwei Nischen andeuten, die in der Nordwestecke dieses Raums in die Nord- und die Westwand eingelassen sind, diente auch dieses gegebenenfalls Aufenthaltszwecken. Dem entspricht, dass auf der Südseite des Raums ein rund 0,18 mal 0,70 m messender, rundbogiger Lichtschlitz die Turmwand durchbricht. Der Scheitel seiner Laibung wird auf der Außenseite von einer breiten, in den Buckel des betreffenden Quaders eingearbeiteten Fasche eingefasst, die ihrerseits von einem deutlich schmaleren Falz gerahmt wird (Abb. 23); zum Turminneren hin liegt die Scharte in einer Rundbogennische (Abb. 16).

Im Unterschied zu den unteren Geschossen wurde das oberste nicht von einer Decke abgeschlossen, sondern von einem Pultdach überfangen, das von Westen her gegen die schildmauerartige Erhöhung im Osten der Turmkrone anstieg. Der Aufgang zur Turmkrone erfolgte in der Nordostecke des Raums. Dort muss eine hölzerne Stiege existiert haben, welche die Öffnung erschloss, die in der Südwand des nördlichen Arms der Schildmauer angeordnet ist. Durch sie und einen anschließenden kurzen Gang ist wiederum der Wehrgang auf der Westseite der Turmkrone zugänglich (Abb. 16, 25).

Abb. 24: Neipperg, Vorderer Turm, Entlastungsbogen auf der Innenseite des Hocheingangs.

Abb. 25: Neipperg, Vorderer Turm, Traufgesims des ehemaligen Pultdachs an der Nordseite des Turmabschlusses.

3.2.3 Wehrplatte und „Schildmauer"

Der obere Abschluss des Turms der Vorderen Burg ist nahezu zerstörungsfrei erhalten, ein sehr seltener Fall, der sorgfältige Erhaltung erfordert. Wie angesprochen weist er eine markante Form auf. Während den Turmwänden nach Westen hin eine Brustwehr mit Zinnen aufgesetzt ist, erhebt sich im Osten, in Richtung der Hinteren Burg, eine U-förmige Art von Schildmauer, die ihrerseits von einer Brustwehr mit Zinnen bekrönt ist (Abb. 16, 26). Brustwehr und Zinnen sind in beiden Bereichen vollständig erhalten. Die im Schnitt halbkreisförmigen Decksteine der durchgehend 0,65 m dicken und rund 2,20 m hohen Zinnen weisen an der Oberseite jeweils ein Wolfsloch auf (Abb. 27). Daneben sind zahlreiche Details erhalten, die verdeutlichen, wie das Dach des Turms konstruiert war und wie die Wehrgänge an der Turmkrone erschlossen wurden.

Der Wehrgang westlich der „Schildmauer" war, wie im vorangegangenen Abschnitt bereits kurz beschrieben, über einen Durchgang zu erreichen, der in der Dicke des nördlichen Arms der „Schildmauer" verläuft (Abb. 16, 26) und sich nach Westen auf den Wehrgang öffnet. Wie ein sauber ausgearbeiteter umlaufender Falz belegt, konnte die entsprechende rechteckige Öffnung außen mittels eines Türblatts verschlossen werden (Abb. 25). Die Öffnung zum Turminneren am Ostende des Gangs konnte nicht verschlossen werden, wie ihre rechteckigen Laibungen und fehlenden Kloben- und Riegellöcher belegen (Abb. 16, 25); sie lag ehemals unter einem Pultdach, das von der „Schildmauer" zum Niveau des Wehrgangs auf der westlichen Turmseite abfiel. Bei diesem Pultdach muss es sich um ein einfaches Sparrendach gehandelt haben, denn zwei Hakenkonsolen, die sich in den Ecken der „Schildmauer" befinden (Abb. 16, 28), sowie ein darüber

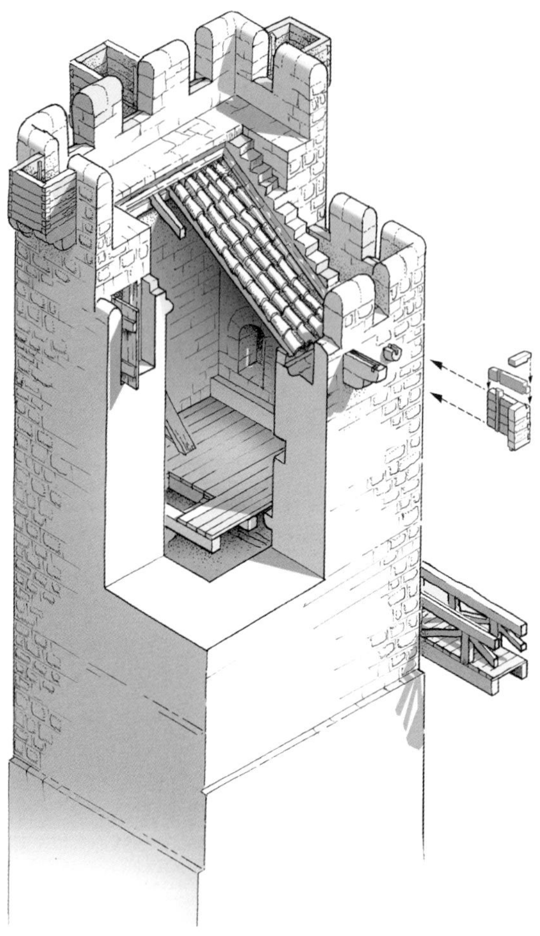

Abb. 26: Neipperg, Vorderer Turm, isometrische Rekonstruktion der Dachkonstruktion und der Wehrerker. (Timm Radt)

angeordnetes, an der Oberkante breit abgefastes Gesims verdeutlichen, dass auf den Konsolen ein Streichbalken lagerte. Dieser diente zweifellos als Auflager für die Sparren, auf denen die Dachdeckung ruhte; deren Beschaffenheit bleibt indes unbekannt. Das Gesims schützte die obere Traufkante vor Undichtigkeiten. Die seitlichen Traufkanten wurden von entsprechenden, in diesen Fällen aber schräg, gemäß der Neigung des Pultdachs nach Westen abfallenden Gesimsen geschützt (Abb. 29). Diese sind beidseitig noch in großem Umfang erhalten. Sie ziehen sich entlang der Innenseiten der Seitenarme der „Schildmauer“ und gehen im Fall des nördlichen Arms in eine rund 47 cm breite Abmauerung über, die auf der Oberseite getreppt ist und den Zwickel zwischen nördlich angrenzendem Wehrgang und dem Pultdach schloss (Abb. 29). Auf der Südseite ist die entsprechende Abmauerung weitgehend abgetragen. Diese Abmauerung muss gleichzeitig als Treppenaufgang auf die „Schildmauer“ gedient haben, denn an ihrem südlichen Arm ist der obere Abschluss dieses Aufgangs noch gut erhalten (Abb. 16, 29). Es handelt sich um eine 50 cm breite, siebenstufige Stiege, welche den Wehrgang auf dem südlichen Arm der „Schildmauer“ von 1,60 m auf rund 0, 90 m verschmälert. Demnach umrundete man vom nördlichen Arm der „Schildmauer“ ausgehend das Pultdach im Westen und stieg dann im Süden zum Wehrgang der „Schildmauer“ auf (Abb. 26). Auch wenn alle Wehrgangflächen heute von einer rund 20 cm dicken Betonschicht bedeckt sind und daher der alte Befund nicht sichtbar ist, dürfte dabei die Entwässerung des Pultdachs ein gewisses Problem dargestellt haben, denn diese muss in Form einer Rinne gestaltet gewesen sein, die sich auf ganzer Breite des Dachs auf dem westlichen Wehrgangabschnitt entlangzog. Die Entwässerung muss dann über eine Art Stichkanal erfolgt sein, der quer zum westlichen Abschnitt des Wehrgangs verlief. Ein dazugehöriger Wasserspeier ist auf der westlichen Außenseite des Turms auf entsprechender Höhe erhalten (Abb. 16). Ob dieser Stichkanal offen oder abgedeckt war, ist nicht mehr zu entscheiden.

Wie erwähnt sind die durchgehend 65 cm dicken Brustwehren sowohl auf der Westseite als auch auf der östlich anschließenden „Schildmauer“ nahezu vollständig erhalten. Auffällig ist, dass im Nordwesten, am Austritt des Zugangs auf die Turmkrone, keine Zinnen vorhanden sind, sondern dort eine durchgehend mannshohe Brustwehr verläuft (Abb. 25); alle anderen Partien weisen Zinnen auf. Die Zinnenlücken des westlichen Wehrgangabschnitts sind einheitlich 78 cm breit. Über die mittlere Öffnung konnte ein Wehrerker bedient werden, dessen Doppelkonsolen außen unterhalb des südlichen beziehungsweise des nördlichen Endes der jeweils angrenzenden Zinnen auskragen (Abb. 30). Entsprechende Konsolen befinden sich auch an den beiden „Seitenarmen“ der „Schildmauer“ sowie mittig an dieser selbst (Abb. 6). Folglich existierte an jeder Seite des Turms ein Wehrerker.

Einarbeitungen auf der Oberseite der Konsolen lassen Aussagen zur Gestalt und Konstruktion dieser

Abb. 27: Neipperg, Vorderer Turm, Wolfslöcher an der Oberseite der Zinnendecksteine.

Abb. 28: Neipperg, Vorderer Turm, beschädigte Hakenkonsole und Rest des oberen Traufgesimses am ehemaligen Pultdach.

Abb. 29: Neipperg, Vorderer Turm, Traufgesims des östlichen Pultdachs an der Südseite des Turmabschlusses.

Wehrerker zu (Abb. 30). Es handelt sich jeweils um rund 4 cm breite und ebenso tiefe Nuten, die geradlinig entlang der Außenkanten der Oberseite der Konsolen in den Stein eingearbeitet sind; am äußeren Abschluss der Konsolen knicken sie um 90 Grad zur ehemaligen Front des Erkers ab. Im Hinblick auf die Nuten und ihren Verlauf sowie auf Vergleiche ist zu schließen, dass die Wände der Erker nicht aus Stein, sondern aus Holz ausgeführt waren, denn in Stein ausgeführte Erker – sowohl Wehr- als auch Aborterker – waren häufig baukastenartig aus exakt behauenen Steinplatten zusammengesetzt, die keiner Nut-Feder-Verbindung bedurften[208]. Der Umstand, dass an den vorderen Ecken des Erkers keine rechteckigen Einarbeitungen vorhanden sind, verdeutlicht zudem, dass es keine Eckpfosten gab. Daraus ist zu schließen, dass die Holzwände der Erker in Block- beziehungsweise Strickbauweise errichtet waren. Das bedeutet, dass die Wände sich aus horizontal aufeinander geschichteten Kanthölzern oder dicken Brettern zusammensetzten, deren Enden an den Ecken schwalbenschwanzförmig verzinkt waren[209] (Abb. 31). Es handelte sich also im Grundriss um eine U-förmige, kastenartige Konstruktion. Ob die rückwärtigen Enden der Seitenwände der Erker über Querhölzer oder über eine Dachkonstruktion miteinander verbunden waren, erschließt sich dabei nicht mehr. Es ist sowohl denkbar, dass die Erker als nach oben hin offene Blende gestaltet waren, als auch dass sie jeweils von einem zur Feldseite hin pultartig abfallendem Dach abgeschlossen wurden. Sollte letzteres der Fall gewesen sein, spricht der halbrunde Querschnitt der Zinnendecksteine dagegen, dass das Dach auf den Zinnen auflag, vielmehr müsste es mit seinem oberen Abschluss gegen die Außenseite der Zinnen gestoßen sein (Abb. 26).

---

208 Beispiele wären der Erker am Bergfried von Burg Miltenberg am Main, der Kaminerker der Wasenburg im Unterelsass oder der Aborterker am „Palas“ der Ruine Lindelbrunn im Pfälzerwald.

209 Diese Konstruktionsweise wird heute vor allem noch im Alpenraum verwendet, wo auch zahlreiche historische Anschauungsbeispiele zu finden sind, die ältesten aus der Zeit um 1200; weitere Vergleichsmöglichkeiten aus dem späten Mittelalter gibt es im schlesischen Raum und in Siebenbürgen; vgl. Hoffmann, Baugeschichtliche Untersuchungen.

Abb. 30: Neipperg, Vorderer Turm, Konsolsteine des Wehrerkers an der Westseite.

Abb. 31: Mauterndorf, Lunggau (Österreich), Hurden in Strickbauweise auf der äußeren Zwingermauer.

3.2.4 Sekundäre Veränderungen

Das Äußere des Turms präsentiert sich gänzlich homogen; bis auf die moderne Vermauerung des Hocheinstiegs sind keine sekundär erstellten Mauerwerkspartien oder Ausbesserungen vorhanden. Lediglich in seinem Inneren lässt sich nachvollziehen, dass an der Geschossunterteilung des Turms in geringem Umfang Veränderungen vorgenommen wurden. So hat man zu einem nicht näher bestimmbaren Zeitpunkt rund 2,70 m unterhalb des Eingangsgeschosses eine Balkendecke eingezogen. Zu diesem Zweck wurden an der westlichen Innenwand Balkenlöcher ausgearbeitet, während an der gegenüberliegenden Innenwand entsprechend breite, vertikale Aussparungen eingearbeitet wurden, um die Deckenbalken einschieben zu können. Auf entsprechende Weise wurde im obersten Geschoss eine Decke eingezogen. Weshalb dies geschah, erschließt sich nicht.

Daneben lässt die grobe Machart von rechteckigen Einarbeitungen, die sich an der Oberkante der Schmalseiten der Decksteine jener Zinnen befinden, die eine einfache Zinnenöffnung rahmen, vermuten, dass sie sekundär eingearbeitet wurden (Abb. 32). Sie scheinen dazu gedient zu haben, Querhölzer einzulegen, an denen wiederum Klappläden befestigt gewesen sein dürften, die die Öffnungen zwischen den Zinnen schlossen.

Abb. 32: Neipperg, Vorderer Turm, Decksteine der Zinnen mit bogenförmigem Querschnitt.

3.3 Zur Gesamtanlage der Vorderen Burg

Der Hügel, auf dem der Turm der Vorderen Burg steht, zeigt keine weiteren Bebauungsreste mehr; es sind nicht einmal Spuren von Kernmauerwerk oder auch nur Schutthalden vorhanden. Daher scheint auf den ersten Blick kaum eine Aussage zur ehemaligen Gesamtanlage der Burg möglich. Jedoch ermöglicht die Geländeform, wenngleich in nur sehr eingeschränktem Maße, Rückschlüsse auf die einstige Bebauung. Zunächst fällt die akkurat verebnete, L-förmige Fläche im Gipfelbereich westlich und auch nördlich des Turms auf (Abb. 12, 13); es liegt nahe, dass sich hier kein Gebäude befand, dass dort vielmehr ein offener Hof lag.

Nach Norden und Osten hin wird die ebene Fläche von felsigen Abbruchkanten beziehungsweise Felsstufen begrenzt. Zusammen erreichen diese eine Höhe von bis zu 10 Metern. Im Unterschied dazu fallen die Süd- und die Westseite des Burghügels in einem Bogen als vergleichsweise flache Hänge ab. Diese werden im Südwesten, rund 3 m unterhalb des Gipfelplateaus terrassenartig von einem annähernd horizontal durchlaufenden, bis zu 5 m breiten Absatz durchzogen. Er dürfte nicht natürlichen Ursprungs sein, vielmehr hat es den Anschein, als verweise er auf die ehemalige Existenz eines Gebäudes. Denn im Hinblick auf seine Höhenlage könnte der Absatz grob das Niveau eines gegenüber der Hoffläche tiefer gelegenen Kellergeschosses eines Gebäudes anzeigen. Dessen Erdgeschoss müsste dann annähernd auf Höhe der nördlich angrenzenden Hoffläche gelegen haben. Demnach ist zu vermuten, dass westlich beziehungsweise südwestlich des Turms ein Gebäude stand, dessen Grundriss nicht rechteckig war, sondern einem stumpfen Winkel entsprach (Abb. 15).

Diese Hypothese wird zusätzlich gestützt durch Details an der südlichen Außenwand des Turms. Wie beschrieben, befindet sich auf dieser Seite der Hocheinstieg des Turms, wobei die Höhendifferenz zwischen dem Eingang und der Hoffläche westlich des Turms rund 11 m beträgt und gegenüber dem Mauerfuß auf seiner Südseite knapp 13 Meter. Zwar sind in der weiteren Umgebung durchaus vergleichbar hoch gelegene Eingänge an Bergfrieden bekannt[210], jedoch blickt der Eingang in diesen Fällen jeweils in Richtung eines ebenen Hofs, wo ausreichend Platz für eine hölzerne Treppenkonstruktion war oder aber die Hocheinstiege brückenartig von einem angrenzenden Gebäude aus erschlossen gewesen sein können. Dass im Fall der Vorderen Burg Neipperg eine freistehende Treppenkonstruktion existierte, kann mit hoher Wahrscheinlichkeit ausgeschlossen werden, schließlich war der Turmeingang nicht auf die ohnehin nur mäßig große Gipfelfläche des Burghügels ausgerichtet, sondern nach Süden, wo der Baugrund am Turmfuß steil abfällt. Daher ist zu vermuten, dass der Turmeinstieg eher über ein anderes Gebäude erfolgte.

210 Der Eingang am Bergfried von Burg Zavelstein im Nordschwarzwald befindet sich in 14 m Höhe, der von Burg Liebeneck bei Pforzheim liegt sogar 19 m hoch (Abb. 37).

Diese Vermutung scheint sich insofern zu bestätigen, als unmittelbar unterhalb der Schwelle des Hocheinstiegs links und rechts zwei quadratische Balkenlöcher sauber in den Mauerwerksverband eingearbeitet sind. Ein drittes Balkenloch befindet sich nicht etwa östlich, sondern westlich davon, nahe der Südwestecke des Turms (Abb. 17, 23). Das hölzerne Podest, von dem aus die Turmpforte zugänglich war, führte also von Westen an sie heran, das heißt aus eben jener Richtung, in der das oben beschriebene Gebäude zu vermuten ist. Demnach wäre denkbar, dass der Eingang beziehungsweise sein Podest von der ausreichend hohen östlichen Giebelwand dieses Gebäudes aus über eine kurze Brücke erschlossen wurde (Abb. 15).

Ebenfalls aussagekräftig für eine grobe Rekonstruktion der Burg sind die Details, die sich unterhalb des Hocheingangs und seines Podests befinden. Kein Zweifel kann daran bestehen, dass sich dort ein überdachter Gang oder eine überdachte Plattform befand. Dies ist aus dem rund 0,45 m unterhalb der Schwelle des Hocheinstiegs auf ganzer Breite des Turms durchziehenden Gesims sowie den nochmals rund 3,5 m darunter angeordneten Konsolen abzuleiten (Abb. 17, 23). Das Gesims diente gewiss als Schutz für den Dachanschlag des überdachten Gangs. Die Sparren dieses Dachs ruhten auf einem Streichbalken, der auf drei Hakenkonsolen ruhte, die unmittelbar unterhalb des Gesimses erhalten sind. Die noch tiefer gelegenen einfachen Konsolen trugen ohne Frage einen Streichbalken, auf dem seinerseits die Bodenkonstruktion des überdachten Gangs ruhte. Diesem muss weiter südlich ein Pendant gegenüber gelegen haben, und dieses kann sich im Hinblick auf die Gesamtsituation nur auf beziehungsweise an der Krone der ehemaligen Ringmauer befunden haben, die in maximal 2,5 m Abstand südlich des Turms entlang gezogen haben muss. Demnach hätte sie an dieser Stelle eine Höhe von rund 8 m zuzüglich der Brustwehr gehabt. Die Ringmauer dürfte ohne Versprung in die südliche beziehungsweise südwestliche Außenwand des weiter westlich zu vermutenden Gebäudes übergegangen sein. Auf der Nordseite des Burghügels respektive des Hofs müsste eine entsprechende Mauer den Turm mit dem nördlichen Abschluss des Gebäudes verbunden haben (Abb. 15).

Damit ist also eine direkte Verbindung des Turms und der weiteren Bebauung der Burg in hohem Maße plausibel. Auf jeden Fall war diese Bebauung konkret geplant, als der Turm errichtet wurde. Dass die weiteren Gebäude auch de facto errichtet waren und erst später durch Steinraub wieder verschwanden, darf man also annehmen.

Angesichts dieser Befundlage sind weitergehende Rückschlüsse natürlich großenteils Spekulation. Dennoch kann man im Hinblick auf die steilen Geländeverhältnisse im Norden und Nordosten des Burghügels vermuten, dass das Burgtor neben der Südostecke des Turms lag oder geplant war, wo keine Felsstufen anstanden und sich das Gelände für einen Aufgang anbot. Ausgehend vom Tor in der Ringmauer müsste der Zugang zum Hof und den Wohnbauten dann an der

Südseite des Turms entlanggeführt haben, wobei die darüber angeordnete Plattform eine Art Torhaus gebildet hätte. Ausgehend von der Geländeform wäre weiter zu schließen, dass der Torweg an der Südwestecke des Turms nach Norden abknickte und, eventuell über eine Treppe, auf dem Niveau des Hofs westlich des Turms endete.

Alles in allem darf man also davon ausgehen, dass die Vordere Burg als kompakte Anlage geplant und wahrscheinlich auch errichtet wurde, und dass ihre Erscheinung primär durch das Nebeneinander von Turm und Hauptgebäude bestimmt war.

3.4 Der Bergfried, Datierung und Vergleiche

Die beiden Neipperger Türme bilden, aus der Entfernung gesehen, ein markantes Zwillingspaar (Abb. 11, 17). Trotz ihrer verschiedenen oberen Abschlüsse erscheinen sie wegen des gleichen Baumaterials und der ebenfalls gleichen, sorgfältigen Buckelquaderverkleidung „wie aus einem Guss". Daher ist man zunächst geneigt, beide derselben Bauphase zuzuordnen. Bei näherer Betrachtung zeigt sich jedoch, dass dieser Schluss nicht zulässig ist, denn abgesehen davon, dass es sich im einen Fall um einen Wohnturm handelt, der über ein differenziertes Raumkonzept verfügt, und im anderen Fall um einen vergleichsweise schlicht gegliederten Bergfried, unterscheiden sich die beiden Türme auch im Detail doch deutlich voneinander. Am Turm der Vorderen Burg findet man im Unterschied zu jenem der Hinteren Burg keine Steinmetzzeichen. Schon deshalb ist auszuschließen, dass beide Türme von einem und demselben Bautrupp errichtet wurden. Zudem zeigt der Turm der Vorderen Burg innen wie außen mehrere horizontale Absätze, die am Wohnturm der Hinteren Burg fehlen.

Auch die wenigen Detailformen, die sich am Turm der Vorderen Burg finden, sprechen eine andere Sprache als die am Turm der Hinteren Burg, die bereits gotische Einflüsse aufweisen. Bei den Details am Turm der Vorderen Burg handelt es sich dabei um die Reste des Aborterkers auf der Ostseite, den Hocheinstieg mit Rundstabprofil auf der Südseite sowie um den im Geschoss darüber angeordneten rundbogigen Lichtschlitz. Auch wenn er nur noch rudimentär erhalten ist, unterscheidet sich der Aborterker von den Aborten der Hinteren Burg darin, dass er weniger schlank ist und ehemals einen gerundeten unteren Abschluss aufwies. Entsprechende Abschlüsse von Aborterkern finden sich am Roten Turm in Wimpfen, der noch ein vollständig romanisches Gepräge aufweist und in die Zeit um 1170/80 datiert wird[211] (Abb. 33). Demgegenüber sind die vier Aborterker auf Burg

211 Biller, Wimpfen.

Abb. 33: Wimpfen, Roter Turm der Kaiserpfalz, Aborterker.

Hohenbeilstein sicher später, wahrscheinlich um 1220 entstanden[212], obwohl auch diese Anlage noch einen rein romanischen Eindruck vermittelt[213]. Dies gilt auch für den Hocheingang des Turms der Vorderen Burg Neipperg mit seinem umlaufenden Rundstab. Mehr noch weist der rundbogige Lichtschlitz im Geschoss darüber in die Romanik. Wie erwähnt ist sein Rundbogen außen von einer breiten Fasche und einem schmalen Falz umgeben; dabei handelt es sich um eine sehr einfache, zugleich aber auch sehr seltene Zierform. Tatsächlich ist dem Verfasser lediglich ein Vergleichsbeispiel dafür bekannt, nämlich ein Lichtschlitz am südlichen der beiden Bergfriede von Burg Lichtenberg bei Oberstenfeld (Landkreis Ludwigsburg). Die Scharte dort weist mit zwei umlaufenden schmalen Falzen eine ganz ähnliche Form auf (Abb. 34). Sie stammt eindeutig aus der ersten bestimmbaren Bauphase der Burg, die anhand einer Holzprobe aus der ehemaligen Dürnitz ins späteste 12. Jahrhundert beziehungsweise um 1200 zu datieren ist[214]. Dem entsprechen auch die noch wenig überarbeiteten Buckel des Rustikamauerwerks dieser Phase[215] (Abb. 35). Demgegenüber mutet das Mauerwerk des Bergfrieds der Vorderen Burg Neipperg mit seiner Tendenz, die Bossen der Buckelquader kissenförmig zu bearbeiten, weniger archaisch an. Ausgehend davon kann die Entstehung des Turms und mithin der Vorderen Burg als Ganzes grob ins frühe 13. Jahrhundert datiert werden.

212 Drei der Erker sind an der Ringmauer angebracht, der vierte befindet sich im Eingangsgeschoss des Bergfrieds.

213 Burg Hohenbeilstein ist als überaus qualitätvolles Beispiel des (spät-) romanischen Burgenbaus in der Region anzusprechen. Die durchgehend kissenförmig abgearbeiteten Buckel des Rustikamauerwerks an Bergfried und Ringmauer gehören dort zusammen mit einem schlichten, rundbogigen Biforium, das im südlichen Ringmauerabschnitt erhalten ist, in den genannten Zeitraum.

214 Fleck, Burg Lichtenberg.

215 Zum Thema Stilentwicklung des Buckelquaders vgl. Biller, Adelsburg, S. 185–194; Biller, Hohkönigsburg, S. 66 f.; Biller/Metz, Burgen des Elsass, Bd. 1, S. 168–180.

Abb. 34: Neipperg, Vorderer Turm, rundbogige Scharte an der Südseite (rechts). Lichtenberg bei Oberstenfeld, rundbogige Scharte an dem um 1200 erbauten südlichen Bergfried (links).

Setzt man voraus, dass die hypothetisch skizzierte kompakte Gestalt der Anlage mit einem polygonalen Grundriss zutrifft (Abb. 15), spräche auch das für diesen Zeitraum. Denn eine dem Oberflächenrelief folgende Führung der Ringmauer entspricht noch romanischen Traditionen der Zeit vor und um 1200, die sich an zahlreichen Beispielen nachvollziehen lässt[216].

Was den auf den ersten Blick ganz ungewöhnlich anmutenden Turmabschluss mit seiner aufgesetzten „Schildmauer" angeht, ist festzustellen, dass es sich dabei doch nicht um einen Einzelfall handelt. Entsprechungen für eine derartige Form lassen sich mehrfach an Burgen in vergleichbarer Spornlage nachweisen oder zumindest vermuten. So wurde am Bergfried der Spesburg im Elsass eine derartige, dem Turm aufgesetzte Miniaturschildmauer bei der jüngsten Instandsetzung festgestellt[217] (Abb. 36). Im Fall der Burg Liebeneck südlich von Pforzheim kann die Existenz einer solchen anhand älterer Bauaufnahmen ebenfalls als gesichert gelten[218] (Abb. 37); allerdings ist der Befund dort durch eine in der zweiten Hälfte des 20. Jahrhunderts angebrachte moderne Betonabdeckung verunklärt. Ferner ist auf den Bergfried der Ruine Mandelberg im östlichen Schwarzwald zu

216 Zu denken wäre etwa an die Vorderburg in Neckarsteinach (Biller/Wendt, Burgen Odenwald, S. 129–133), an die Willenburg bei Schiltach (Radt, Bauformen, S. 114 f.), an die Dagsburg (Dagsbourg, Dabo) in Lothringen (Biller/Metz, Burgen des Elsass, Bd. 1, S. 240–247) oder an Turmhölzle bei Schopfheim im Rheinknie nahe Basel (Müller, Burgen Markgräflerland, S. 21).

217 Koch, Donjon Spesbourg.

218 Lacroix/Hirschfeld/Paeseler, Kunstdenkmäler Pforzheim, S. 137–139.

Abb. 35: Lichtenberg bei Oberstenfeld (links), Buckelquaderwerk um 1200 mit roh bearbeiteten Bossen und schmalem Randschlag. Hohenbeilstein (rechts), Buckelquaderwerk um 1220/30 mit kissenförmig bearbeiteten Bossen.

verweisen, in deren Fall sich eine frontseitige Erhöhung anhand alter Fotos noch nachvollziehen lässt[219].

Bemerkenswert ist, dass alle genannten Vergleichsbeispiele jünger sind als der Turm der Vorderen Burg Neipperg, denn in allen Fällen ist die Entstehung frühestens um 1250 oder noch später anzusetzen. Insofern bleibt festzuhalten, dass es sich bei der Miniaturschildmauer auf dem Turm der Vorderen Burg um ein besonders frühes und vor allem um ein besonders gut erhaltenes Beispiel handelt.

Vergleiche mit Türmen des frühen 13. Jahrhunderts lassen schließlich auch die vier Wurferker an der Wehrplatte des Vorderen Turms zu. Dergleichen ist überhaupt selten erhalten, aber gerade im Raum zwischen nördlichem Schwarzwald und Main sind zwei weitere Beispiele zu nennen (Abb. 38), nämlich der Bergfried von Burg Miltenberg am Main und der der Ravensburg bei Sulzfeld im Kraichgau, also in der unmittelbaren Nachbarschaft; im letzteren Fall könnte der Aufbau des Erkers wie auf Neipperg aus Holz gewesen sein.

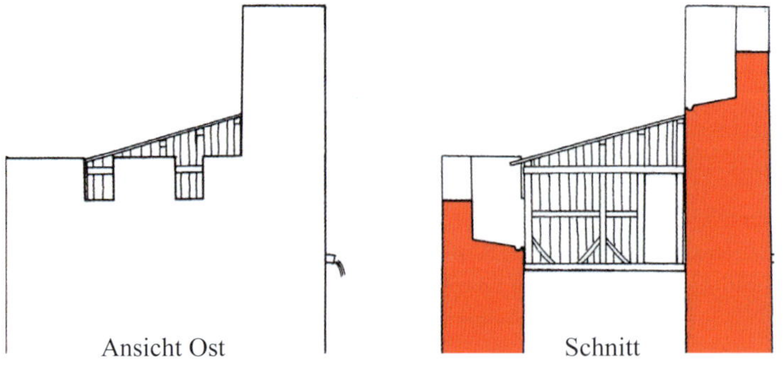

Abb. 36: Spesburg bei Andlau (Unterelsass), Rekonstruktion der Krone des Bergfrieds, Ostansicht und Schnitt, nach den Untersuchungen von 1999. (Jacky Koch und Maurice Seiler)

219 So auf Ansichtskarten aus den 1950er Jahren.

Abb. 37: Liebeneck bei Tiefenbronn, Bergfried, Ansichten der Feldseite (links) und Hofseite (rechts).

Abb. 38: Miltenberg am Main (links), Bergfried nach 1200 mit Wehrerkern aus Werkstein; Ravensburg bei Sulzfeld (rechts), Bergfried um 1220/30 mit Konsolen für Wehrerker aus Holz.

4 Die Hintere Burg

Das, was der heutige Besucher als „die" Burg Neipperg wahrnimmt, das heißt die umfangreiche und vielfältig gegliederte Baugruppe um den oft beschriebenen Wohnturm, war ursprünglich, seit dem 13. Jahrhundert, nur eine von zwei nebeneinanderstehenden, anfangs eher kleinen Burgen. Erst spätere Entwicklungen führten dazu, dass die Vordere Burg – mit Ausnahme ihres Bergfrieds – verschwand, während die Hintere Burg zu jener bis ins 19. und 20. Jahrhundert erweiterten und umgebauten Anlage wurde, die heute vor allem dem gräflich neippergischen Weingut dient.

4.1 Der Wohnturm

Thomas Biller

Der Hintere Turm[220] (Abb. 39, 40), das heißt der Wohnturm der Hinteren Burg, ist aus gutem Grund der von Besuchern und auch in der wissenschaftlichen Literatur meistbeachtete Teil von Neipperg (Abb. 41). Er dominiert die Gesamtanlage schon deshalb, weil er etwas höher steht als der Vordere Turm, aber auch wegen seines größeren Volumens. Außerdem ist schon von außen unübersehbar, dass es sich um einen technisch sehr qualitätvollen und kaum veränderten Bau spätstaufischer Zeitstellung beziehungsweise aus der ersten Hälfte des 13. Jahrhunderts handelt. Diese Feststellung wird bei der Begehung der Innenräume noch unterstrichen, denn die ursprüngliche Raumaufteilung scheint noch kaum verändert und lässt daher aufgrund vieler Einzelmerkmale auch eine plausible Deutung zu. Bei genauerer Untersuchung zeigt sich dann zwar, dass der Turm vor allem seit der Mitte des 19. Jahrhunderts in manchen Details verändert wurde; viele dieser Veränderungen sind aber bei Restaurierungen in der zweiten Hälfte des 20. Jahrhunderts wieder rückgängig gemacht worden und im übrigen gut erkennbar.

Der Grundriss des Turms misst im Erdgeschoss 10,80 m mal 9,90 Meter. Die geringe Abweichung vom Quadrat, die von außen weder wahrnehmbar noch erklärbar ist, hat ihren Grund darin, dass die Treppe vom zweiten Obergeschoss zu

220 Die Bestands-Grundrisse und der Schnitt des Turms beruhen auf älteren Zeichnungen, die im GNA in Schwaigern verwahrt werden beziehungsweise von Fekete, Instandsetzung, 1996 publiziert wurden und die für diese Veröffentlichung vor allem bezüglich der Innenräume überarbeitet wurden. Sie enthalten kleine Ungenauigkeiten, jedoch wäre ein neues Aufmaß erst dann sinnvoll, wenn der Turm einmal eingerüstet würde und dann auch außen vermessen werden könnte.

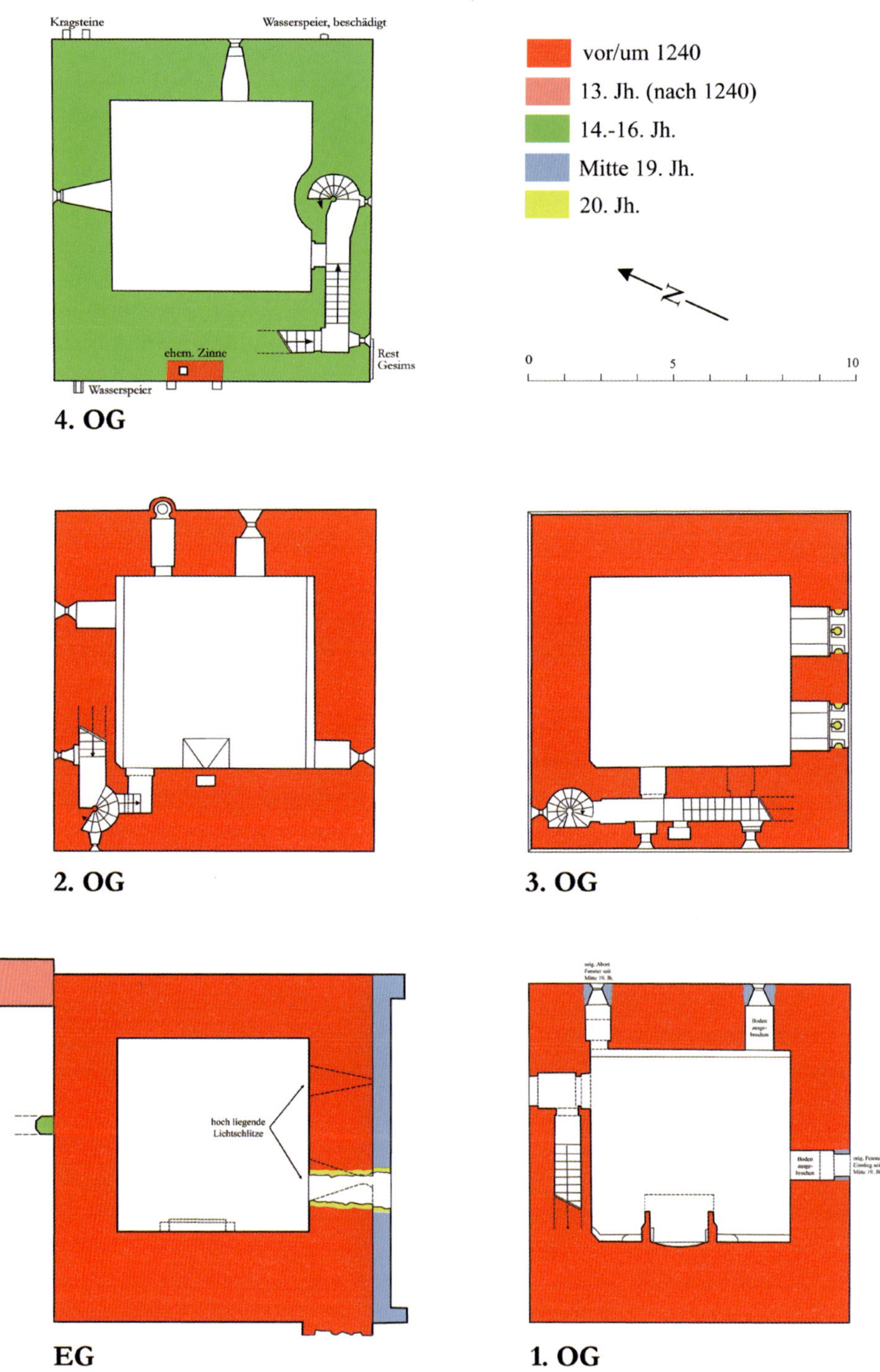

Abb. 39: Neipperg, Hinterer Turm, Baualterpläne auf fünf Höhen. (Thomas Biller)

den darüber gelegenen Geschossen in der Westmauer des Turms beziehungsweise in seiner Nordwestecke aufsteigt, weshalb diese Wand 2,80 m dick ist. Die anderen Wände sind nur 1,90 bis 2,00 m dick[221], die Innenräume dabei aber annähernd quadratisch, mit Seitenlängen im Erdgeschoss von 5,91 bis 5,94 Meter.

Der Turm hatte ursprünglich vier Geschosse; heute sind es jedoch sieben, denn noch im Mittelalter wurde ein fünftes Geschoss aufgesetzt (vgl. Kap. 4.1.8), und in den 1970er Jahren hat man das hohe Erdgeschoss („Verlies") aus Gründen der statischen Sicherung mit zwei Betonzwischendecken unterteilt[222]. Die äußere Mauerschale der ursprünglichen Geschosse besteht aus sorgfältig bearbeiteten, länglichen und meist kissenförmigen Buckelquadern ohne Zangenlöcher; kleine Partien glatten Quaderwerks sind überwiegend, aber nicht in allen Fällen, durch die Deckenlagen späterer, aber wieder verschwundener Anbauten zu erklären. Über dem zweiten Obergeschoss befindet sich ein schmaler, geschrägter Rücksprung. Die Öffnungen, das heißt Pforten, Fenster und Aborte werden im Folgenden jeweils mit den Geschossen beschrieben, die Dachanschläge verschwundener Gebäude im Süden, Osten und Norden und die Spuren anderer angelehnter Gebäude im Kapitel 4.4.1.

Die Buckelquader des Hinteren Turms tragen fast keine Steinmetzzeichen, obgleich Eduard Paulus 1873 acht solche Zeichen notierte[223], Hans-Martin Maurer 1967 immerhin sechs[224] (Abb. 42). An der Ostseite erkennt man heute nur ein einziges derartiges Zeichen, in Form eines Bogens, der die übliche Größe von Steinmetzzeichen deutlich übertrifft; derselbe Bogen erscheint auch im Inneren des Untergeschosses an derselben Wand. Die aus glatten Quadern bestehende

221 Die Wandstärken sind heute nur an wenigen Stellen direkt zu messen, weil die meisten Öffnungen des Turms fest verglast oder schwer zugänglich sind. Die angegebenen Maße sind daher überwiegend aus Raum- und Außenmaßen errechnet, entsprechen aber auch den älteren Aufmaßen des Turms aus den 1950er Jahren, als wahrscheinlich die meisten Fenster noch unverglast waren.

222 Die Beschreibung des Oberamts Brackenheim, S. 338, beschreibt unter dem ursprünglichen ersten Obergeschoss, dem Raum mit dem Kamin, bereits zwei Geschosse, aber die daraus zu erschließende, heute verschwundene Zwischendecke kann mangels erkennbarer Auflager nicht ursprünglich gewesen sein. Der Schub des in den 1850er Jahren im dritten Obergeschoss eingefügten Flachbogengewölbes (vgl. Kap. 4.1.5) drückte im Lauf der Jahrzehnte die Außenwände des Turms auseinander, was mittel- bis langfristig seine Standsicherheit gefährdet hätte. Dagegen wurden in den 1970 Jahren mehrere Maßnahmen ergriffen. Das Gewölbe, dessen Spuren noch sichtbar sind, wurde entfernt, die Turmfundamente durch einen Betonringanker auf Höhe des Außenniveaus gesichert. Außerdem wirken die beiden Betondecken und stählerne Zuganker, die in den weitgehend neuen Balken der beiden oberen Decken verborgen sind, einer eventuell noch vorhanden Außenneigung der Turmwände entgegen. Für ergänzende Informationen ist Graf Neipperg zu danken.

223 Beschreibung des Oberamts Brackenheim, S. 338. Das letzte Zeichen, das Paulus notierte, ein dreifach ineinander verschachteltes Dreieck, dürfte kein Steinmetzzeichen sein; auch Maurer, Burgen, notierte es nicht.

224 Maurer, Burgen, Abb. 14.

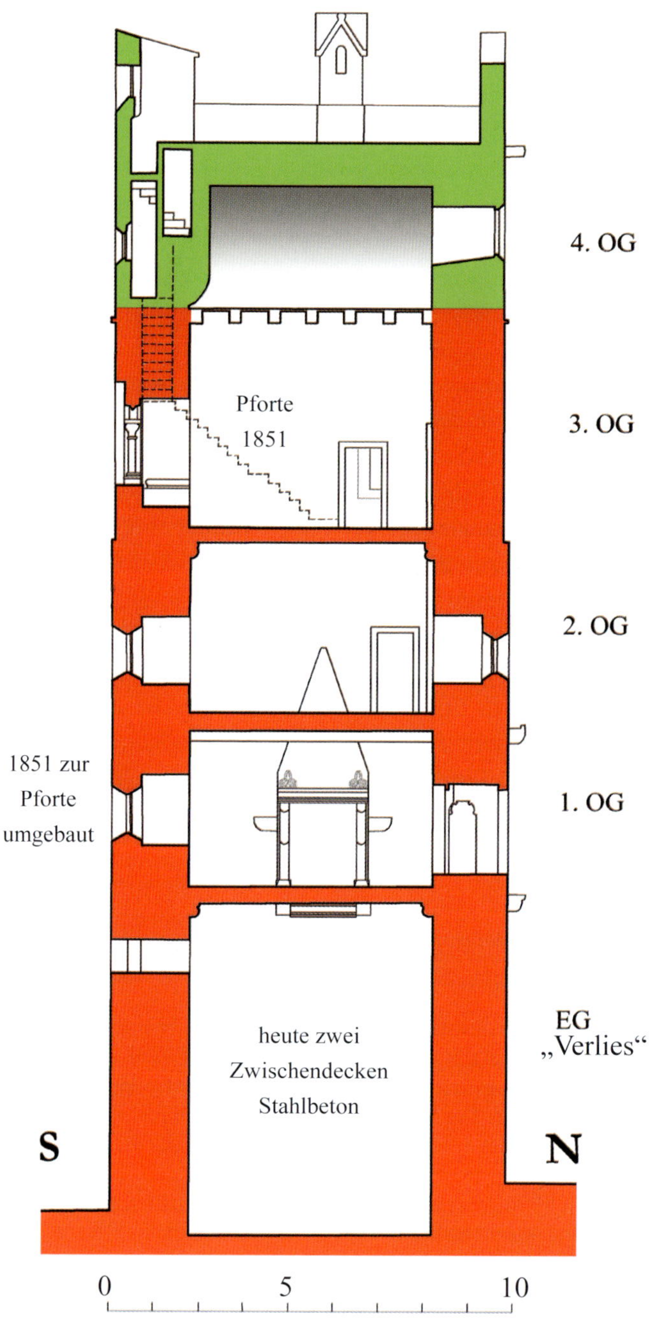

Abb. 40: Neipperg, Hinterer Turm, Rekonstruktion des Schnitts Süd-Nord im mittelalterlichen Zustand. Messtechnische Grundlage: Zeichnung bei Fekete; (Thomas Biller)

Abb. 41: Neipperg, Hinterer Turm, Ansichten von Südwesten (links) und Osten (rechts); das formal abweichende Buckelquaderwerk des obersten Geschosses ist erkennbar, ferner an der Süd- und Westwand die verschiedenen Dachanschläge und an der Ostwand unten links die Glattbearbeitung für die Küche des 16. Jahrhunderts, darüber die 1851 erneuerten Fenstergewände des Obergeschosses.

Innenschale des Turms trägt mehr Steinmetzzeichen, allerdings insgesamt nicht allzu viele und weit überwiegend im ehemaligen Erdgeschoss beziehungsweise „Verlies“, die recht unregelmäßig verteilt sind. Am häufigsten findet man hier einen Pfeil und ein Z, im ersten Obergeschoss dreimal ein auffällig kleines +. Paulus und Maurer fanden außerdem Zeichen in Form einer stilisierten Armbrust und eines liegenden Z, die ich nicht lokalisieren konnte. In der Treppe zum vierten Obergeschoss, das heißt zur ursprünglichen Wehrplatte, gibt es dreimal eine liegende Raute. Am Kamin im ersten Obergeschoss, an dem es laut Paulus Steinmetzzeichen geben sollte, konnte ich dagegen keine feststellen.

Die Problematik einer vollständigen Erfassung der Steinmetzzeichen am Hinteren Turm ist vielfältig. An der Außenseite sind die Buckelquader im Erdgeschoss südlich durch eine Vormauerung verdeckt, darüber und teilweise an der Ostseite des Turms wurden die Buckel im 16. Jahrhundert abgeschlagen. An den höheren Teilen der Buckelquaderschale mag es noch vereinzelte Zeichen geben, die aber aus der Ferne nur schwer zu erkennen sind. Im Turminneren wurden viele Quader mit einer Zahnfläche mit breiten „Zähnen“

Abb. 42: Neipperg, Steinmetzzeichen am Hinteren Turm. (Nach der Beschreibung des Oberamts Brackenheim, mit Ergänzungen von Thomas Biller)

geglättet, auf der man Steinmetzzeichen grundsätzlich gut sehen könnte, jedoch fehlen sie. Andere Quader wurden mit einer ungezähnten Fläche geglättet, deren wechselnde Schlagrichtungen zu unregelmäßigen Oberflächen führten; in ihnen kann man sowohl Steinmetzzeichen leicht übersehen, als auch solche zu erkennen glauben, die es gar nicht gibt. Nimmt man schließlich noch dazu, dass die Wände im zweiten und dritten Obergeschoss des Turms seit 1851 mit einer Kalkschlämme überzogen wurden, die solche Zeichen durchaus unkenntlich gemacht haben kann, so ist letztlich festzustellen, dass wir die wirkliche Zahl der Steinmetzzeichen wahrscheinlich gar nicht kennen. Damit ist zu resümieren, dass der Wohnturm zwar durchaus Steinmetzzeichen aufweist, was für die erste Hälfte des 13. Jahrhunderts auch keineswegs überraschen kann, dass sie aber vergleichsweise selten und zudem recht unregelmäßig verteilt sind.

4.1.1 Das Erdgeschoss („Verlies“)

Das unterste Geschoss des Turms[225], das heute durch die beiden neuen Betondecken unterteilt ist, war – wie bei Bergfrieden üblich und bei Wohntürmen des 12./13. Jahrhunderts zumindest nicht selten – ursprünglich nur von oben zugänglich. Es war etwa 8,30 m hoch, sofern der heutige Boden ungefähr dem ursprünglichen entspricht. Die Innenschale der Wände besteht hier, wie in allen ursprünglichen Geschossen des Turms, aus sorgfältig gearbeiteten Glattquadern, die, ähnlich den Buckelquadern der Außenschale, meist betont längliche Formate aufweisen; nur vereinzelt findet man auch Buckelquader, die in den höheren Teilen der Innenschale dann völlig fehlen. Das „Verlies“ hat nur zwei originale Öffnungen, nämlich Lichtschlitze an der Südseite, nahe der ursprünglich den Raum abschließenden Balkendecke; sie können den hohen Raum nur schwach belichtet haben. Außen als Rundbogenfenster ausgebildet, handelt es sich innen um stark erweiterte Rechtecköffnungen. Der rauminnere Sturzstein des westlichen Schlitzes ist ausgebrochen.

225 Die im Folgenden verwendeten Bezeichnungen beziehungsweise Numerierungen der Geschosse beziehen sich auf die mittelalterliche Geschosseinteilung, denn die Verwendung der in den 1970er Jahren durch Einbau zweier Betondecken im „Verlies“ veränderte Geschossteilung würde nur irritieren.

Abb. 43: Neipperg, Hinterer Turm, die volkstümlich als Donarkopf bezeichnete primitive Maske außen neben dem östlichen Lichtschlitz des Untergeschosses; sie kann nicht vor dem späten 16. Jahrhundert entstanden sein, nachdem die Buckel für den Anbau des Schlosses (seit 1579) abgeschlagen worden waren, wahrscheinlich entstand sie erst nach dem Abbruch des Schlosses, also im 19. Jahrhundert.

An der südlichen Außenseite des Turms findet man direkt links neben dem östlichen Lichtschlitz eine große, groteske Maske, als Flachrelief in einen Quader eingearbeitet, die im Volksmund als „Donarkopf“ bezeichnet wird (Abb. 43); links neben dem Gesicht mit Bart und großen Ohren sollte offenbar ein Drache (?) dargestellt werden, der aber unvollendet blieb. Eine Stildatierung dieser Darstellungen ist aufgrund der primitiven Formen nicht möglich, jedoch wurde die Maske eindeutig nicht in einen Buckelquader gearbeitet, sondern in einen Stein, der schon glattgearbeitet war. Demnach dürfte die Maske erst entstanden sein, nachdem die Buckelquader für das angebaute Schloss des späten 16. Jahhunderts bereits überarbeitet worden waren.

Die Balkendecke über dem Turmerdgeschoss ruht im Süden und Norden auf einem kräftigen Band unten abgerundeter Konsolsteine mit Kopfband. Vier der acht kräftig dimensionierten Deckenbalken sind stark rauchgeschwärzt beziehungsweise oberflächlich verkohlt, was die Vermutung nahelegt, dass sie noch aus der ersten Bauzeit des Turms stammen könnten. Fünf von ihnen wurden daher auf Initiative von Timm Radt dendrochronologisch untersucht, vier brachten ein passendes Ergebnis (vgl. Kap. 4.1.10). An der Westseite des Raums sieht man unter dem letzten Deckenbalken eine breite Vorkragung aus zwei weiteren Konsolsteinen, und dazwischen zwei unterschrägt vorkragende

Werksteinschichten; diese Konstruktion trägt den Kamin im Geschoss darüber. Links und rechts von ihr sind kürzere, ebenfalls verkohlte Balkenstücke erhalten.

Heute betritt man den untersten Raum des ehemaligen „Verlieses“[226] durch einen Ausbruch, der an der Südseite durch die Turmwand und die vorgesetzte Mauerschale des mittleren 19. Jahrhunderts gebrochen ist. Dann steigt man über drei behelfsmäßige Treppen ins ursprünglich erste Obergeschoss des Turms hinauf. Außen ist an seiner Südwestecke der Abbruch einer 2 m dicken, nach Westen führenden Mauer erhalten (Abb. 58), fraglos der südlichen Ringmauer der Kernburg. Da der andere, westlich gegenüber liegende Rest dieser Mauer (vgl. Kap. 4.2.1) auf eine geringere Dicke schließen lässt, wurde die 2 m dicke Mauer vermutlich nicht abgebrochen, sondern nur in verringerter Dicke fortgeführt.

4.1.2 Das erste Obergeschoss

In das erste Obergeschoss des Wohnturms führt von Norden der originale, heute aber von außen nicht mehr erreichbare Hocheinstieg. Der Raum ist beziehungsweise war nur mit zwei relativ kleinen Fenstern ausgestattet, ferner mit einem Abort – beide wurden in den 1850er Jahren verändert –, vor allem aber mit einem schönen, in der Literatur vielfach angesprochenen Kamin. Von der tiefen, gangartigen Nische des Hocheinstiegs führen Mauertreppen zu den oberen Turmgeschossen.

Vor dem Hocheinstieg befand sich ursprünglich ein hölzerner Erker, der auf drei Kragsteinen ruhte. Diese haben dieselbe schlichte Profilierung – untere Rundung, Kopfband – wie die Steine, die als Band die Decken über dem „Verlies“ und den beiden Geschossen darüber tragen (Abb. 44). Über den Steinen sind auch die Löcher der kräftigen Tragbalken des Erkers erhalten, in dem links die gut erhaltene Rundbogenpforte des Hocheinstiegs lag. Die Pfette des Pultdachs über dem Erker wurde von zwei hakenförmigen Konsolen an ihren Enden getragen, etwas darüber sind die später grob abgeschlagenen Reste des Dachanschlaggesimses erhalten. Soweit entsprechen die Überreste und die rekonstruierbare Form des Erkers vielen anderen Bergfrieden und Wohntürmen der Epoche im südwestdeutschen Raum.

226 Der Begriff „Verlies“ im Sinn eines Gefängnisses gehört zu den Begrifflichkeiten der romantisierenden Burgenkunde des 19. Jahrhunderts. Eine Untersuchung anhand von Schriftquellen liegt dazu nicht vor, jedoch weist Bernhard Metz (Strasbourg) anhand seiner Kenntnisse elsässischer Quellen darauf hin, dass es nur extrem wenige Belege für die Nutzung dieses Raums als Gefängnis gibt. Der schlecht nutzbare, weil nur von oben über Winden zugängliche Raum dürfte sich vor allem dadurch entwickelt haben, dass der Einstieg von Bergfrieden aus Sicherheitsgründen hoch über dem Außenniveau liegen sollte beziehungsweise dass der Turmteil unter dem Einstiegsgeschoss aus eben diesen Gründen keine größeren Fenster haben durfte.

Abb. 44: Neipperg, Hinterer Turm, Spuren des Erkers vor dem Hocheinstieg und sekundäre Dachanschläge.

Die Höhe des Turmeinstiegs über dem Hof belegt, dass vor der Nordwand des Turms bei dessen Bau beziehungsweise Planung noch kein höheres Gebäude vorgesehen war, denn selbst ein flaches Satteldach über dessen Obergeschoss hätte eben auf Höhe des Erkers die Turmwand berührt. Erst später, als dort die kleine Kernburg angebaut worden war, entstand an dieser Stelle ein Gebäude, dessen Dächer dann im Lauf der Zeit mehrfach erneuert wurden (vgl. Kap. 4.2.1). Davon zeugen die nachträglich in die Buckelquader gearbeiteten Nute von drei Satteldächern, einem relativ flach geneigten und zwei steileren (Abb. 44). Der Turmeinstieg lag dann in allen drei Ausbauphasen des Dachs unter ihm. Die genaue Form des Zugangs in diesen späteren Zuständen ist natürlich nicht mehr zu rekonstruieren, aber eine zusätzliche, schmalere Hakenkonsole auf Höhe der beiden älteren und ein zusätzliches Balkenloch auf Höhe der Tragbalken des ursprünglichen Erkers, beide nahe an der Nordostecke des Turms, deuten offenbar an, dass der ursprüngliche Holzerker bis an diese Ecke verlängert wurde.

Durch die Rundbogenpforte des Hocheinstiegs tritt man in einen kurzen, stichbogig gewölbten Gang beziehungsweise in eine durch die Wanddicke ungewöhnlich lange Pfortennische. Rechts öffnet sich eine weitere Pforte zu der Mauertreppe, die in die oberen Turmgeschosse führt (vgl. Kap. 4.1.4), geradeaus tritt man durch ein weiteres rundbogiges Pfortengewände, hinter dem noch eiserne Krampen (des 19. Jahrhunderts?) erhalten sind, in den Hauptraum. Es ist

Abb. 45: Neipperg, Hinterer Turm, weiße Scheinfugen im ersten Obergeschoss, oben auf dem deckentragenden Band, unten in der südlichen Fensternische der Ostwand.

ungewöhnlich, dass der Hocheinstieg eines solchen Turms raumseitig ein zweites Mal abschließbar war, dass also eine Art „Windfang“ geschaffen, beziehungsweise dass es ermöglicht wurde, den Hauptraum des Geschosses gegen jene Eintretenden abzuschließen, die über die Treppe in die oberen Geschosse wollten.

Links vom Eintretenden findet man in der Ostwand des Turms, direkt in der Ecke eine schmale, schmucklose Rechteckpforte, die zu einem Abort führte. Der eigentliche Abort, den man sich als Erker ähnlich dem im Geschoss darüber vorstellen kann, ist im mittleren 19. Jahrhundert durch ein schmales Rundbogenfenster ersetzt worden. Der Mauerwerksverband an der Außenseite (Abb. 41) lässt die späte Entstehung dieses Fensters eindeutig erkennen, aber auch die Abfasung des Gewändes unterscheidet sich durch ihre Schmalheit von den originalen Fenstern des Turms. Weiter südlich in derselben Wand saß ein originales Fenster in schmaler Rundbogennische, die nachträglich (erst im 19. Jahrhundert) bis zum Boden verlängert wurde, wobei man die grob ausgebrochenen unteren Seiten der Nische verputzte. Das originale Gewände wurde auch hier im 19. Jahrhundert durch ein neues Rundbogenfenster ersetzt, wie außen an Befunden abzulesen ist, die ganz dem benachbarten Abort entsprechen. Grund der Erneuerung dürfte hier der Schlot der Küche des späten 16. Jahrhunderts gewesen sein (vgl. Kap. 4.4.4), der vor diesem Fenster endete und dessen Abgase vermutlich das Fenstergewände beschädigt hatten.

Auch in der Südwand des Turms befand sich ursprünglich ein Fenster, dessen bis zum Boden ausgebrochene Rundbogennische dem Fenster in der Ostwand entspricht. Das originale Fenstergewände wurde aber ebenfalls 1851 entfernt beziehungsweise zu dem erhaltenen rundbogigen Pfortengewände umgestaltet. An dieser Stelle entstand nämlich damals ein neuer Zugang zu den drei Obergeschossen des Turms, weil der originale Hocheinstieg an der Nordwand zu dieser Zeit offenbar nicht mehr nutzbar war. Man schuf deshalb eine lange Außentreppe, die vom Hof an der West- und Südseite des Turms entlang zu dieser neuen Pforte heraufführte, und von der nur noch einige Stufen im Eckbereich des vorgelagerten Flachdachs erhalten sind. Diese Treppe ist offenbar bei den

Arbeiten der 1970er Jahre entfernt worden, das heißt beim Einbau der beiden Betondecken im „Verlies“, die – zusammen mit dem Durchbruch im Erdgeschoss – eine neue Möglichkeit schufen, die oberen Geschosse im Turminneren zu erreichen.

Die Balkendecke über dem ersten Obergeschoss ruht auf vorgestreckten Werksteinbändern an der Ost- und Westwand, die dem Auflager der Decke über dem „Verlies“ entsprechen; nur die Kaminhaube unterbricht das Band an der Westseite. Die Decke selbst besteht aus kräftigen älteren Balken, mit einem Wechsel für die Kaminhaube und einem kurzen, in seiner Funktion unklaren Querbalken zwischen den beiden südlichsten Balken.

Vor allem an der Ostwand des Geschosses und auf den die Decke tragenden Werksteinbändern findet man noch vereinzelt senkrechte weiße Striche, die von einer vermutlich noch aus dem 13. Jahrhundert stammenden Scheinquaderung herrühren (Abb. 45); ob ihnen eine (rötliche) Farbfassung der Quaderflächen entsprach, müsste restauratorisch untersucht werden[227].

4.1.3 Der Kamin im ersten Obergeschoss

Der Kamin an der Westseite des ursprünglichen ersten Obergeschosses ist der bisher am häufigsten abgebildete Teil von Burg Neipperg, weil er aus gutem Grund als ein besonders gut gestalteter Kamin des 13. Jahrhunderts gilt (Abb. 46). Er wurde dabei stets als völlig original erhaltenes Werk dargestellt, was aber nicht zutrifft, denn bei näherer Betrachtung ist er teilweise erneuert, und zwar sicher 1851, als der Turm zu einer Art von romantischem Refugium des Grafen Alfred Neipperg umgebaut wurde (vgl. Kap 5).

Die Wangen beziehungsweise Stützen der Kaminhaube sind mehrteilig profiliert, wobei das vorderste Element einem kräftigen Rundstab auf wulstigen Basen entspricht; dahinter endet die mehrteilige und abweichend geführte seitliche Profilierung unten als „Kralle“. Oben springen die Wangen in einem komplexen Doppelschwung vor und enden heute in einer Art von Konsole. Diese Konsole ist aber erst bei der Restaurierung 1851 als Restbestand des ursprünglichen, vermutlich geborstenen Sturzes entstanden, dessen unterer Abschluss offenbar die Profilierung der Kaminwangen weiterführte. Bei der Restaurierung ließ man diesen ästhetisch wichtigen Teil des zuvor etwa 0,80 m hohen Sturzes weg und erneuerte nur den oberen, unprofilierten Teil, der mit einer Höhe von etwa 0,60 m immer noch tragfähig genug ist. Er bildet mit entsprechend hohen

227 Eine entsprechende Scheinquaderung ist auch auf den Resten des Putzes in der südlichen Fensternische an der Ostseite zu erkennen. Offenbar fand hier im 19. Jahrhundert eine Anpassung der Oberflächen an die ältere Fassung statt; vgl. Abb. 45.

Abb. 46: Neipperg, Hinterer Turm, Kamin im ersten Obergeschoss, restaurierter Zustand 1889 (Eduard Paulus) und heute.

Seitenteilen eine Art tragenden Rahmen mit fast senkrechten Ansichtsflächen; erst darüber gehen die drei Seiten der Haube in steile Schrägen über, die bis an die Balkendecke reichen.

Der erneuerte Sturz, der frei tragend 1,78 m überbrückt, ist nicht nur durch seine Scharrierung eindeutig als Maßnahme des 19. Jahrhunderts erkennbar, sondern auch durch ein Kleinrelief in seiner Mitte, das in spätgotischen Formen einen Engel mit dem neippergischen Wappen darstellt. Dagegen zeigen zwei gleiche Reliefs an beiden Enden des neuen Sturzes, über den tragenden Wangen, eindeutig spätromanische Formen, weshalb sie bisher als originale Teile des Kamins nicht in Zweifel gezogen wurden (Abb. 47): Zwei kräftige Pflanzenstengel rollen sich, symmetrisch angeordnet, nahezu kreisförmig um die Blätter, von denen sie ausgesandt werden; oben enden sie in weiterhin symmetrischer Anordnung mit zwei länglichen Blättern, die sich einander zuwenden. Diese beiden Reliefs sind zwar wirklich spätromanischen Ursprungs, jedoch an dieser Stelle nur Kopien eines Originals, das im Lapidarium der Burg erhalten ist (Abb. 48). Die dortige Spolie zeigt dasselbe Relief auf einem beschädigten Werkstück, das links an derselben Stelle saß wie die Reproduktion des 19. Jahrhunderts am Kamin selbst. Man muss also wohl davon ausgehen, dass der ursprüngliche Sturz der Kaminhaube ein Monolith von 2,25 m Länge war, der an beiden Enden

Abb. 47: Neipperg, Hinterer Turm, Kamin im ersten Obergeschoss, mit Andeutung der fehlenden Teile des Sturzes. (Aufnahme und Rekonstruktion Thomas Biller)

dasselbe Ornament trug wie die Kopie des 19. Jahrhunderts; dass er angesichts seiner Länge irgendwann brach, kann nicht überraschen.

Links und rechts von der Auskragung der beiden Wangen, also noch unterhalb der Kaminhaube, sind zwei wuchtig vorkragende Werkstücke in die Wand eingelassen, die unten abgerundet sind (Abb. 46). Ihre Ansichtsflächen sind nur grob abgespitzt und unterscheiden sich insoweit von den glatt überarbeiteten Oberflächen der sonst im Turm verbauten Quader und Werkstücke. Einen Vergleich bietet unter anderem der ansonsten schlichtere Kamin im Maulbronner Frühmesserhaus, wo entsprechende Werkstücke zwar eine breite untere Abschrägung zeigen, aber im Ergebnis ähnlich wuchtig wirken.

Abb. 48: Neipperg, Hinterer Turm, Spolie des Ornaments von der Kaminhaube im ersten Obergeschoss, heute im Nordflügel.

4.1.4 Das zweite Obergeschoss

Vom Hocheinstieg des Turms beziehungsweise seinem kleinen „Windfang“ führt rechts, in der Nordwand des Turms, eine geradläufige Treppe zum zweiten Obergeschoss; beide Gewände, die sich dem kleinen Raum innen zuwenden, tragen bescheidene Ornamente. Die Pforte zur Treppe hat einen Konsolsturz, wobei die leicht gekurvte Ansichtsseite der Konsolen jeweils symmetrisch mit zwei mondsichelartigen Motiven geschmückt ist, die, durch einen flachen Grat getrennt, einander die Rundungen zukehren (Abb. 49); oben wird dies durch einen Wulst abgeschlossen, der in der Mitte, dem Grat entsprechend, spitz vorspringt[228]. Irmgard Dörrenberg und Ulrich Knapp bezeichneten diese Form, die im Kloster Maulbronn im südlichen Kreuzgangflügel, an der Vorhalle und im sogenannten Frühmesserhaus auftritt, ferner am Traufgesims der Stiftskirche in Sinsheim, als Halbmondkonsole[229]; sie entspricht interessanterweise auch dem Wappen der Herren von Magenheim, deren Burgen nur zehn Kilometer südlich von Neipperg lagen (vgl. Kap. 4.1.10). Das Rundbogengewände, das geradeaus in den Raum

228 Auf dem Sturz befinden sich Initialen und eine Inschrift, die dem Schrifttypus nach in der ersten Hälfte des 19. Jahrhunderts entstanden sind.

229 Dörrenberg, Maulbronn, S. 63 (Abb. 42) und 155; vgl. Knapp, Maulbronn, S. 76 (Abb. 92), 80 (Abb. 96) und 82 (Abb. 100).

mit dem Kamin führt, ist eigentlich schmucklos, aber an seiner rechten, der Treppe zugewandten Seite entstand ein Platzproblem, das dazu führte, dass der senkrechte Teil des Gewändes hier weniger tief ist und erst unter dem Rundbogen über eine Schräge zu dessen größerer Tiefe überführt werden konnte. Diese konsolähnliche Schräge schmückte der Steinmetz mit einem Ring, der sicher als Reduzierung des neippergischen Wappens mit seinen drei Ringen zu verstehen ist.

Die Treppe führt in elf Steigungen, gedeckt von treppenförmig ansteigenden Stürzen, bis zur Nordwestecke des Turms empor, wo sie in eine Wendeltreppe übergeht, die dann weiter ins dritte Obergeschoss führt; das obere Ende der geradläufigen Treppe wird durch ein schmales, breit gefastes Spitzbogenfenster in der Nordwand belichtet. Von der Wendeltreppe führt nach nur drei Stufen eine gerade, auch nur vierstufige Treppe in die westliche Turmmauer hinein, von der dann links eine Rechteckpforte mit gangseitigem Anschlag in den Raum des zweiten Obergeschosses führt. In diesem Raum spiegelt eine schmale Abschrägung der Nordwestecke die dahinter liegende Wendeltreppe.

Der Raum des zweiten Obergeschosses (Abb. 50) hat drei kleine, außen trichterförmig erweiterte Bogenfenster in tiefen Rundbogennischen mit Sohlbank; das Fenster in der Ostwand ist spitzbogig, jene in der Nord- und Südwand sind rundbogig. Es fällt auf, dass die Achse des Fenstergewändes in allen drei Fällen gegenüber jener der Nische leicht nach rechts verschoben ist; vermutlich lag darin keine besondere Absicht, sondern man hat einfach die genauere Abstimmung von Gewände und Nische für unwichtig gehalten.

In der Ostwand des Geschosses liegt außerdem, nördlich des Fensters, ein Abort, der außen als runder Erker vorspringt; seine äußere Form ist stark gegliedert (Abb. 41, rechts). Zuunterst springt ein Quader über die Wandfläche vor, in den ein schräger, leicht erweiterter Ablauf eingearbeitet ist; er sollte offenbar verhindern, dass sich Exkremente an den Buckelquadern darunter festsetzen. Darüber erweitert sich die Erkerform in Gestalt eines auf den Kopf gestellten Halbkegels, wobei der Konus auf halber Höhe einmal vorspringt, und dann als Gesims mit Zackenmuster schließt. Den nicht allzu hohen Hauptteil des Erkers bildet ein Halbzylinder, belichtet durch eine kleine dreieckige Öffnung, der wieder mit einem Gesims schließt, das diesmal aber die Form einer auf den Kopf gestellten attischen Basis hat; darüber schließt der Erker mit einem spitzen steinernen Halbkegeldach. In seinem Inneren spiegeln rundliche Vorwölbungen der Seiten die äußere Kegelform des Erkersockels; das runde Loch im Sitz ist, verglichen mit anderen erhaltenen Burgaborten des 12./13. Jahrhunderts, beachtlich groß.

An der Westwand des Raums ist der oberste Teil der Haube des Kamins im Geschoss darunter sichtbar (Abb. 50). Die Balkendecke ruht auf vorgestreckten Bändern an der Nord- und Südwand, die formal jenen in den beiden Geschossen darunter entsprechen. Es fällt auf, dass die Spannrichtung der Decken in diesen drei unteren Geschossen jeweils von Geschoss zu Geschoss wechselt. Die

Abb. 49: Neipperg, Hinterer Turm, Halbmondkonsole am Treppenzugang im ersten Obergeschoss.

Abb. 50: Neipperg, Hinterer Turm, Westwand im zweiten Obergeschoss mit dem oberen Teil der Kaminhaube und der Pforte zur Wendeltreppe.

Deckenbalken als solche stammen über diesem Geschoss aus den 1970er Jahren, da auf den originalen Werksteinbändern bis zur Restaurierung das Gewölbe aus den 1850er Jahren geruht hatte (vgl. Kap. 4.1.5). In den neuen Deckenbalken sind stählerne Zuganker verborgen, die der Stabilisierung der durch das Gewölbe „auseinander gedrückten" Turmwände dienen.

4.1.5 Das dritte Obergeschoss

Die auf Höhe des zweiten Obergeschosses beginnende Wendeltreppe in der Nordwestecke des Turms führt ins dritte Obergeschoss, durch drei kleine, außen stark erweiterte Fenster belichtet. Ein Okulus liegt an der Westseite, eine Wendelung höher ein kleines Spitzbogenfenster an derselben Seite, schließlich ein Rechteckfenster im Norden; die spielerische Variation der Form ist auffällig. Im oberen Teil ist die Wand der Treppe westlich abgeplattet, der Durchgang dadurch eingeengt; diese Maßnahme schien dem Entwerfer offenbar erforderlich, weil die Außenwand in diesem Bereich sonst zu dünn geworden wäre.

An ihrem oberen Ende mündet die Treppe in einen kurzen, wieder gerade überdeckten Gang, der in der Dicke der Westwand nach Süden führt, um sich dann in einer Treppe fortzusetzen, die ursprünglich zur Wehrplatte des Turms führte, heute aber zunächst in das nachträglich aufgesetzte vierte Obergeschoss (vgl. Kap. 4.1.8). Von dem kurzen Gangstück führt links eine Rechteckpforte mit gangseitigem Gewände in den Raum des dritten Obergeschosses, in dessen Nordwestecke wieder, wie im Geschoss darunter, eine Abschrägung die dahinter liegende Wendeltreppe andeutet. Die Abschrägung ist hier nur noch so hoch wie der dahinter gelegene Treppenraum.

Weitere ursprüngliche Merkmale zeigt der Raum des dritten Obergeschosses nur in Form der beiden reich gestalteten Biforen an seiner Südseite (vgl. Kap. 4.1.6). Auffällig sind hier aber auch die Spuren der inzwischen wieder beseitigten Umbauten aus den Jahren um 1851. Da die Innenwände des zweiten und dritten Obergeschosses damals eine Kalkschlämme erhielten, zeichnet sich an der West- wie der Ostwand der Querschnitt der damals eingebauten und in den 1970er Jahren aus statischen Gründen entfernten Stichbogenwölbung ab[230]. Durch die größere Konstruktionshöhe dieser Wölbung gegenüber der ursprünglichen Balkendecke lag der Fußboden des Geschosses seit den 1850er Jahren etwa 1,75 m über der vorherigen Balkendecke, was verschiedene Konsequenzen hatte. An der Westseite musste ein neuer, höher gelegener Zugang geschaffen werden, was aber wegen der in dieser Wand ansteigenden Treppe kein Problem darstellte. Die neue, rechteckige

230 Paulus (Beschreibung des Oberamts Brackenheim, S. 338) hielt das Gewölbe noch für romanisch.

Pforte entstand 1,78 m südlich der ursprünglichen, damals zwei Stufen über dem Boden des Gewölbes. Deutlich schwieriger gestaltete sich durch den Einbau des Gewölbes der Zugang zu den beiden originalen Fensternischen, denn der Boden auf dem Gewölbe lag nun etwa 0,75 m über dem Boden der Fensternischen; zuvor hatte die Balkendecke etwa 0,80 m unter ihnen gelegen. War man ursprünglich also, was in Burgen dieser Zeit weit verbreitet war, in die beiden Fensternischen hinaufgestiegen – es sind dabei hölzerne Stufen anzunehmen – so musste man nun in sie hinabsteigen. Dafür wurden in die Oberseite des Gewölbes zwei vierstufige Treppen eingebaut, für die man schwere monolithische Stufen verwendete. Dies schuf bei der Entfernung des Gewölbes in den 1970er Jahren zusätzliche Probleme, denn es hätte damals offenbar eines zu großen Aufwands bedurft, die schweren Monolithe aus dem Turm herauszuschaffen beziehungsweise zu zerkleinern, deshalb liegen sie bis heute auf den Sitzbänken in den Nischen und behindern dort den Blick auf die Fenster.

Die Decke über dem dritten Obergeschoss wurde im Zuge der Maßnahmen der 1970er Jahre vollständig erneuert; auch in ihren Balken sind teilweise stählerne Zuganker verborgen.

4.1.6 Die Fenster im dritten Obergeschoss

Die beiden formal gleichen Biforen in der Südwand des dritten Obergeschosses sind neben dem Kamin im Geschoss darunter die wichtigsten gestalteten Elemente des Hinteren Turms[231] (Abb. 51, 52). Eine Mittelsäule und zwei Halbsäulen mit reich entwickelten Knospen- und Kelchblockkapitellen, in kräftigen Dimensionen, tragen jeweils zwei Spitzbögen mit gerundeter Archivolte; sie sitzen außen in einer Rundbogenblende aus Buckelquadern. Die im Grundriss rechteckigen Nischen sind stichbogig überwölbt, die Sitzplatten der Seitensitze unterschrägt.

Bevor man diese Formen durch Vergleiche einzuordnen beziehungsweise zu datieren versucht (vgl. Kap. 4.1.10), ist allerdings zu klären, ob es sich überhaupt noch um originale Formen des 13. Jahrhunderts handelt. Schon die Beobachtungen am Kamin im ersten Obergeschoss legen ja die Möglichkeit nahe, dass auch an den Fenstern einzelne Werkstücke erneuert sein könnten. Dass dies in der Tat der Fall ist, zeigt vor allem eine Betrachtung der Fenster von außen. Besonders auffällig sind die extrem langen und in ihrer regelmäßigen Bearbeitung ganz „unmittelalterlichen“ Buckelquader, die die Sohlbänke beider Fenster bilden. Sie sind fraglos neu und mussten eingebaut werden, weil

231 Die Beurteilung der Einzelformen ist erschwert, weil die Fenster von außen nur aus erheblicher Entfernung zu betrachten sind, während innen die in den Nischen lagernden Steinblöcke der demontierten Stufen und ein Drahtgitter gegen Tauben eine nähere Betrachtung behindern.

Abb. 51: Neipperg, Hinterer Turm, die teilweise erneuerten Biforen in der Südwand des dritten Obergeschosses.

die darauf stehenden Säulen und Halbsäulen der Fenster nur so erneuert werden konnten. Dass diese selbst neu sind, ist zwar derzeit, weil eine Betrachtung aus der Nähe schwer möglich ist, nicht mit letzter Sicherheit festzustellen, aber der auffällig glatte beziehungsweise völlig unbeschädigte Erhaltungszustand von Basis und Schaft sowie vor allem der Kapitelle legt es mehr als nahe, dass es sich auch bei ihnen, wie bei dem Kamin im zweiten Obergeschoss, um Kopien originaler Werkstücke handelt. Ob diese schon 1851 oder eher in den 1960er Jahren entstanden sind – Letzteres legen zumindest Andeutungen von Julius Fekete nahe – muss dabei offenbleiben. Bestätigt wird die Erneuerung auch durch die beiden von einer senkrechten Fuge getrennten Werkstücke, die die Spitzbögen des östlichen Fensters bilden. Das (von außen gesehen) rechte Werkstück zeigt nämlich viele kleinere Beschädigungen und könnte folglich noch original sein. Dagegen weist das linke Werkstück perfekt glatte Oberflächen auf, dürfte also erneuert sein. Alle diese Feststellungen, die noch konkretisiert werden können, wenn die Fenster einmal besser zugänglich sind, bedeuten, dass datierende Aussagen, die von den Formen der Säulen abgeleitet werden, mit Vorsicht zu behandeln sind, obwohl die Teilerneuerung des Kamins im zweiten Obergeschoss belegt, dass die modernen Steinmetzen durchaus fähig waren, gute Kopien der Originale zu schaffen (vgl. Kap. 4.1.10). Auch die 1889 entstandene Zeichnung des Fensters des Architekten Joseph Cades (Abb. 52), die wahrscheinlich noch die originalen Kapitelle darstellt, bestätigt offenbar, dass Original und Kopie einander sehr ähnlich sind.

Der ehemalige Chorturm der Pfarrkirche im nahen Schwaigern, wo die von Neipperg direkt neben der Kirche schon im Mittelalter eine weitere Burg besaßen, zeigt noch zwei Fenster, deren Ähnlichkeit mit denen des Wohnturms bereits

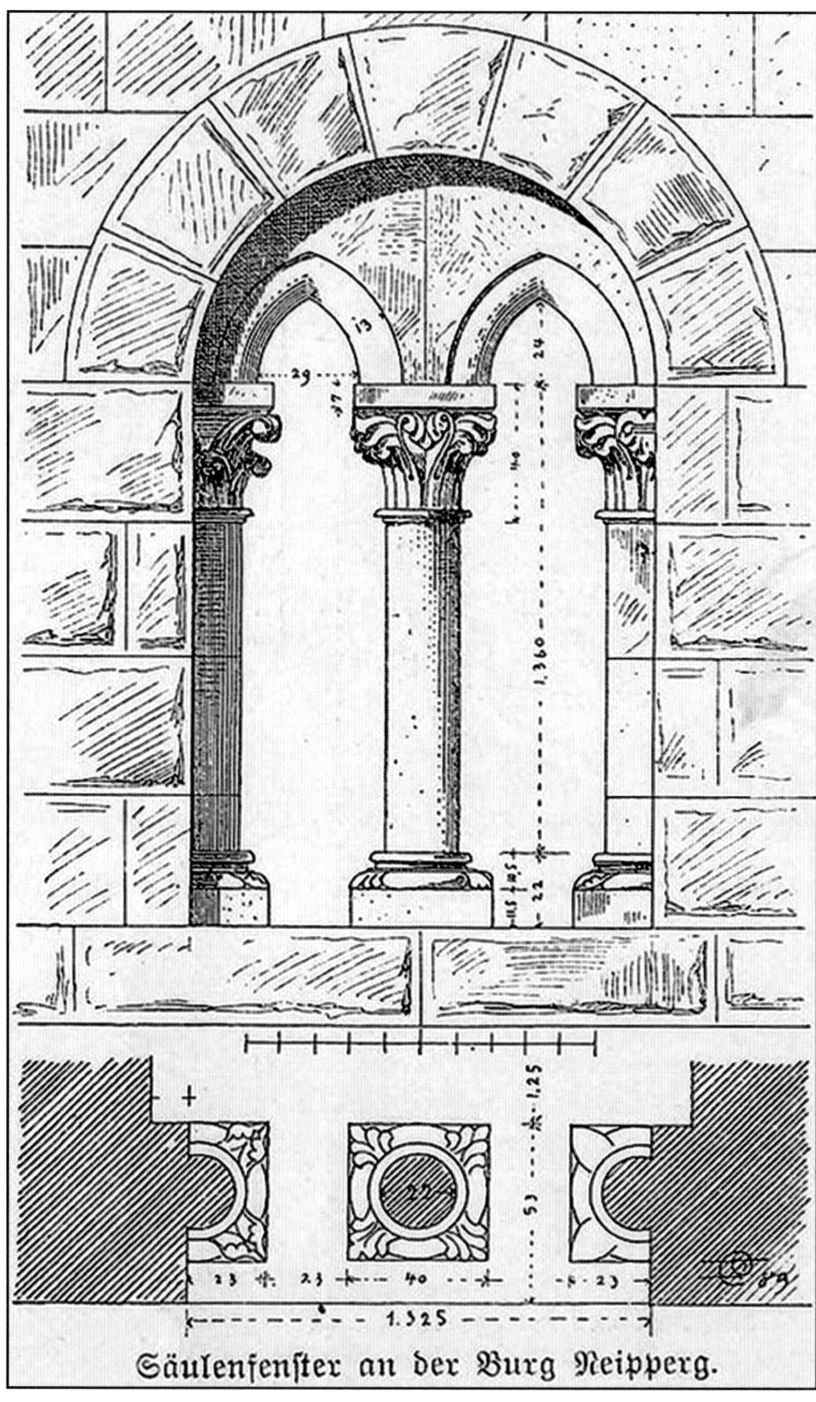

Abb. 52: Neipperg, Hinterer Turm, Grundriss und Außenansicht einer Bifore, 1899. (Eduard Paulus, Zeichnung Joseph Cades)

vermerkt wurde[232] und die in der Tat gleichzeitig entstanden sein dürften (Abb. 55). Allerdings ist dort das südliche Fenster ausgebrochen, so dass nur noch die unteren Teile der beiden Gewändesäulen vorhanden sind, und das östliche, ein Geschoss höher liegende Fenster, mit Spitzbogenöffnungen, ist vollständig erneuert, wie nicht nur Steinschnitt und Oberflächenstruktur zeigen, sondern auch die Initialen des Steinmetzen mit der Datierung 1904.

4.1.7 Die ursprüngliche Wehrplatte

Der Hintere Turm schloss ursprünglich über dem dritten Obergeschoss mit einer gezinnten Wehrplatte, von der aber nur noch Reste zeugen, weil sie später durch das vierte Obergeschoss ersetzt wurde. Ursprünglich war diese gezinnte Brustwehr durch ein den Turm allseitig umlaufendes Gesims abgesetzt, von dem aber nur an der Südseite, nahe der Südwestecke, ein kurzes Stück erhalten ist. Es hatte nur eine geringe Höhe, sprang aber kräftig vor und war oben abgeschrägt, damit das Regenwasser ablaufen konnte. Am größeren Teil der Südseite und an den anderen Seiten des Turms wurde das Gesims bei der Aufstockung abgeschlagen und ist heute zwischen den in der Regel ebenfalls recht flachen Buckelquaderschichten leicht zu übersehen; mit dem Fernglas sind die abgeschlagenen Steine aber klar zu erkennen. Über dem Gesims sind auch noch drei oder vier Schichten der ehemaligen Brustwehr erhalten, die in die Buckelquaderschale der Aufstockung integriert wurden, von den Zinnen selbst aber nur ein Rest an der Westseite. Eine Quaderschicht unter dem abgeschlagenen Gesims sind an der West- und der Ostseite, nahe der Nordwest und der Südostecke einfache Wasserspeier zu sehen, die zur ursprünglichen Wehrplatte gehörten. Das deutet auf eine offene Plattform, bei der allein der oberste Turmraum von einem Dach geschützt war, hinter einem nicht überdeckten Wehrgang[233].

An der Westseite des Turms ist in der jüngeren Aufmauerung eine einzige Zinne vermauert erhalten geblieben, und zwar deshalb, weil in ihr der Abzug des Kamins im ersten Obergeschoss liegt (vgl. Kap. 4.1.3). Ein Abbruch auch dieser Zinne beziehungsweise dieses Teils des Abzugs bei der Erhöhung des Turms hätte unsinnigerweise nur dazu geführt, dass man den Schornstein an derselben Stelle und in derselben Form hätte erneuern müssen. Der gut gestaltete, fraglos ursprüngliche Schornsteinkopf blieb ebenfalls erhalten, indem man ihn abbaute und nach Vollendung des vierten Obergeschosses wieder auf den entsprechend verlängerten Schaft aufsetzte (vgl. Kap. 4.1.8).

232 Knapp, Maulbronn, S. 76; Beitler, Stadtkirche Schwaigern.

233 Diese Aussage ist nicht ganz sicher, denn im Fall eines auch den Wehrgang überdeckenden Dachs musste eventuell auch Regenwasser abgeleitet werden, das durch die Zinnen eindringen konnte.

Die Zinne, in der der Schornsteinzug verlief, war an der Südseite breiter als der Schornsteinzug, wie Fugen gegen das anstoßende Mauerwerk der Aufstockung zeigen, und auch zwei kleine, unten abgerundete Kragsteine, die direkt an diesen Fugen in der ehemaligen Zinne sitzen. Dem rechten Kragstein fehlt der obere Teil, aber der linke ist vollständig erhalten und lässt durch seine Hakenform erkennen, dass er zusammen mit seinem verschwundenen Gegenstück einen Klappladen trug, der in der Normalposition die Zinnenlücke verschloss, aber unten hochgeschoben werden konnte, um den Blick oder auch den Schuss nach unten zu ermöglichen.

4.1.8 Das sekundäre vierte Obergeschoss

Das sekundär aufgesetzte vierte Obergeschoss des Turms ist von außen nicht nur an den Fugen gegen die einbezogene ältere Zinne mit dem Schornsteinzug erkennbar, sondern auch an der Art der Buckelquaderschale. Diese sollte formal zwar fraglos an den älteren Turmteil angepasst werden, unterscheidet sich aber in mehrfacher Weise von dessen Buckelquaderformen. Während der ursprüngliche Turm relativ flache Quaderschichten mit regelmäßig geformten, meist länglichen Steinen zeigt, sind die Buckelquaderschichten des vierten Obergeschosses wesentlich höher, die Quader daher größer. Zudem springen ihre Buckel aufgrund einer weniger sorgfältigen Bearbeitung verschieden stark vor und ergeben damit ein unruhigeres Gesamtbild. Als letzter Unterschied ist schließlich zu bemerken, dass die Buckelquader der Erhöhung Zangenlöcher aufweisen, die im ursprünglichen Teil des Turms fehlen.

Der Innenraum des vierten Obergeschosses ist ein rundbogiges Gewölbe, dessen Kämpferpunkt ungefähr mit dem Fußboden zusammenfällt, und das im Norden und Osten lediglich durch je ein kleines Spitzbogenfenster in erweiterter Nische belichtet wird. Man erreicht das Geschoss über die Treppe in der Mauerdicke, die vom dritten Obergeschoss in der Westwand zur ursprünglichen Wehrplatte aufstieg und die bei der Erhöhung, am Wechsel des Mauerwerks deutlich ablesbar verlängert wurde. Sie knickt in der Südwestecke des Turms rechtwinklig ab und steigt dann zu der Rechteckpforte auf, die das vierte Obergeschoss erschließt. Dicht hinter dieser Pforte geht sie in eine Wendeltreppe über, die zur heutigen Wehrplatte über dem vierten Obergeschoss führt. Die Treppenwand wird im Raum als dicht über dem Boden vorkragende Rundung sichtbar, weil der Treppendurchmesser für die Wandstärke zu groß war.

Das sekundäre vierte Obergeschoss war aufgrund seiner schlechten Belichtung und der Deckenform kaum bewohnbar, es konnte höchstens, allerdings ebenfalls eingeschränkt durch seine schwierige Zugänglichkeit, als Lagerraum dienen. Es liegt daher nahe, dass seine Hinzufügung nicht primär zusätzlichen Raum schaffen, sondern eher ein nicht hinreichend dichtes Dach durch eine solidere Konstruktion ersetzen sollte.

4.1.9 Die heutige Wehrplatte

Die Wehrplatte über dem vierten Obergeschoss wurde, was aufgrund der Witterungseinflüsse bei derartigen Plattformen fast immer der Fall ist, weitgehend modern erneuert. Das gilt vor allem für den Belag aus quadratischen Sandsteinplatten, der offensichtlich vor einigen Jahrzehnten anlässlich einer neuen Abdichtung erneuert wurde; dabei entstand auch eine umlaufende Sammelrinne.

Die Plattform ist heute von einer Brüstung umgeben, über die sich an drei Seiten noch höhere, auf den ersten Blick wie Zinnen wirkende Mauerteile erheben. Im Westen steht nur noch der aus der ursprünglichen Bauzeit stammende, aber bei der Hinzufügung des vierten Obergeschosses erhöhte und im 20. Jahrhundert großenteils erneuerte Schornstein. An der Ostseite sind an den Ecken und in der Mitte der Seite drei auffällig schmale und isolierte Zinnen scheinbar erhalten, die von recht grob gearbeiteten, satteldachförmigen Decksteinen bekrönt werden. Es gibt jedoch Gründe, in diesen Teilen das Ergebnis von Restaurierungen zu sehen, denn in der Mitte der Nord- und der Südseite sind außerdem höhere Mauerteile erhalten, die jeweils mittig ein Rechteckfenster enthalten, und eine genaue Betrachtung mit dem Fernglas zeigt, dass es auch in den niedrigeren Brüstungsteilen Reste von Rechteckfenstern gibt. Das führt zu der Annahme, dass die scheinbaren Zinnen und die höheren Mauerteile restaurierte Restbestände einer in gleichbleibender Höhe von 2,0 bis 2,5 m Höhe umlaufenden oder eher giebelförmig abgeschlossenen Mauer sind, die dreiseitig je drei Rechteckfenster hatte, an der Westseite wegen des Schornsteins jedoch nur zwei. Die erhaltenen Teile zeigen – mit Ausnahme des wiederverwendeten Schornsteinkopfs – außen teilweise noch Buckelquader in der unregelmäßigen Art des sekundären vierten Obergeschosses, innen schlechtes Bruchsteinmauerwerk. Werksteine findet man nur an den Gewänden der Rechteckfenster und in Form der wahrscheinlich erst im 19. Jahrhundert entstandenen Zinnendecksteine an der Ostseite[234].

Der Schornstein, der sich etwa in der Mitte der Westseite über die Plattform erhebt[235], gehörte offenbar – wie bereits angesprochen (vgl. Kap. 4.1.7) – schon zum Bestand des ursprünglichen Turms, wurde aber bei der Entstehung des vierten Obergeschosses abgebaut und dann wieder aufgesetzt (Abb. 53). Sein Schaft, soweit er die Plattform überragt, zeigt daher zwei Zonen in verschiedener Technik, nämlich unten zunächst vier Schichten eines etwas unregelmäßigen

234 Nach der allerdings nur groben Darstellung bei Kieser (Abb. 67); vgl. MAURER/SCHIEK, Alt-Württemberg; das Original auch der Darstellung von Neipperg ist nicht erhalten; digital: https://commons.wikimedia.org/wiki/File:Neipperg,_Brackenheim,_Andreas_Kieser.png) wäre der Mauerteil auf der Nordostecke des Turms sogar höher gewesen als der Schornstein, was aber kaum vorstellbar ist, es sei denn, dass der Wehrgang und die Zinnen an der Ostseite erhöht gewesen wären wie am Vorderen Turm.

235 LEISTIKOW, Schornstein.

Abb. 53: Neipperg, Hinterer Turm, der Schornsteinkopf.

glatten Quaderwerks, darüber dann vier saubere Quaderschichten, bei denen die Buckel aber nicht völlig geglättet, sondern nur abgespitzt wurden. Diese letzten vier Schichten sind offenbar wiederverwendete Quader des ursprünglichen Schornsteins; aus der Ferne gesehen wirken sie wie echte Glattquader. Über diesen Schichten folgt dann der eigentliche, sorgfältig gestaltete, aber in den 1970er Jahren vollständig erneuerte Schornsteinkopf[236]. Er ist vierseitig in gleicher Weise als spitzer Giebel gestaltet, wobei die steinernen „Dächer" wie echte Dächer etwas über die von kleinen Rundbogenöffnungen durchbrochenen Giebelflächen vorspringen. Die beiden sich kreuzenden Firste sind als Wulste mit Abtropfkante gestaltet, auf ihrer Kreuzung deutet ein quadratischer Sockel an, dass dort ein bekrönendes Element verschwunden ist. Für einen Schornsteinkopf dieses Alters und so sorgfältiger Gestaltung gibt es im Burgenbau kaum Vergleichsbeispiele, jedoch wurde mit Recht auf die Ähnlichkeit mit den Strebepfeilern an dem um 1220 entstandenen südlichen Kreuzgangflügel der Klosterkirche in Maulbronn hingewiesen. Der Schornsteinkopf kann in der Tat als vierseitige Umsetzung der dortigen Giebelformen interpretiert werden (Abb. 56).

4.1.10 Bauphasen und Datierung

Die Datierung beziehungsweise stilistische Herleitung der beiden Neipperger Burgen wurde in der Literatur bisher ausschließlich für den Wohnturm der Hinteren Burg diskutiert, während die anderen mittelalterlichen Bauteile der Gesamtanlage weitgehend unbeachtet blieben. Das ist zwar aufgrund des Alters und der gut erhaltenen originalen Gestalt und Ausstattung des Turms nachvollziehbar, wie auch angesichts der weitgehenden Veränderung der übrigen Teile der Anlage, aber es bleibt zugleich unbefriedigend, weil der Turm von Anfang an ja nicht als Solitär geplant wurde. Für die vorliegende Darstellung bedeutet dies, dass diese traditionelle Trennung weiterhin sinnvoll ist. Die hier zum ersten

236 Die originalen Werkstücke werden im Nordflügel aufbewahrt.

Abb. 54: Kloster Maulbronn, Halbmondkonsolen im Herrenrefektorium (links), am Gesims des südlichen Kreuzgangflügels (Mitte) und am Kamin im Frühmesserhaus (rechts).

Mal unternommene Datierung der meisten Teile der Anlage konnte jeweils in die Beschreibung und Analyse der Bauteile integriert werden (vgl. Kap 3 und 4.2 bis 4.5), während für den Hinteren Turm schon an dieser Stelle eine recht umfangreiche, aber im Ergebnis auch recht einheitliche Literatur referiert werden kann.

Neipperg ist in Luftlinie nur etwas mehr als zwanzig Kilometer von dem aufgrund seiner Erhaltung berühmten Zisterzienserkloster Maulbronn entfernt, und es ist nicht nur die geographische Nähe, die das Kloster früh mit der Burg und ihren Herren verband. Vielmehr häuften sich schon im mittleren und späten 13. Jahrhundert, als beide Burgen noch nicht lang existierten, Nachrichten über Rechtsgeschäfte, in die sowohl das Kloster als auch Herren von Neipperg involviert waren, die letzteren als Schenker an das Kloster, als Schiedsrichter, als Partei in einem vom Abt geschlichteten Streit oder einem Tausch, und vor allem häufig als Zeugen (vgl. Kap. 1.2.1). Es gab also recht intensive gutnachbarliche Beziehungen zwischen denen von Neipperg und dem Kloster. Eine ältere Überlieferung, dass sogar ein angeblich 1212 ermordeter Abt Johannes von Maulbronn ein Neipperger gewesen sei, wird dagegen von der heutigen Mediävistik als nicht hinreichend belegbar abgelehnt.

Für die Kunst- und Architekturgeschichte noch bedeutungsvoller ist die Frage, ob Steinmetzen, die in der ersten Hälfte des 13. Jahrhunderts beim Ausbau des Klosters Maulbronn tätig waren, auch den Wohnturm der Hinteren Burg Neipperg gebaut haben könnten beziehungsweise an seinem Bau zumindest beteiligt waren. Eben diese Deutung findet man schon in der Oberamtsbeschreibung von 1873[237], deren Verfasser Eduard Paulus nicht nur praktisch alle Ortschaften, Klöster, Burgen und dergleichen in der weiteren Umgebung von Neipperg besuchte, sondern

237 Beschreibung des Oberamts Brackenheim, S. 338.

Abb. 55: Schwaigern, Pfarrkirche St. Johannes der Täufer, Fenster im ehemaligen Chorturm; links das nur teilweise erhaltene südliche Fenster, rechts das fast vollständig erneuerte an der Ostseite.

auch ein gutes Auge für gestaltete Details und stilistische Zusammenhänge hatte; außerdem veröffentlichte er 1889 das erste größere Werk über Maulbronn[238] sowie den das gesamte Neckarland betreffenden Teil der Kunst- und Altertumsdenkmale im Königreich Württemberg. Schon in seiner Oberamtsbeschreibung schrieb Paulus über den Hinteren Turm von Neipperg: „An ihrem Anfang [der Treppe vom ersten zum zweiten Obergeschoss; Th. B.] bemerkt man innen rechts vom halbrunden Eingangsbogen eine Konsole, die auffallender Weise die beiden von sich abgekehrten Magenheimschen Halbmonde zeigt, und neben der Konsole links ist in kleinerem Maßstab ein steinerner Ring (das Wappen der von Neipperg hat drei solcher Ringe) ausgemeißelt. Ganz dieselbe Halbmondkonsole schmückt, nur in hundertfacher Wiederholung, die zu Beginn des 13. Jahrhunderts in dem nur sechs Stunden entfernten Kloster Maulbronn ausgeführten Bauten, nämlich die Vorhalle der Kirche, den Südflügel des Kreuzganges und das Sommerrefektorium, drei der herrlichsten Bauwerke weit und breit, im reichsten Übergangsgeschmack vom Rundbogen- zum Spitzbogenstile gehalten; und gerade an unserem Thurme öffnen sich in seinem obersten (dritten) Geschosse gegen Süden zwei große Säulenfenster, wieder ganz in dem glänzenden Stil jener Maulbronner Bauten."

238 Paulus, Maulbronn.

Abb. 56: Neipperg, Hinterer Turm, Schornstein (links), und Maulbronn, Bekrönung eines Strebepfeilers am Südflügel des Kreuzgangs (rechts).

Diesem anderthalb Jahrhunderte alten überzeugenden Vergleich ist aus gutem Grund bis heute nicht widersprochen worden, und die folgende Darstellung kann sich daher auf Zitate der einschlägigen Literatur beschränken beziehungsweise auf die Frage, welche Schlüsse die Autoren jeweils aus diesem Vergleich gezogen haben, insbesondere hinsichtlich der Entstehungszeit des Neipperger Turms. Angesichts der typischen Formenarmut von Burgen konnten dabei nur wenige Neipperger Schmuckformen mit dem Formenreichtum der Maulbronner Klausur verglichen werden: die Doppelfenster im dritten Obergeschoss des Turms, die erwähnten Halbmondkonsolen, außerdem der Kamin im ersten Obergeschoss und schließlich der Schornstein. Dabei konnte für den Kamin allerdings bis heute kein Vergleichsbeispiel benannt werden, was fraglos nicht nur an den generell sehr hohen Substanzverlusten der Burgenarchitektur liegt, sondern auch an der besonders anspruchsvollen Formgebung des Neipperger Kamins.

Irmgard Dörrenberg, die ihre Darstellung von Maulbronn 1937/38 veröffentlichte, behandelt von den dortigen Bauten beeinflusste andere Bauten noch nicht, und auch die Halbmondkonsolen (Abb. 54) bildet sie zwar gelegentlich ab, spricht sie aber im Text nicht an beziehungsweise versucht nicht, sie stilgeschichtlich zu deuten. Den südlichen Kreuzgangflügel und das sogenannte Frühmess(er)haus, wo es am Kamin auch derartige Konsolen gibt, setzt sie ins frühe 13. Jahrhundert beziehungsweise etwa in die Jahre 1210 bis 1230[239] womit sie auch für den Neipperger Wohnturm einen Datierungsrahmen setzt, ohne allerdings die Burg anzusprechen.

1997 legte Ulrich Knapp eine weitere monographische Darstellung zu Maulbronn vor, in der er den südlichen Kreuzgangflügel ähnlich Dörrenberg „von etwa 1212 bis etwa 1235" datiert; die leicht variierten Jahreszahlen sind in einer recht freihändigen Orientierung des Autors an Daten der allgemeinen Geschichte begründet[240]. Das Frühmesserhaus – er spricht es durchaus nachvollziehbar als Sitz eines Ministerialen oder Vogts an, auch einer Wache am Klostertor könnte es gedient haben – datiert er etwas früher, „um oder kurz nach 1200"[241]. In diesem Zusammenhang erwähnt er auch die Biforen von Neipperg und an der „Schloßkirche" (richtig: an der dem Schloss benachbarten Stadtpfarrkirche) in Schwaigern (Abb. 55), und datiert alle drei Bauten früher als das Maulbronner Paradies, allerdings ohne dass gut nachzuvollziehen wäre, weshalb[242]. Denn die nach seiner Meinung kräftigeren und einfacheren Formen der Fenster in Neipperg und Schwaigern müssen keineswegs eine frühere, „romanischere" Stilstufe repräsentieren; ihr von Maulbronn abweichendes Erscheinungsbild kann auch einfach daher rühren, dass ihnen als Profanfenstern beziehungsweise Schallöffnungen andere Funktionen zukamen. In diese Richtung hatte 1903 auch schon Karl Schmidt gedacht, indem er die Neipperger Fenster als eine von Maulbronn beeinflusste Weiterentwicklung der Fenster im Chorturm von Schwaigern beschrieb[243].

Auch der Schornsteinkopf mit seinen vierseitigen Ziergiebeln ist aus gutem Grund bereits mit den Strebepfeilerbekrönungen verglichen worden, die man an dem um 1210/30 entstandenen Südflügel des Maulbronner Kreuzgangs findet (Abb. 56) und an der Vorhalle (Paradies).

Alle in der Literatur unternommenen Datierungsversuche des Neipperger Wohnturms beruhen demnach auf Vergleichen mit Maulbronn, und das gilt in

239 Dörrenberg, Maulbronn, S. 46 f. und 155.

240 Knapp, Maulbronn, S. 78. 1212 soll der Gegenabt Johannes von Neipperg (!) ermordet worden, was die moderne Geschichtsforschung für nicht hinreichend belegt hält (vgl. Kap. 1.2.1) und was Knapp überdies ohne hinreichenden Beleg auf den Konflikt zwischen Otto IV. und Friedrich II. bezieht. Das Jahr 1235 entwickelt er als Kompromiss aus recht frei interpretierten und durchaus widersprüchlichen Nachrichten über den wirtschaftlichen Zustand der Abtei. Knapp ist überdies ein später Anhänger der in die 1920/30er Jahre zurückgehenden Überhöhung der Staufer, denn die von ihm genannten Bauten – darunter auch Burgen –, die stark durch burgundisch-zisterziensische Formen geprägt sind, auf einen direkten Einfluss der staufischen Dynastie zurückzuführen ist und bleibt nicht beweisbar und lässt zahlreiche andere mögliche Wege und Gründe der Beeinflussung außer Acht.

241 Knapp, Maulbronn, S. 75–77.

242 Beachtlich ist dabei auch, dass die Biforen im inneren Maulbronner Torbau, auf die sich Knapps Vergleich bezieht, nicht erhalten, sondern nur durch alte Abbildungen überliefert sind.

243 Schmidt, Maulbronn, S. 101 f., dürfte noch das originale Fenster gesehen haben, denn das heute vorhandene, unverkennbar erneuerte ist 1904 datiert; vgl. auch Heitlinger, Bernhard Sporer, S. 31–33.

Wahrheit auch dort, wo methodische Fragen nur ganz am Rand oder überhaupt nicht angesprochen werden, also etwa in den Arbeiten von Alexander Antonow beziehungsweise Julius Fekete (zwischen 1223 und 1228), Walther-Gerd Fleck (nach 1220) und Karl-Heinz Dähn (erstes Drittel des 13. Jahrhunderts)[244]. Hervorzuheben ist jedoch der Beitrag von Hans-Martin Maurer, der Neipperg sowohl historisch als auch kunsthistorisch in gut belegbare Zusammenhänge einordnet und auch als bisher Einziger die Burg im Rahmen des gesamten Burgenbaus im Zabergäu betrachtet. Aber auch er bezieht sich mit seiner Datierung – „etwa zwischen 1210 und 40"[245] – letztlich auf Maulbronn.

Gegenüber dem vielfach bestätigten stilistischen Bezug auf Maulbronn treten im Fall des Neipperger Wohnturms die Datierungsmöglichkeiten aufgrund von Schriftquellen also deutlich zurück. Ein Angehöriger des Geschlechts der Neipperger wird 1241 erstmals erwähnt (vgl. Kap. 1.3), wahrscheinlich als Angehöriger einer Familie, die zuvor in Schwaigern gesessen hatte und deren letzter Angehöriger – gleichnamig mit dem ersten Herrn von Neipperg – bis 1224 belegt ist. Im Sinne einer zwar simplifizierenden, wenn auch auf Schriftquellen bezogenen Betrachtung könnte man daraus zu schließen versuchen, dass Burg Neipperg zwischen 1224 und 1241 entstanden sei. Aber leider ist es – auch wenn man die Herren von Schwaigern mit denen von Neipperg gleichsetzt – so einfach doch nicht. Denn die Hintere Burg mit dem Wohnturm war nach allen Anzeichen ja nur die jüngere der beiden Neipperger Burgen, die Vordere Burg muss schon früher bestanden haben. Dies besagt nicht nur eine Quelle des späten 16. Jahrhunderts, sondern auch die Lage der Vorderen Burg auf der besonders sicheren Spornspitze und schließlich bestätigen auch gestalterische Einzelheiten ihres allein erhaltenen Bergfrieds eine etwas frühere Datierung dieses Vorderen Turms (vgl. Kap. 3.4). Wenn man also die Jahreszahl 1241 überhaupt auf einen der erhaltenen Bauteile beziehen wollte – wogegen es aber weitere methodische Bedenken gäbe –, würde dies eher den Vorderen Turm beziehungsweise die verschwundene Vordere Burg betreffen.

Bisher ermöglichten also allein Stilvergleiche eine Datierung des Hinteren Turms, und diese führten – was durchaus schon konkreter ist als bei den meisten anderen Burgen – im Vergleich mit Maulbronn bisher zu einer Grobdatierung um 1210/40.

---

244 Alle genannten Arbeiten verbindet, dass sie weder auf historischer noch auf kunsthistorischer Ebene solide argumentieren, sondern vielmehr ihre Datierungen ohne erkennbare Herleitung einfach behaupteten. Das gilt primär für ANTONOW, Planung, der die Entwicklung eines Systems behauptete, das angeblich jahrgenaue Datierungen von Burgen erlaube, ohne dass er dieses System je zur Diskussion gestellt hätte; seine Datierung von Neipperg wurde von FEKETE, Instandsetzung, dennoch kritiklos übernommen. Aber auch die Datierungsvorschläge von FLECK, Burgen, S. 201–206, und DÄHN, Neipperg, DÄHN, Burgfenster, DÄHN, Burg Neipperg, sowie viele knappe Erwähnungen in der allgemeineren Burgenliteratur, in Kunstführern und dergleichen, beziehen sich in der Regel auf die von Maulbronn abgeleiteten Datierungen beziehungsweise die diesbezügliche ältere Literatur.

245 MAURER, Burgen, S. 37.

Eine größere Genauigkeit war vor diesem Hintergrund nur noch von dendrochronologischen Untersuchungen zu erwarten, der seit den 1960er Jahren auch in Deutschland zunehmend angewandten, besonders tragfähigen Methode zur Datierung mittelalterlicher beziehungsweise allgemein älterer Bauten, die allerdings nur dort angewendet werden kann, wo hinreichend umfangreich und gut erhaltenes Holz zweifelsfrei einer Bauphase zugeordnet werden kann. Im Fall des nur beschränkt zugänglichen Hinteren Turms von Neipperg war diese Möglichkeit bisher nie reflektiert worden. Erst bei unseren Untersuchungen des Turms, die der vorliegenden Publikation zu Grunde liegen, entstand der Verdacht, dass mehrere kräftig dimensionierte, mehr oder minder stark angekohlte Eichenbalken der Decke über dem ursprünglichen Erdgeschoss des Turms noch aus der ersten Bauzeit stammen könnten. Nicht nur die Eigenschaften der Balken selbst legten diese Erwägung nahe, sondern zusätzlich die Überlegung, dass ein nachträglicher Austausch dieser Balken, lange nach dem Bau des Turms, große Probleme bereitet hätte. Man hätte die Balken unter Einsatz von leistungsfähigem Hebezeug durch den Hocheinstieg des Turms einbringen müssen, wofür auch kein Grund vorstellbar war, denn das Turminnere und seine Balkendecken waren nach allen Indizien niemals der Witterung ausgesetzt, so dass eine solche Erneuerung eigentlich nicht notwendig werden konnte; die Erneuerung der drei oberen, aus weit schwächeren Balken bestehenden Turmdecken hat ja, als indirekte Folge der Umbauten im mittleren 19. Jahrhundert, erst in den 1970er Jahren stattgefunden.

Wir entschlossen uns aufgrund dieser Erwägungen zur Probenentnahme aus mehreren der verkohlten Balken und Timm Radt ließ sie von einem auf Dendrochronologie spezialisierten Labor untersuchen[246]. Das Ergebnis erwies, dass vier der Balken von Bäumen stammen, die zwischen frühestens 1208 und spätestens 1218 gefällt wurden, wobei die fehlende Waldkante beziehungsweise die bis zu 10 erhaltenen Splintringe eine späteste Fällung 1238 zulassen.

Damit wurde die stilvergleichende, auf Maulbronn bezogene Datierung des Wohnturms in höchst willkommener Weise bestätigt beziehungsweise konkretisiert: Das Erdgeschoss des Turms wurde zwischen 1218 und 1238 fertiggestellt, die oberen Turmteile folgten nach dem technischen Befund ohne nennenswerte Verzögerung.

4.1.11 Die Raumfunktionen

Der kaum veränderte originale Zustand des Hinteren Turms von Burg Neipperg beziehungsweise die gute Erkennbarkeit der wenigen Veränderungen lassen eine

246 Probenentnahme durch Timm Radt, Datierung durch das Jahrringlabor Hofmann & Reichle, Nürtingen; vgl. die Ergebnisse im Anhang S. 181 f.

relativ weit gehende funktionale Deutung der Turmräume zu, wie sie nur bei wenigen Profanbauten dieses Alters möglich ist (Abb. 57).

Das unterste, heute durch die beiden Stahlbetondecken unterteilte Geschoss des Turms hatte alle Merkmale eines „Verlieses", wie es vor allem für Bergfriede typisch ist. Dieser Raum war also nur von oben durch die Decke zugänglich – eher mittels einer Winde als einer Leiter, die mit fast 9 m Länge kaum handhabbar gewesen wäre – und daher schlecht nutzbar. Es diente primär dazu, die besser zugänglichen Obergeschosse des Turms auf eine Höhe zu bringen, wo sie für Angreifer schwer zugänglich waren. Dass solche Sockelgeschosse im Sinn einer populären, romantisierenden Vorstellung als Gefängnisse gedient hätten, ist in Schriftquellen nur sehr selten nachweisbar, ihre Nutzung zu Lagerzwecken war aber ebenfalls mit viel Umstand verbunden. Wahrscheinlich blieben sie im Normalfall einfach leer.

Das über eine Außentreppe erreichbare erste Obergeschoss des Turms ist vor allem durch den Kamin als vornehmes Wohngemach erkennbar. Die Verschließbarkeit gegenüber dem Hocheinstieg und der zu den oberen Geschossen führenden Treppe bestätigen diese Funktion ebenso wie der ehemalige Aborterker. Auffällig ist dabei aber die nach heutigen Maßstäben schlechte Belichtung des Raums durch ehemals nur zwei kleine, verschließbare Rundbogenfenster. Diese Beobachtungen legen die Einschätzung mehr als nahe, dass es sich hier um einen „Wintersaal" handelte, das heißt um einen durchaus vornehm und bequem ausgestatteten Raum, bei dem aber Windschutz und Beheizbarkeit deutlich wichtiger waren als Helligkeit.

Auch das zweite Obergeschoss fällt durch die geringen Dimensionen seiner Fenster beziehungsweise die schlechte Belichtung auf; drei kleine Monoforen lassen selbst bei hellem Sonnenschein nur Dämmerlicht zu. An Besonderheiten findet man in diesem Raum sonst nur einen Aborterker, und die Haubenspitze des Kamins im Geschoss darunter, die auch diesen Raum etwas gewärmt haben dürfte, wenn der Kamin beheizt wurde. Aufgrund dieser Merkmale wird man den relativ schmucklosen, aber mit dem Abort für den Aufenthalt von Menschen geeigneten Raum am ehesten für eine Schlafkammer halten, bei der es, wie im Raum darunter, ebenfalls auf die Abdichtung gegen Wind und Kälte ankam.

Das dritte Obergeschoss ist dagegen mit seinen beiden reich gestalteten, nach Süden ausgerichteten Biforen nicht nur der weitaus hellste Raum des Turms, sondern auch jener, der die mit Abstand höchsten repräsentativen Ansprüche erfüllte. Dabei war er allerdings nicht heizbar, und bei windigem oder gar kaltem Wetter muss der Aufenthalt hier problematisch gewesen sein. Die Vorrichtungen zur Befestigung von Läden an beiden Fenstersäulen belegen zwar – vorausgesetzt, sie wären bei der Erneuerung der Säulen richtig kopiert worden –, dass der Raum zumindest im Winter abgedichtet werden konnte, aber dann war er nicht nur weiterhin nicht beheizbar, sondern auch dunkel. Diese Merkmale lassen hier einen Raum für repräsentative Anlässe erkennen, vielleicht auch für den Aufenthalt tagsüber, der aber eigentlich nur im Sommer möglich war.

Abb. 57: Neipperg, Hinterer Turm, Rekonstruktion der oberen Geschosse und ihrer Treppen im ursprünglichen Zustand des 13. Jahrhunderts als aufgeschnittene Perspektive . (Timm Radt)

Die drei Obergeschosse des Turms – das später ergänzte vierte Obergeschoss kann hier außer Betracht bleiben – bieten damit eine Anschauung des Wohnens einer Adelsfamilie im 13. Jahrhundert, die in dieser Vollständigkeit selten ist. Zwei Wohnräume für den Alltagsaufenthalt in Sommer und Winter – beide auf verschiedene Weise durchaus repräsentativ gestaltet – und eine dazwischen gelegene Schlafkammer sind relativ sicher identifizierbar und bringen dem heutigen Betrachter das Leben der Burgherren näher als die in solchen Dingen weithin schweigenden Schriftquellen der Epoche es vermögen.

Gewisse Einschränkungen dieser Aussage sind indes nötig. Einerseits legt die Unbequemlichkeit der Treppen die Frage nahe, wie gut die Räume in der Praxis wirklich nutzbar waren. Die Vorstellung, dass Frauen in langen Kleidern oder Kinder die steilen und engen Treppen hinauf- und hinabgestiegen sein könnten, lässt erhebliche Zweifel an ihrer Alltagstauglichkeit aufkommen. Allerdings ist hier zu beachten, dass es für die adligen Familienmitglieder nicht unbedingt nötig war, diese Treppen oft zu begehen, weil alle „niederen" Tätigkeiten wie Kochen, Heizen, Bedienung aller Art und dergleichen mehr vom Gesinde besorgt wurden, dem man auch häufiges und mühsames Treppensteigen zweifellos ohne Bedenken zumutete. Man muss einfach grundsätzlich im Auge behalten, dass moderne Vorstellungen von Bequemlichkeit nicht unbedenklich auf das Wohnen im 13. Jahrhundert übertragen werden können.

Andererseits bleibt aber auch zu fragen, ob und inwieweit ein derartiges „Appartement" unter Alltagsbedingungen tatsächlich genutzt wurde. Prinzipiell denkbar wäre ja auch, dass es nur für besondere Anlässe, etwa für den Empfang von Gästen vorgesehen war. Denn bald nach dem Bau des Turms entstand ja ein niedriger und daher bequemer zugänglicher Wohnbau, der sich direkt neben dem Turm an die Ostmauer der kleinen Kernburg anlehnte (vgl. Kap. 4.2). Von ihm ist zwar nur noch diese Wand als Teil der Ringmauer erhalten, so dass seine räumliche Aufteilung unbekannt bleibt, aber zumindest ein Aborterker auf Obergeschosshöhe, dessen anspruchsvolle Formen dem am Wohnturm erhaltenen Erker entsprechen, belegt jedenfalls auch hier herrschaftlich nutzbare Räume schon im 13. Jahrhundert.

Letztlich ist also nicht mehr eindeutig zu klären, für welche Nutzer und für welche Anlässe die anspruchsvollen Räume im Wohnturm vorgesehen waren. Denn es ist ja angesichts ihrer schwierigen Zugänglichkeit nicht einmal auszuschließen, dass die Turmräume nur selten oder nie genutzt wurden, dass sie also nur der Repräsentation von gestalterischen Ansprüchen und Möglichkeiten dienten, womöglich sogar eher Ausdruck der Vorstellungen des unbekannten Planers und der Steinmetzen waren als des Bauherrn. Die im Grunde sehr geringen Nutzungsspuren im Turm, vor allem auch am Kamin im Einstiegsgeschoss rechtfertigen derartige Erwägungen, die sich aber aus heutiger Sicht nicht mehr verifizieren oder falsifizieren lassen.

4.2 Ringmauer, Wohnbau und Kapelle des 13. Jahrhunderts

Thomas Biller

4.2.1 Ringmauer und Wohnbau

Dass der Hintere Turm als Hauptbestandteil einer kleinen rechteckigen (Kern-) Burg geplant wurde, deren Südostecke er bilden sollte, ist durch einen Befund am Turm selbst belegt. Jedoch zeigen die Anschlüsse der Ringmauer im Westen und Norden, dass es bei ihrer Ausführung Unklarheiten beziehungsweise Planänderungen gegeben hat.

An die Südwestecke des Turms sollte westlich eine 2 m dicke Ringmauer anschließen, wie deren vorgehaltene Verzahnung zeigt (Abb. 58). Diese Mauer, deren Anschluss als einziger bereits beim Bau des Turms vorbereitet wurde, sollte demnach den südlichen Abschluss der Kernburg bilden. Auch im Bereich der ehemaligen Südwestecke der Kernburg, ungefähr 11 m westlich des Turms, sind in der dort etwas schräg verlaufenden, dünneren und aus schlechterem Mauerwerk ausgeführten Ringmauer noch Quader dieser Südmauer der Kernburg zu sehen (Abb. 59). Sie war demnach dünner ausgeführt worden als beim Bau des Turms geplant.

Die Ecke der Kernburg selbst ist aber nicht erhalten, sondern durch die schräg geführte Mauer ersetzt. Demnach wurde die westliche Ringmauer der Kernburg irgendwann in dieser veränderten Führung erneuert, vielleicht weil es Probleme mit dem tragenden Felsen gegeben hatte. Die südliche Ringmauer der Kernburg muss dagegen bis zu den weitgehenden Erneuerungen des 19. Jahrhunderts existiert haben, denn sie bildete lange Zeit die Außenmauer eines an die Westseite des Turms gelehnten, großen Baus, den die Ansicht von Kieser aus den 1680er Jahren noch darstellt (Abb. 67; vgl. Kap. 4.4).

Die Ost- und ein großer Teil der Nordringmauer der Kernburg des 13. Jahrhunderts ist, wie die durchlaufende Buckelquaderschale dort deutlicher zeigt als im Süden und Westen, in der Außenmauer bestehender Bauten erhalten (Abb. 60; vgl. Kap. 4.2.1–3). Dass sie nicht von derselben Werkstatt wie der Wohnturm beziehungsweise nicht in einem Zug mit ihm ausgeführt wurde, zeigt dabei aber nicht nur die Art der dortigen Buckelquader – deutlich regelmäßiger in den Quadergrößen und der Überarbeitung der Buckel –, sondern auch der Anschluss der Ostmauer an die Nordostecke des Turms. Die 1,42 m dicke Mauer stößt dort nämlich mit durchlaufender Fuge an, und ihre Flucht ist außerdem leicht nach außen versetzt, so dass sie neben der Turmecke einen eigenen Buckelquadereckverband erhalten musste. Dieser östliche Mauerzug des 13. Jahrhunderts enthält, neben verschiedenen Hinweisen auf ein ehemals angelehntes Gebäude, auch das ursprüngliche Burgtor (Abb. 14) und biegt nach etwa 18 m rechtwinklig nach

Westen um. Dort bildet er mit bruchlos fortlaufender Buckelquaderschale noch heute den größten Teil der Nordseite der Burg beziehungsweise die unteren Wandpartien des gotischen Wohnbaus, der diese Seite der Burg in voller Länge einnimmt (vgl. Kap. 4.3). Nur der westliche Teil dieser Wohnbauwand zeigt keine Buckelquader, sondern ein Glattquaderwerk – entsprechend dem der St. Georgs-Kapelle (vgl. Kap. 4.2.2), die auf der Sohle des westlich vorgelagerten Grabens an diese Ecke angebaut ist, wie auch der Westmauer der Kernburg. Der mit Buckelquadern verkleidete, etwa 17 m lange und noch 5 bis 6 m hohe nördliche Teil der Kernburgringmauer zeigt keine weiteren Details der ursprünglichen Bauzeit, insbesondere keine Öffnungen. Das darf als Beleg dafür gelten, dass es sich ursprünglich um eine freistehende Ringmauer gehandelt hat, an die sich also noch kein Gebäude anlehnte.

Abb. 58: Neipperg, Hinterer Turm, Ringmaueransatz an der Südwestecke, rechts ein Teil der Torhalle von 1851 mit einer weiteren, nicht mehr benutzten Verzahnung.

An der Ostmauer der Burg, nördlich des Wohnturms, belegen dagegen mehrere Befunde, dass es sich von Anfang an nicht um eine freistehende Ringmauer, sondern auch um die Außenwand eines herrschaftlich ausgestatteten Wohnbaus gehandelt hat. Hier findet man nämlich – nur 2,20 m über dem heutigen, durch Aufschüttungen erhöhten Bodenniveau der ehemaligen Vorburg – einen halbrunden Aborterker, der formal jenem im zweiten Obergeschoss des Wohnturms entsprochen haben dürfte. Allerdings ist der Erker des Wohnturms weitgehend unbeschädigt erhalten, wohingegen jenem des Wohnbaus heute die untere Hälfte fehlt (Abb. 61). Ein weiterer Hinweis auf das angelehnte Gebäude ist ein originaler Lichtschlitz mit einem nur aus zwei Werkstücken bestehenden Gewände, der etwa 5 m weiter nördlich auf Höhe des ehemaligen Erdgeschosses erhalten ist.

Ist damit die Existenz dieses ursprünglichen Gebäudes eindeutig belegt, so fehlen von ihm doch alle weiteren Mauerreste. Insbesondere von der hofseitigen Westwand, in der allein der Zugang und die Fenster gelegen haben können, gibt es keine Spur mehr. Dennoch können wir eine Vorstellung zumindest von

Abb. 59: Neipperg, Hintere Burg, Teile der abgebrochenen Südmauer der Kernburg, die in der nachträglich abgeschrägten Südwestecke erhalten sind.

der Tiefe dieses Baus und von seiner Höhe gewinnen, und zwar deshalb, weil an der Nordwand des Wohnturms Anschläge von drei verschiedenen Satteldächern sichtbar sind (Abb. 44). Diese Spuren belegen einerseits, dass der Bau genauso so tief war wie der Turm (10,80 m), und andererseits, dass er sukzessive nicht weniger als vier verschiedene Dachwerke hatte. Dabei dürfte der Erker, über den ursprünglich der Hocheinstieg des Turms zu erreichen war oder auch nur zu erreichen sein sollte, schon wieder aufgegeben worden sein, denn er lag nicht hoch genug, um unter ihm ein Gebäude mit Obergeschoss und Dach anzubauen (vgl. Kap. 4.1.2). Vermutlich war also der Turmeinstieg seit dem Anbau des Wohnbaus, noch im 13. Jahrhundert, von dessen zweitem Obergeschoss beziehungsweise Dachboden aus zugänglich. Diese frühe Entstehung des Wohnbaus wird, außer den Details der erhaltenen Wand, auch durch den am vollständigsten erhaltenen Dachanschlag an der Turmwand bestätigt, der nämlich ein relativ flach geneigtes, noch „romanisches“ Satteldach belegt.

Ist damit die Höhe des verschwundenen Baus relativ gut nachzuvollziehen – Erdgeschoss, zwei Obergeschosse und flaches Satteldach –, so bleibt seine Länge noch zu klären. Die Ringmauer, die die Ostwand des verschwundenen Baus bildete, enthält ja in ihrem nördlichen Teil, der heutigen Giebelwand des gotischen Nordflügels beziehungsweise „Palas“, ein zum ursprünglichen Bestand gehöriges, aber vermauertes Rundbogentor, das als ursprüngliches Haupttor der (Kern-) Burg anzusprechen ist (Abb. 14, 60). Daraus ergibt sich die Frage, ob der Wohnbau nördlich schon vor diesem Tor endete – es hätte dann neben ihm direkt in den Hof geführt – oder ob er bis zur nördlichen Ringmauer reichte, womit eine Torhalle im Erdgeschoss des Wohnbaus anzunehmen wäre. Die zweite Alternative ist entschieden wahrscheinlicher, und zwar aufgrund der rekonstruierbaren Länge

Abb. 60: Neipperg, Hintere Burg, der Nordflügel des 14./15. Jahrhunderts von Nordosten.

Abb. 61: Neipperg, Hintere Burg, beschädigter Aborterker an der Ostmauer der Kernburg, dahinter der besser erhaltene Aborterker des Wohnturms.

des Baus. Hätte er nämlich schon südlich des Tors geendet, wäre er kürzer als tief gewesen, nur 7 bis 8 m lang bei fast 11 m Tiefe und ähnlicher Höhe. Ein so kurzer, turmartiger Bau ist wenig wahrscheinlich. Es spricht daher weitaus mehr dafür, dass der Wohnbau des 13. Jahrhunderts bis zur nördlichen Ringmauer reichte; er wäre dann etwa 16 m lang gewesen. Damit hätte er in den Obergeschossen herrschaftliche Räume von immerhin etwa 120 qm pro Geschoss aufnehmen können, und auch im Erdgeschoss neben der Torhalle zumindest einen weiteren Raum.

Das vermauerte Burgtor (Abb. 14) selbst ist einfach, aber mit hoher technischer Qualität gestaltet. Die Steine des rundbogigen Gewändes sind mit Buckeln besetzt, deren Form den Buckelquadern der Ringmauer entsprechen; eine leichte Schräge am Gewändesockel diente wohl als Radabweiser. Die erhaltene stichbogige Innennische ist in guten Glattquadern ausgeführt. Die Vermauerung besteht ebenfalls aus guten Buckelquadern, aber mit wesentlich flacheren Buckeln. Sie enthält ein hohes Rechteckfenster mit ausgeschrägtem Gewände und dürfte demnach erst im mittleren 19. Jahrhundert entstanden sein. Ein weiteres Rechteckfenster, in Kellerhöhe unterhalb des Tors, wurde wahrscheinlich beim Bau des gotischen „Palas" im 15. Jahrhundert eingefügt, ebenso zwei ähnliche in der nördlichen Ringmauer.

Die westliche Ringmauer der Kernburg zeigt andere technische Merkmale als jene der Ost- und der Nordseite (Abb. 62). Während man dort Buckelquader findet, weisen die original erhaltenen beziehungsweise im 19. Jahrhundert nicht erneuerten Teile der westlichen Ringmauer ein einfacheres Mauerwerk auf, das auch schon an dem relativ kurzen Westabschnitt der nördlichen Ringmauer zu finden ist. Dabei ist der Anstoß dieses Mauerwerks an die Buckelquaderschale im Osten leider durch eine jüngere Altane am gotischen Nordflügel verdeckt, so dass die Art des Überganges – Fuge, Verzahnung, Abbruch und Neubau? – nicht zu erkennen ist. Das einfachere Mauerwerk dieser Ringmauerteile im Westen und Norden besteht zwar zum großen Teil aus Glattquadern, aber diese sind nur grob bearbeitet und auch unsauber versetzt, mit kleineren Steinen als Auszwickung. Im oberen Mauerteil verschwinden die Quader sogar gänzlich und das Mauerwerk besteht nur noch aus Bruchstein verschiedener Gesteinsarten und Größen.

Wie ist nun der auffällige Unterschied zwischen diesem Mauerwerk und den sorgfältigen Buckelquadern der Ost- und Nordringmauer der Kernburg zu erklären? Nahe liegt auf den ersten Blick die Deutung, dass die westliche Ringmauer irgendwann zerstört und dann in viel schlechterem Mauerwerk neu errichtet wurde. Grund der Zerstörung beziehungsweise eines teilweisen Einsturzes könnte etwa der brüchige Felsen gewesen sein, der unter dieser Mauer eine scharfe Kante gegen den westlichen Quergraben gebildet haben muss. Für diese Vorstellung spricht schließlich auch die abgeschrägte und durch einen Strebepfeiler gestützte Südwestecke dieses Mauerzugs, in deren Innenseite noch Reste der sonst verschwundenen Südmauer der Burg stecken (Abb. 59). Diese Abweichung vom exakten Rechteck und die Einbeziehung

Abb. 62: Neipperg, Hintere Burg, die westliche Ringmauer der Kernburg, Außenseite, aufgenommen von der vorgelagerten Terrasse des ehemaligen Zwingers.

älterer Reste war fraglos nicht von vornherein geplant, sondern ist offensichtlich das Ergebnis einer späteren Reparatur.

Was aber gegen diese Vorstellung eines vollständig neu errichteten Mauerteils spricht, ist das sorgfältigere Quaderwerk, das man an der Nordseite der Burg beziehungsweise im Westteil des jüngeren Nordflügels findet und das auch mit der noch anzusprechenden Kapelle westlich unter der Ringmauer im Verbund steht. Die Vorstellung, dass man in beiden Bereichen, wo ja nichts für Fundamentierungsprobleme spricht, eine technisch qualitätvolle Buckelquadermauer abgebrochen haben soll, um sie an gleicher Stelle durch eine Mauer aus Glattquadern zu ersetzen, liegt außerhalb jeder Wahrscheinlichkeit. Hier muss man vielmehr davon ausgehen, dass die Buckelquaderschale der Ringmauer schon beim Bau der Burg nicht weitergeführt wurde, sondern dass man für die Vollendung der nördlichen und dann der westlichen Ringmauer – und für den Bau der anschließenden Kapelle (vgl. Kap. 4.2.2) – zu einer anderen Technik überging, nämlich eben zur Verkleidung mit glatten Quadern (Abb. 63). Als Reparatur der Westringmauer nach Setzungen ist folglich nur die Auszwickung des unteren Teils des Quaderwerks zu verstehen, sowie die weitgehende Erneuerung des oberen, bei den Setzungen wohl eingestürzten Teils.

Die Idee, man habe das als so typisch stauferzeitlich geltende Buckelquaderwerk mitten im Bau der Burg aufgegeben, um zu einem zwar immer noch soliden, aber in seiner Wirkung viel schwächeren Mauerwerk überzugehen, widerspricht sicher herkömmlichen Vorstellungen, wie Burgen erbaut wurden, und in der Tat ist es nicht mehr möglich, die Gründe dieser technischen Änderung zu ergründen. Was sie aber immerhin leichter vorstellbar macht, ist die Tatsache, dass die Änderung der Mauerschalen nicht der einzige Bruch beim Bau der Hinteren Burg gewesen ist. Denn auch ihre östliche Ringmauer stößt ja in einer Weise an die Ecke des Wohnturms, die dort nicht vorbereitet war, nämlich ohne Verzahnung, mit durchgehender Fuge und zudem mit abweichender, um mehrere Dezimeter nach außen versetzter Flucht. Und ohnehin unterscheidet sich die formale Qualität des Buckelquaderwerks der Ringmauer deutlich von jener des zuvor ausgeführten Wohnturms.

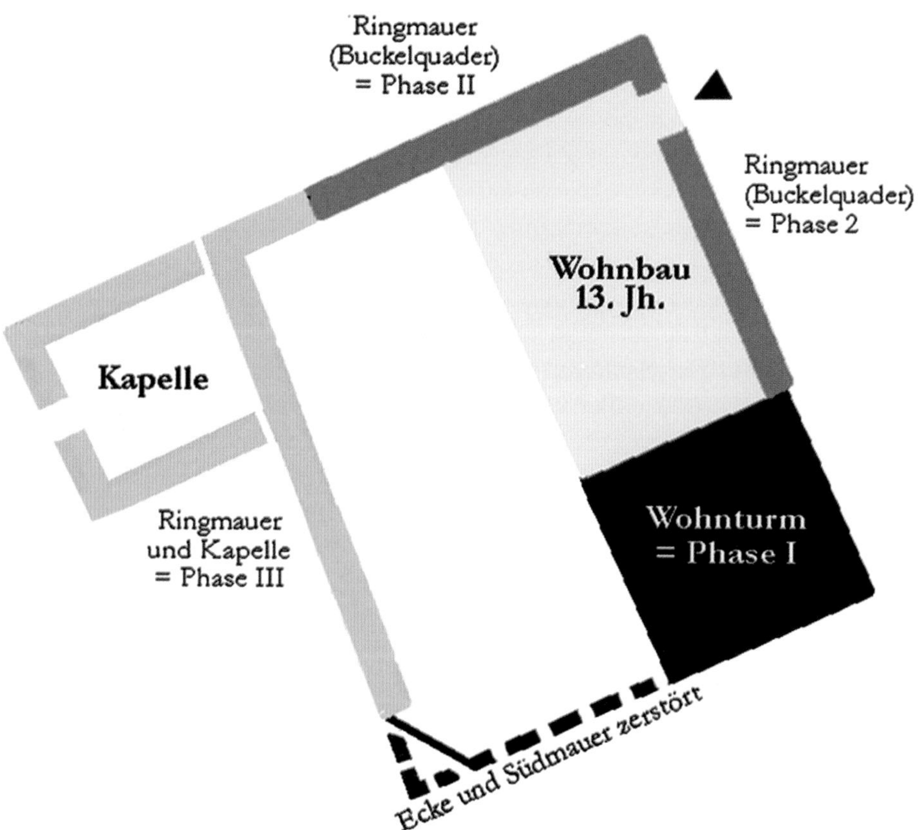

Abb. 63: Neipperg, Hintere Burg, schematische Darstellung der Bauphasen der Ringmauer im 13. Jahrhundert. (Thomas Biller)

Schon an solchen Befunden wird also deutlich, dass die fraglos vorliegende Gesamtplanung einer kleinen rechteckigen Burg in mehreren Abschnitten realisiert wurde, die sich klar unterscheiden lassen beziehungsweise bei denen nur noch ein begrenzter Wert auf ein einheitliches Erscheinungsbild gelegt werden konnte. Offenbar hat man hier mit dem Werk von drei verschiedenen Werkstätten zu rechnen, wobei freilich offen bleiben muss, in welchen zeitlichen Abständen sie arbeiteten, und vor allem auch, was die Gründe dieser mehrstufigen Bauausführung waren. Angesichts der abnehmenden Qualität die Mauerwerks – vom sorgfältigen Mauerwerk einer durch Maulbronn geprägten Werkstatt über etwas kleinere Buckelquader bis hin zu nur noch grob gearbeiteten Glattquadern – meint man hier eine Tendenz zur Kostenminderung zu erkennen, die auf begrenzte wirtschaftliche Möglichkeiten der Bauherren, vielleicht also auf einen zeitlich langgezogenen Bauvorgang hindeuten dürfte. Sicherheit ist aber auch in diesem Punkt nicht mehr zu gewinnen.

4.2.2 Die Kapelle

Westlich unter der Kernburg, auf der Grabensohle und vor dem Giebel des Nordflügels ist ein Bau erhalten, den man auf den ersten Blick nicht als Bestandteil der darüber gelegenen (Kern-) Burg ansprechen wird. Schon seine tiefere Lage passt überhaupt nicht zu deren herrschaftlichen Funktionen, und das wird auch durch die baulichen Merkmale des im Grundriss etwa 10 mal 10 m großen Bauteils unterstrichen. Denn fast die gesamte Westwand des Gebäudes besteht aus Quaderwerk des mittleren 19. Jahrhunderts, das auch auf eine südlich anschließende Felspartie der Grabenwand hinüberreicht, und das Dach ist durch eine betonierte, ebenfalls beide Bereiche überdeckende Plattform ersetzt. Äußerst nüchtern ist schließlich das Innere, denn durch das gleichfalls erst aus dem 19. Jahrhundert. stammende, aber teilweise aus Renaissancespolien zusammengesetzte Rundbogentor an der Westseite[247] tritt man in ein hohes Tonnengewölbe, das durch eine sekundär eingebaute Rundbogenöffnung mit dem entsprechend gewölbten Keller unter dem Nordflügel der Kernburg verbunden ist. In diesem heutigen Zustand enthält der Bauteil nur noch dunkle und kühle Lagerräume, die erst entstanden sein können, als die Verteidigungsfähigkeit der Burg keine Rolle mehr spielte. Auf dem die Bauentwicklung der Burg interpretierenden Plan Gustav Kolbs von 1903 (Abb. 64) findet man für diesen Bauteil dem entsprechend die Datierung 1862/63; die Quelle dafür ist unklar, aber die Datierung passt grundsätzlich zur heutigen Gestalt der Keller.

247 Eine der Spolien, deren früherer Ort nicht zu klären ist, trägt ein Allianzwappen Neipperg-Gemmingen; vgl. dazu Anm. 269.

Dass der heute so merkmalsarme Bauteil weit vor das 19. Jahrhundert zurückreicht und ursprünglich eine ganz andere Funktion gehabt haben muss, wird nur noch von zwei Indizien angedeutet. Zunächst wird der Bau noch immer, wie schon auf dem Plan von 1903, von den Bewohnern der Burg und des Dorfs als Kapelle bezeichnet[248]. Könnte man dies noch als romantisierenden Irrtum der Zeit um 1900 ansehen – so wie andere Teile der Burg seit damals als „Palas" oder „Rittersaal" bezeichnet werden – so gibt eine Betrachtung der Nordwand des Baus doch unbedingt zu denken.

Diese Wand samt der Nordwestecke des Baus (Abb. 65) stammt nämlich unübersehbar aus wesentlich früherer Zeit als seine im 19. Jahrhundert erneuerte Westwand. Man erkennt das schon an ihrem großteiligen Glattquaderwerk, das, wie erwähnt, mit der anschließenden nördlichen Ringmauer der Burg beziehungsweise der Wand ihres Nordflügels im Verbund steht. Außerdem enthält sie im oberen Teil zwei schmale, gefaste Spitzbogenfenster, die außen in ungestörtem Quaderverband sitzen; innen sind sie durch das später eingefügte Tonnengewölbe zugesetzt. Die bescheidene Form und die hohe Lage dieser Fenster sind durchaus mit der Deutung zu vereinbaren, dass diese Wand der letzte Rest einer Kapelle ist (vgl. Kap. 1.5). Allerdings kann diese, die dem heiligen Georg geweiht war, aufgrund ihrer tiefen Lage im Graben funktional kein Teil der Kernburg gewesen sein. Denn ihr Portal kann nur an der Westseite gelegen haben, wie noch das heutige Tor, und das bedeutet, dass die Kapelle ausschließlich von dem Weg aus zugänglich war, der vom Dorf durch das Nordtor des äußeren Mauerrings in den Graben führte. Die beste, wenn nicht einzige Erklärung dieser ungewöhnlichen Lage und Zugänglichkeit liegt darin, dass die Kapelle eben nicht als Teil der Hinteren Burg entstand, sondern dass sie den Bewohnern beider Burgen dienen sollte und daher zwischen beiden erbaut wurde[249].

Aus welcher Zeit datiert die Kapelle? Ihre Nordwand steht ja mit der nördlichen Ringmauer der Kernburg beziehungsweise der Wand von deren Nordflügel im Verbund, genauer gesagt: mit dem Westteil dieser nördlichen Ringmauer, der ja dasselbe glatte Quaderwerk zeigt wie die Kapellenwand. Das spricht für eine frühe Entstehung dieser technisch einheitlichen Mauerpartien, sicher noch

248 Auch FEKETE, Instandsetzung, S. 216, erklärt, man habe in diesem Bauteil „früher" die St. Georgs-Kapelle vermutet. Außerdem gibt er fälschlich an, dort gebe es noch ein „Kreuzrippengewölbe". Ein solches findet sich in Wahrheit aber nur im Erker des Nordflügels, im Geschoss darüber.

249 Das einzige mir bekannte Vergleichsbeispiel ist die Schönburg bei Oberwesel am oberen Mittelrhein, die im Lauf ihrer Bauentwicklung in drei Burgmannensitze aufgeteilt wurde. Die stark restaurierte Kapelle, wohl aus der ersten Hälfte des 14. Jahrhunderts, steht auch dort in einem Zwischenraum zwischen den drei Anlagen und lehnt sich an die Außenmauer einer von ihnen an.

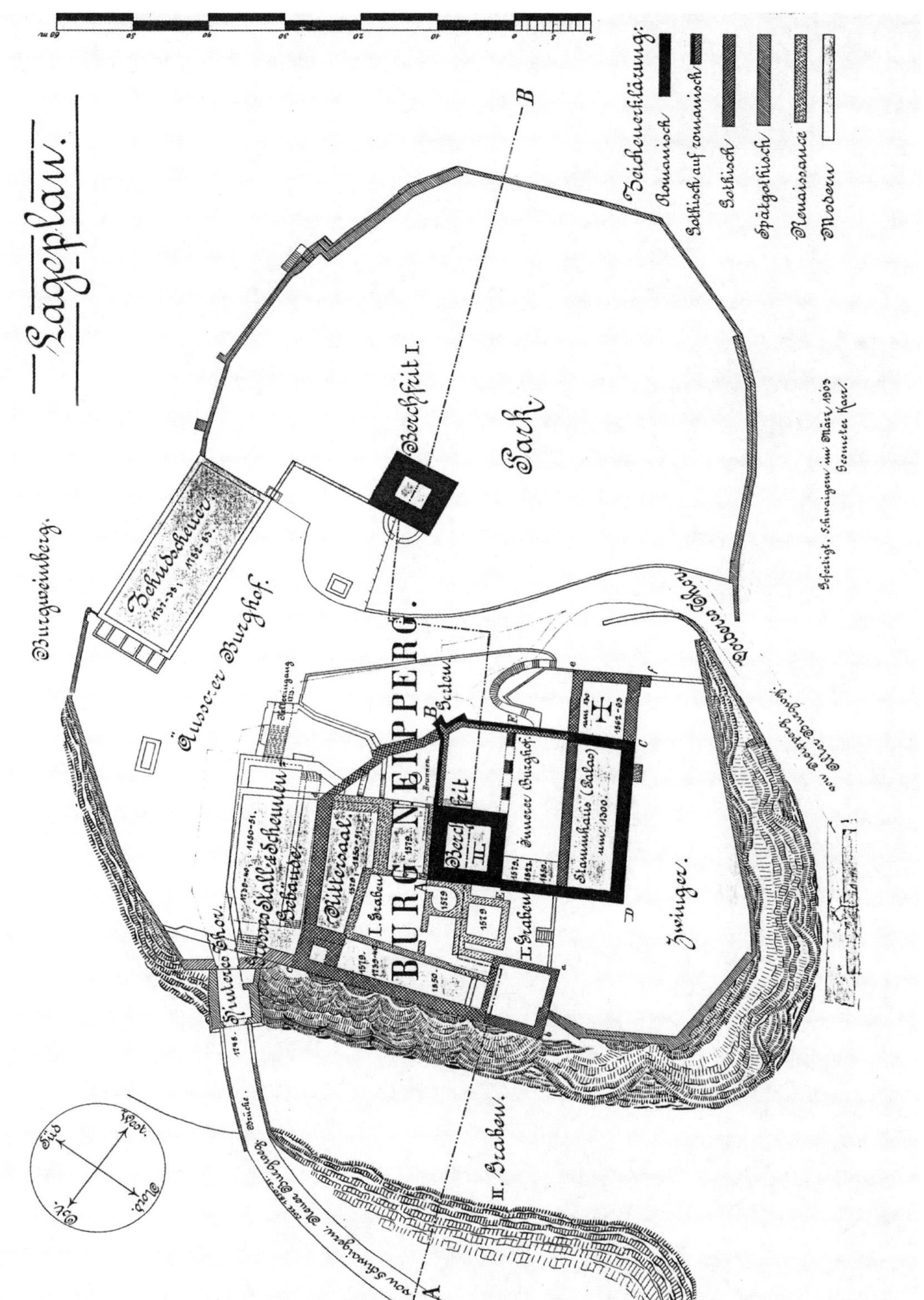

Abb. 64: Neipperg, Bestandsplan der Gesamtanlage mit Interpretation der Bauteile von Gustav Kolb (1903). (Zeichnung Geometer Karr, GNA Schwaigern, Baupläne)

Abb. 65: Neipperg, die Nordwand der ehemaligen Georgs-Kapelle, rechts der nachträglich angesetzte Strebepfeiler mit Resten eines Wehrerkers.

im 13. Jahrhundert, denn auch die hochgelegenen, kleinen Spitzbogenfenster passen eher in diese Zeit als ins 14./15. Jahrhundert.[250]

Am wahrscheinlichsten wäre nach diesen Feststellungen folgende Entwicklung: Zu einem relativ frühen Zeitpunkt, noch im 13. Jahrhundert, wurde die im Osten und Norden mit Buckelquaderverkleidung begonnene Ringmauer der Kernburg im Norden und Westen zu Ende geführt, und zwar in einfacherem Quaderwerk, und im gleichen Bauvorgang entstand im Graben davor die St. Georgs-Kapelle, die anfangs nur durch zwei sehr kleine, hoch gelegene Spitzbogenfenster in ihrer Nordwand belichtet wurde. Erst deutlich später, im 14. oder 15. Jahrhundert, fügte man in die Nordwand der Kapelle ein größeres Maßwerkfenster ein, fraglos um den Altar besser zu beleuchten (Abb. 66); dass dieses Fenster erst nachträglich eingebaut wurde, bestätigt das unregelmäßige Mauerwerk um sein Gewände[251].

Betrachtet man mit diesen Erkenntnissen abschließend die Kieser'sche Darstellung von Neipperg aus den 1680er Jahren, so scheint die Kapelle auf den

250 Schon Gustav Kolb datierte die Kapelle in seinem historischen Plan von 1903 „um 1300“ (Abb. 64), allerdings offenbar deshalb, weil er auch den Nordflügel der Kernburg so einschätzte, was aber sicher zu früh ist.

251 Dass das Fenster nicht erst bei den Baumaßnahmen von 1851 eingebaut wurde, zeigt der Plan des Nordflügels („Palas“) von de Millas, der das Fenster bereits als Bestand darstellt (Abb. 76).

Abb. 66: Neipperg, das nachtägliche eingesetzte Maßwerkfenster in der Nordwand der ehemaligen Georgs-Kapelle.

ersten Blick zu fehlen (Abb. 67). Vor dem Giebel des Nordflügels sieht man dort nämlich nur ein Rundbogentor in der vereinfacht dargestellten Zwingermauer; man muss vermuten, dass damit das Kapellenportal gemeint ist. Um 1840, auf einer Westansicht der Burg (Abb. 68), erscheint die ehemalige Kapelle dagegen hausförmig, mit einem Obergeschoss und einem Giebel aus Fachwerk. Dass Eduard Paulus 1873 an dieser Stelle eine Ruine erwähnte[252] zeigt, dass die Fachwerkteile im Lauf des 19. Jahrhunderts verfallen waren.

252 Beschreibung des Oberamts Brackenheim, S. 337.

Abb. 67: Neipperg, Darstellung aus dem Forstlagerbuch von Andreas Kieser (1680/87).

Abb. 68: Neipperg, Westansicht (um 1840).

4.3 Der Nordflügel

Timm Radt

Die Ursprungsanlage der Hinteren Burg bildete ein Rechteck von rund 28 mal 24 m, der Wohnturm nahm dessen Südostecke ein (Abb. 63). Dem Baubefund zufolge wurde der Turm spätestens in den 1230er Jahren als erstes errichtet, zusammen mit dem Ansatz der Ringmauer, die an seine Südwestecke anschließen sollte. Danach wurde die mit Fuge an seine Nordostecke anschließende östliche Ringmauer gebaut, die an ihrem nördlichen Ende das rundbogige Tor enthielt. In einem dritten Schritt wurde schließlich das Mauergeviert in minderer Bauqualität vollendet.

Nördlich des Turms muss schon in dieser Phase ein Gebäude entstanden sein, das heute nur noch durch eine Scharte und einen Aborterker in der östlichen Ringmauer belegt ist. Im späten 14. oder im 15. Jahrhundert wurde dieser Bau beseitigt und in voller Länge der Nordseite der Burg ein neues Gebäude erstellt, das noch heute einen markanten Bestandteil des Ensembles darstellt (Abb. 69); in den älteren Arbeiten zur Burg wird es oft als „Palas“ bezeichnet, entsprechend der Terminologie der Burgenkunde des 19. Jahrhunderts.

Abb. 69: Neipperg, Hintere Burg, Nordflügel von Nordosten.

Abb. 70: Neipperg, Hintere Burg, Hoffassade des Nordflügels von Südwesten.

Das Gebäude erhebt sich am Nordrand der Anlage und weist heute gegen den Burghof zwei Geschosse auf (Abb. 70); sein Erdgeschoss ist vom Hof aus ebenerdig zu betreten. Dagegen ist der Bau an seiner Nordseite aufgrund des dort abfallenden Terrains deutlich höher. An der Nordwestecke, wo er an die mit ihm fluchtende ehemalige Kapelle anschließt, liegt seine Traufkante rund 11 m über Grund, beziehungsweise der Mauerfuß liegt 5 m unter dem Niveau des Erdgeschosses respektive des Burghofs. Die Sockelzone des Gebäudes ist jedoch nicht mit Erdreich gefüllt; vielmehr erstreckt sich auf seiner ganzen Länge ein hohes gewölbtes, vor allem in seiner östlichen Hälfte tief in das Terrain eingegrabenes Kellergeschoss. Im Westen ist es mit dem ehemaligen Kapellenraum verbunden, und zwar durch einen erst im 19. Jahrhundert hergestellten rundbogigen Durchgang.

Da seine Außenmauern vollständig aus Naturstein gemauert und unverputzt sind, präsentiert sich der Bau heute als reines Steingebäude. Es ist von einem steilen Satteldach überfangen. Die Giebelfassaden im Westen und Osten sind wie die Mauern darunter aus Keupersandstein gemauert (Abb. 71, 72). Der Grundriss des Erdgeschosses (Abb. 73) ist heute dreigeteilt, mittig ist quer zur Ausrichtung des Gebäudes ein langrechteckiger Raum angeordnet, der im Norden ein mehrlichtiges Fenster hat. An diesen Mittelflur schließt im Osten wie im Westen ein größerer rechteckiger Raum an. Eine Treppe ins Obergeschoss fehlt, stattdessen ist dieses Geschoss aktuell nur über eine Leiter und Luke zugänglich, die die Decke an der Nordseite des mittleren Erdgeschossraums durchbricht.

Wie Maueransätze an den Außenwänden des Obergeschosses andeuten, war dieses ehemals in mehrere Räume unterteilt; heute präsentiert es sich aber als ein großer, saalartiger Raum, der Lagerzwecken dient.

Abb. 71: Neipperg, Hintere Burg, östliche Schmalseite des Nordflügels, rechts unten das zugesetzte Burgtor aus der 1. Hälfte des 13. Jahrhunderts.

Abb. 72: Neipperg, Hintere Burg, westliche Schmalseite des Nordflügels, rechts die Verzahnung zwischen der Ringmauer des 13. Jahrhunderts und dem nach links anschließenden Quaderwerk aus der Mitte des 19. Jahrhunderts.

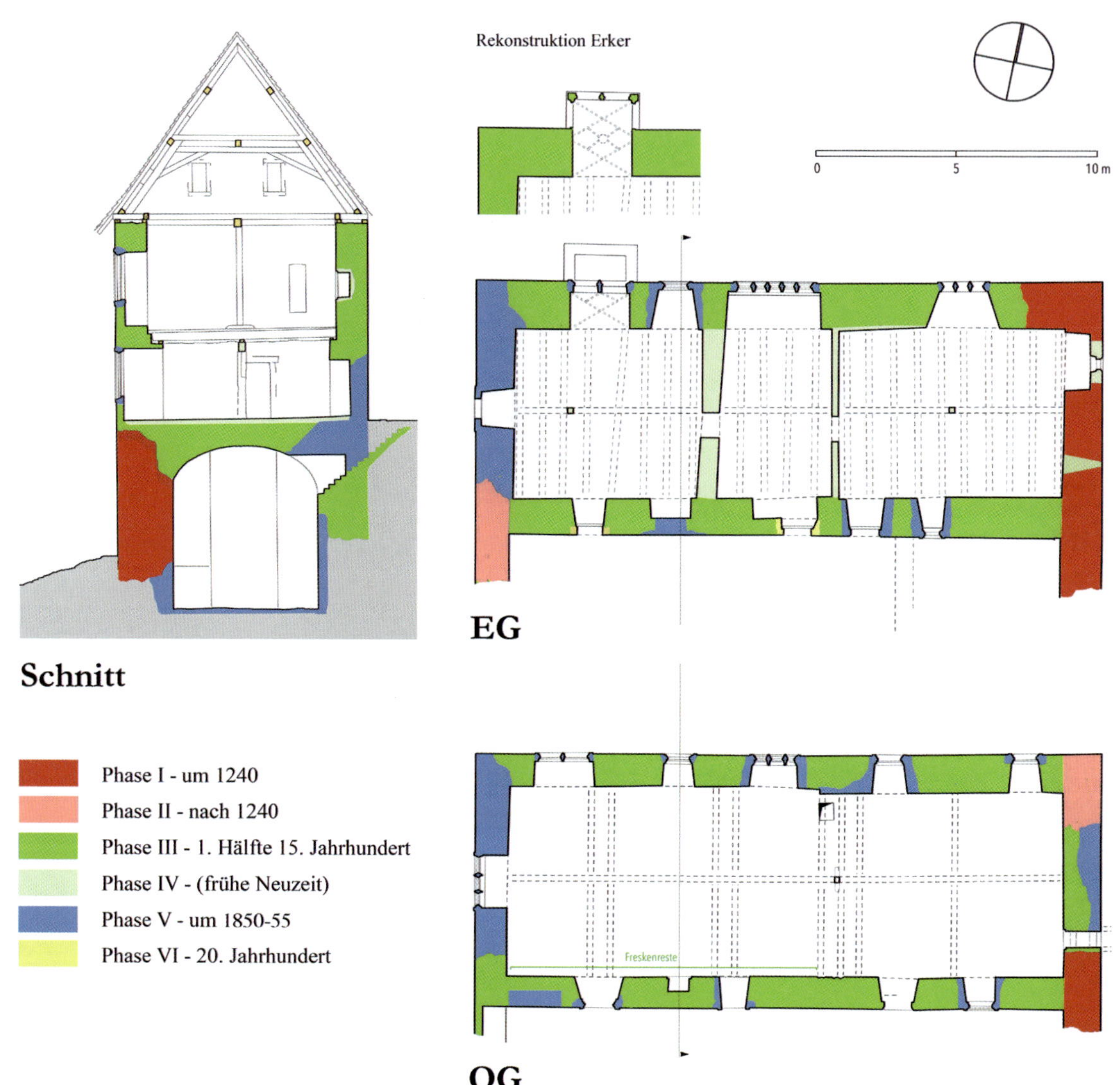

Abb. 73: Neipperg, Hintere Burg, Baualterpläne und Querschnitt des Nordflügels. (Timm Radt nach dem Aufmaß von 1998 im GNA Schwaigern)

4.3.1 Der Vorgängerbau des 13. Jahrhunderts

Weil die Außenwände des Gebäudes unverputzt sind und zudem Plan- und Abbildungsmaterial zumindest aus dem 19. Jahrhundert vorliegt, lässt seine Entwicklung sich gut nachvollziehen.

Im 13. Jahrhundert wurden der Wohnturm und die an ihn anschließende rechteckige Ringmauer in mehreren Schritten errichtet, wobei eine mit der Zeit eingetretene Reduzierung der bautechnischen Qualität zu beobachten ist (vgl. Kap. 4.2.1). Die östliche Ringmauer und der größere Teil der nördlichen sind als erster Bauabschnitt im unteren Teil außen mit Buckelquadern verkleidet, wobei der bereits erwähnte Lichtschlitz und ein Aborterker auf Obergeschosshöhe zeigen, dass sich an diesen Ringmauerteil von Anfang an ein Gebäude anlehnte. In seinen Nordteil führte das heute vermauerte Rundbogentor der Hinteren Burg (Abb. 14, 71).

Abb. 74: Neipperg, Hintere Burg, Nordflügel von Nordosten mit Hervorhebung der Bruchsteinpartien aus dem mittleren 13. Jahrhundert und Versuch einer Rekonstruktion des Gebäudes im 13. Jahrhundert. (Timm Radt)

Von den Obergeschossen dieses Gebäudes sind bei genauer Betrachtung an der Ost- und Nordseite auch oberhalb des Buckelquaderwerks noch geringe Reste erhalten (Abb. 74). Der Höhenunterschied zwischen den Buckelquadern an der Ost- und der Nordseite wurde nämlich durch deren treppenartiges Ansteigen nach Osten ausgeglichen und darüber sind an beiden Seiten begrenzte Partien eines in sich homogenen Mauerwerks erhalten, das durch kleine, liegend versetzte, plattenartige Bruchsteine gekennzeichnet ist. Es unterscheidet sich deutlich von dem umschließenden, viel weniger homogenen Mauerwerk des im 15. Jahrhundert entstandenen Nordflügels.

Dieses ältere, kleinteiligere Mauerwerk sieht man auch an der Ostseite der ältesten Ringmauer beziehungsweise unter dem östlichen Giebel des Nordflügels, dort ebenfalls auf das Buckelquaderwerk aufgesetzt (Abb. 71), aber wesentlich höher und zudem an der Nordseite durch eine senkrechte Abmauerung beziehungsweise Fuge gegen das westlich anschließende spätmittelalterliche Mauerwerk abgesetzt (Abb. 74). Hier erhob sich also die Ostmauer des Gebäudes noch mindestens 3 m über den oberen Rand der Buckelquaderschale und war dort mit demselben kleinteiligen Bruchsteinwerk verkleidet, das auch an der Nordseite des Baus in Resten erhalten ist. Dieser erhöhte Mauerteil schützte also offensichtlich die Angriffsseite des Wohnbaus, der im 13. Jahrhundert nördlich an den Wohnturm anschließend die Ostseite der Kernburg bildete. Seine Nordwand dürfte dagegen, wie die Fuge an der Nordseite zeigt, aus Holz- oder Fachwerk bestanden haben, und sicher galt dies auch für die hofseitige Westwand.

Wie hoch dieser Wohnbau aus dem 13. Jahrhundert war, ist allein aus den Mauerresten an der Ost- und Nordseite des bestehenden Nordflügels nicht mehr abzulesen, aber die Dachanschläge an der Nordwand des Wohnturms geben dazu sichere Hinweise (vgl. Kap. 4.2.1). Der niedrigste und daher sicher älteste dieser Dachanschläge, von einem relativ flachen Satteldach, belegt, dass die Ostmauer des Baus – also die östliche Ringmauer der Burg – noch etwa 3,0 bis 3,5 m höher gewesen sein muss als die erhaltenen Mauerreste des 13. Jahrhunderts.

4.3.2 Der bestehende Bau aus dem späten 14. oder 15. Jahrhundert

Oberhalb der Buckelquaderschale setzt an die mutmaßlich noch aus dem 13. Jahrhundert stammenden Mauerpartien ein Verband aus Bruchsteinen an, deren Format im Vergleich dazu auffällig variiert und die auch aus verschiedenen Brüchen oder zumindest Schichten zu stammen scheinen, da unterschiedliche Farben auftreten (Abb. 69, 74). Dieser Verband findet sich sowohl hofseitig in Teilbereichen des Erdgeschosses und vor allem großflächig an den Außenwänden des Nordflügels, aber auch an der an seiner Südwestecke anschließenden Ringmauer. In bestimmten Fällen schließt dieser Verband an Fenster- oder Türgewände an, die nicht

Abb. 75: Neipperg, Hintere Burg, Innenansicht des ehemaligen Ziererkers im Nordwesten des Nordflügels mit Resten des Netzgewölbes, das den Erker bis zu seiner Reduktion auf eine Fensternische überspannte.

nachträglich eingefügt oder erneuert worden sind und daher zumindest eine grobe zeitliche Einordnung ermöglichen. Dabei handelt es sich um eine spitzbogige Türöffnung östlich an der Südseite des Obergeschosses (Abb. 70) sowie um einen ehemaligen Zugang zu einer Altane im Westen des Erdgeschosses.

Die Form der Spitzbogenpforte weist in die Gotik. Anhand ihres Gewändeprofils, einer tiefen Kehle, die am äußeren Rand schmal abgefast ist, lässt sich die Datierung in die Spätzeit dieser Epoche präzisieren. Dem entsprechen auch die Formen eines kleinteiligen Netzgratgewölbes, das den Zugang zur Altane am Westende der Nordfassade des Erdgeschosses überwölbt (Abb. 75). Das davor an der Ostseite des Hofs beziehungsweise nördlich des Turms befindliche, aus dem 13. Jahrhundert stammende Gebäude (vgl. Kap. 4.2.1) muss also in der (Spät-) Gotik beseitigt worden sein. Vermutlich wurde damals auch das ehemalige Burgtor an der Nordostecke des Kernburggevierts zugesetzt.

Das neue Gebäude, der heutige Nordflügel, war wohl von Anfang an auf voller Länge unterkellert. Die Zugangstreppe, die vom Hof nach Norden in den Keller hinabführte, ist in Teilen noch erhalten (Abb. 73). Der von einer flachen Tonne überfangene Raum dürfte im Scheitel des Gewölbes maximal 4 m hoch gewesen sein. Da das Bodenniveau nachträglich – vermutlich um 1851 unter Andreas Ludwig de Millas – weit abgesenkt wurde, stellt sich der Raum demgegenüber heute als schachtartig hoch dar.

Wie das Erdgeschoss des neuen Wohngebäudes ursprünglich gestaltet war, ist nicht mit Sicherheit zu bestimmen. Ausgehend von den Umbauplänen des mittleren 19. Jahrhunderts von de Millas sowie dem Umstand, dass sich mittig in der Hoffassade keine Hinweise auf einen bauzeitlichen Zugang finden, ist anzunehmen, dass der hofseitige Eingang dort angelegt war, wo er in den erwähnten Umbauplänen eingezeichnet ist, das heißt am östlichen Ende der Hoffassade (Abb. 76). Allerdings wurde dieser Zugang entgegen den Umbauplänen im Zuge der Baumaßnahmen vollständig erneuert, denn die Gewände der betreffenden Tür sind eindeutig erst beim Umbau durch de Millas entstanden (Abb. 70).

Demnach war das Erdgeschoss zweigeteilt, das heißt es existierte wohl kein Mittelflur, der als Verteilerraum hätte fungieren können. Stattdessen dürfte im Osten ein zweiter großer Raum gelegen haben, mit der Treppe zum Obergeschoss. Nördlich des Flurs beziehungsweise Treppenraums könnte eventuell ein kleiner Raum angegrenzt haben. Westlich davon erstreckte sich mit einiger Wahrscheinlichkeit ein großer, langrechteckiger Raum, der auf der Nordseite durch ein großes mehrlichtiges Fenster beleuchtet wurde. Da dessen Gewände im 19. Jahrhundert vollständig erneuert wurden, ist aber keine belastbare Aussage zu seiner ehemaligen Detailgestaltung mehr möglich.

Weiter westlich springt heute eine im Grundriss annähernd quadratische Altane vor die Nordfassade vor (Abb. 69). Der Zugang zu ihr ist durch ein rechteckiges Doppelfenster versperrt, dessen Gewände Detailformen des späten 16. und frühen 17. Jahrhunderts zeigt; sie scheinen aber im 19. Jahrhundert erneuert worden zu sein. Dass dieses Fenster bereits im späten Mittelalter bestand, kann mit hoher Wahrscheinlichkeit ausgeschlossen werden, denn die Nische, die heute hinter dem Fenster liegt, wird von einem filigran gearbeiteten Netzgratgewölbe überfangen (Abb. 75). Es ist deutlich erkennbar, dass die nördlichen Rippenansätze zum Einbau des Fensters, der vermutlich in der frühen Neuzeit erfolgte, gekappt wurden. Der Stoß zwischen ihnen und dem Sturzstein des Fensters wurde mit Mörtel grob nachmodelliert. Demnach ist davon auszugehen, dass das Gewölbe ehemals weiter nach Norden ausgriff, dass also die heutige Altane ebenfalls überwölbt war. Zu dieser Zeit handelte es sich also noch nicht um eine Altane, sondern um einen Standerker. Diese Deutung findet ihre Bestätigung darin, dass das erhaltene Gewölbefragment in der Achse des Fensters nach Norden gespiegelt, exakt mit der Brüstung der Altane zusammenfallen würde (Abb. 73). Den Scheitelpunkt der beiden kräftig gekehlten Hauptrippen bildet ein reliefierter Schlußstein in Form eines von einem Dreieck überlagerten Dreipasses (Abb. 75). Auf dieser Form ist im Flachrelief eine dreifache Fischblase (Dreischneuß) aufgelegt.

Die beschriebenen Detailformen sind nicht spezifisch genug, um eine präzise Datierung zuzulassen. Sie ermöglichen im Hinblick auf die mutmaßliche

Abb. 76: Neipperg, Hintere Burg, Umbaupläne de Millas' für den Nordflügel (1851). →

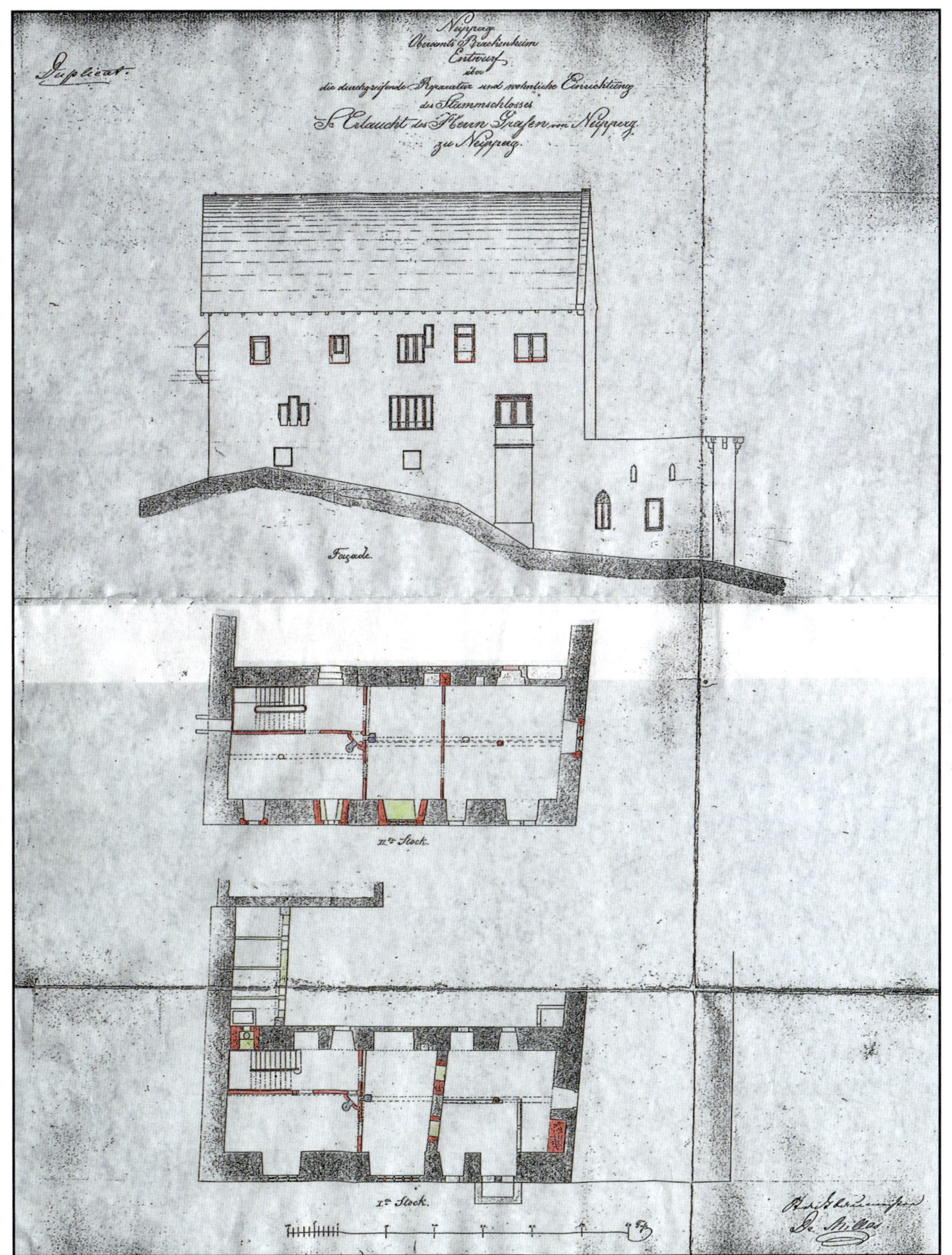

Gesamtform des Erkers lediglich die Aussage „spätgotisch", wobei aber eine beträchtliche Zeitspanne offenbleibt. Daher muss man sich mit einer groben Einordnung zwischen dem späten 14. Jahrhundert und der Wende vom 15. zum 16. Jahrhundert begnügen[253]. Ungeachtet der unsicheren Datierung spricht der Erker aber zusammen mit dem mehrlichtigen, östlich davon gelegenen Fenster klar dafür, dass der zugehörige Innenraum einen repräsentativen Charakter hatte. Weil indes die heutigen Innenwände flächig verputzt sind und keine weiteren bauzeitlichen Maueröffnungen erkennen lassen, sind weitergehende Rückschlüsse nicht möglich.

Im Obergeschoss wiederholte sich offenbar die Unterteilung des Erdgeschosses, das heißt in den beiden westlichen Dritteln lag ein großer, saalartiger Raum, der von Osten her aus einer Art Treppenhaus zu betreten war. Das deutlichste Indiz für diese Rekonstruktion sind zwei Wandansätze, die sich in der Achse der Ostwand des großen Raums im westlichen Erdgeschoss an der Nord- und Südwand gegenüberliegen (Abb. 73); die Wand selbst fehlt. Zudem haben sich ausgehend von dem Wandanschluss im Süden bis zur Südwestecke des Obergeschosses Freskenreste flächig erhalten, die keine Unterbrechung durch eine Querwand erkennen lassen (vgl. Kap. 4.3.3). An der West- und der Nordwand des Raums sind keine Reste von Wandmalereien mehr vorhanden, weil die betreffenden Wände beim Umbau des mittleren 19. Jahrhunderts weitestgehend erneuert wurden. Angesichts der klaren Gliederung, welche die Reste an der Südwand erkennen lassen, ist nur zu vermuten, dass diese Fresken sich ehemals an allen Wänden des saalartigen Raums entlangzogen. Allein die erhaltenen Malereireste sowie seine Größe verdeutlichen also, dass es sich um einen Raum mit repräsentativen Funktionen handelte.

Ob und wie die östlich daran angrenzenden Räumlichkeiten gestaltet waren, bleibt offen, da die Wände dort heute entweder flächig steinsichtig oder modern verputzt sind. Im Hinblick auf die Umbaupläne de Millas' (Abb. 76) und die Überlegungen zur Unterteilung des Erdgeschosses ist anzunehmen, dass dort eine Treppenverbindung zwischen den beiden Geschossen bestand und eventuell ein vergleichsweise kleiner langrechteckiger Raum an der nördlichen Außenwand. An der Südostecke war ein Aborterker angebracht, der dort in das ältere Mauerwerk der Ringmauer eingebrochen war (Abb. 73). Der mutmaßliche Treppenraum wurde von der Hofseite her durch ein großes, spitzbogiges Fenster beleuchtet (Abb. 70). Die heute vorhandenen Fenster an der Nordfassade gehen auf die Umbaumaßnahmen de Millas' zurück; gemäß seinen Plänen ersetzen sie aber bereits zuvor vorhandene, das heißt spätgotische (Rechteck-) Fenster (Abb. 76).

Auf Kiesers Darstellung der Burg- beziehungsweise Schlossanlage in den 1680er Jahren zeigt der Wohnbau zuoberst ein Fachwerkgeschoss (Abb. 67), jedoch ist die Darstellung zu schematisch, als dass daraus ein Datierungsansatz abgeleitet werden

253 Für seine Einschätzung danken wir Prof. Dr. Peter Kurmann (Pieterlen, Schweiz).

könnte. Im Hinblick auf spätgotische, teils sehr hoch aufragende Fachwerkaufsätze an anderen Burgen der näheren und weiteren Umgebung[254] ist es aber durchaus denkbar, dass das bei Kieser dargestellte Fachwerkgeschoss auf dem Wohnbau noch aus dem 15. Jahrhundert stammte. Da die ältesten heute erkennbaren Partien auf der Süd-, West- und Nordseite des Obergeschosses gleichartiges Mauerwerk zeigen – Bruchsteine mit großen Formatsprüngen und unterschiedlich gefärbtem Material – ist davon auszugehen, dass das bei Kieser dargestellte Fachwerk nicht dem heutigen Obergeschoss entspricht, sondern dass ein zweites, heute verschwundenes Obergeschoss existierte, dessen Längswände in Fachwerk ausgeführt waren. Der Darstellung zufolge waren nur die Giebel in Stein ausgeführt.

4.3.3 Die Freskenreste (15. Jahrhundert)

Die Freskenreste im Obergeschoss des Baus sind stark verblasst, daher ist ihre Motivik nur schwer zu erkennen und ihre stilistische Einordnung kaum möglich. Insgesamt zeichnet sich folgende Unterteilung ab: Im oberen Drittel der Wand war in starkem Hell-Dunkel-Kontrast ein Muster gemalt, das einen dreidimensionalen Würfelfries imitierte (Abb. 77). An seinem unteren Rand zog sich ein (dunkelblaues?) von hellen Begleitstreifen gerahmtes Band entlang, das wohl mit Rauten oder anderen geometrischen Formen belegt war (Abb. 78).

Von den Malereien darunter ist nur ein Teil in größerem Zusammenhang erhalten und zwar im mittleren Abschnitt der Wand, in dem von Anfang erhöht ein kleiner Wandschrank eingelassen war (Abb. 77). Unmittelbar über diesem Schrank zeichnet sich noch deutlich das neippergische Wappen in klassischer Darstellung ab, ein schräg gestellter Schild, dem ein großer Stech- beziehungsweise Turnierhelm aufgesetzt ist, den seinerseits zwei große Flügel als Helmzier bekrönen; auf diesen Flügeln ist das Wappen mit den drei silbernen Ringen in Rot nochmals wiederholt. Das Rot ist stark nachgedunkelt, so dass es heute beinahe schwarz erscheint. Auch wenn der Gesamtzusammenhang in seinen Einzelheiten nicht rekonstruiert werden kann, ist ersichtlich, dass das Wappen von Architekturelementen, nämlich stark stilisierten Maßwerken umrahmt war. Links und rechts des Wappens schlossen offenbar andere Motive an, die aber nicht mehr zu erkennen sind, nur der Ansatz eines großen, runden Rahmens zeichnet sich rechts noch deutlich ab (Abb. 77). Links des Wappens könnte eine Gestalt zu sehen gewesen sein, die eine Lanze mit dreieckigem Banner hielt. Letzteres

254 Dabei ist insbesondere an die Fachwerkaufsätze beziehungsweise -obergeschosse des Schlosses in Talheim bei Heilbronn zu erinnern, die in Teilen noch aus dem 15. Jahrhundert stammen (Beobachtung des Verfassers). Im Fall der Burg Leofels im Kreis Schwäbisch Hall ist ein mehrgeschossiger, mit sehr hohen Giebeln versehener Fachwerkaufsatz auf historischen Plänen dokumentiert; anhand der darauf dargestellten Gefügedetails kann dieser grob um 1420 datiert werden; vgl. Biller, Leofels, S. 55 f.

Abb. 77: Neipperg, Hintere Burg, zentrales Feld der spätgotischen Freskenreste im Nordwesten des Obergeschosses des Nordflügels mit neippergischem Wappen (oben) und grobe Umzeichnung (unten). (oben: Thomas Biller, unten: Timm Radt)

Abb. 78: Neipperg, Hintere Burg, östlicher Rand des Freskenfelds an der Südwand des Obergeschosses des Nordflügels mit gemaltem Zierfries und darüber angeordnetem Würfeldekor (links) und grobe Umzeichnung (rechts). (links: Thomas Biller, rechts: Timm Radt)

sticht als dunkler, gebogener Streifen aus den angrenzenden, stark verblassten Wandflächen heraus. Wie der Sockelbereich der Wand gestaltet war, bleibt unklar.

Dagegen wird in der Nische des Westfensters in der Südwand deutlich, dass auch die Wangen der Wandöffnungen bemalt waren, denn obgleich die Farben dort stark abgewittert sind, bleiben zu beiden Seiten des Fensters Fragmente von figürlichen Darstellungen vage erkennbar. Im Fall der westlichen Laibungshälfte könnte eine langhaarige, bärtige Person dargestellt gewesen sein, die einen Stab hält (Abb. 79). An der östlichen Laibung sind noch ein kelchartiges Objekt und eine Figur in Teilen zu erahnen.

Für einen groben Datierungsansatz der Freskenreste ist die Wappendarstellung als einziges besser erhaltenes Motiv von besonderer Bedeutung. In seiner Gestaltung entspricht das Wappen weitgehend dem Stil des Scheibler'schen Wappenbuchs, das aus dem dritten Viertel des 15. Jahrhunderts datiert[255] (Abb. 80). Ein wesentlicher Unterschied besteht nur darin, dass der Helm auf der Wandmalerei nicht perspektivisch, sondern in reiner Seitenansicht dargestellt ist. Zudem stehen die vorderen Federn der

255 Scheibler'sches Wappenbuch.

Abb. 79: Neipperg, Hintere Burg, Freskenrest mit figürlicher Darstellung einer sitzenden, bärtigen (?) Gestalt an einer Fensterlaibung der Südwand im Obergeschoss des Nordflügels (links) und grobe Umzeichnung (rechts). (links: Thomas Biller, rechts: Timm Radt)

Helmzier, ähnlich der Darstellung des Neipperger Wappens im sogenannten Ingeram Codex von 1459 (Abb. 81) oder vergleichbarer Helmzierden auf einem um 1400 entstandenen Fresko auf Burg Runkelstein bei Bozen in Südtirol (Abb. 82) vertikal weit nach oben[256]. Diese Details sprechen zusammen mit dem Umstand, dass am Helm kein breiter, mit einer Vergitterung versehener Sehschlitz dargestellt war, es sich also um einen reinen Stechhelm handelt, gegen eine Entstehung nach dem Ende des 15. Jahrhunderts[257]. Eher deutet dieses Motiv auf eine Datierung in die Mitte des 15. Jahrhunderts oder noch früher hin. Diese Einschätzung steht aber unter dem Vorbehalt, dass bislang noch keine detaillierte kunsthistorische, heraldische und restauratorische Analyse vorgenommen werden konnte. Eine vergleichende Einordnung ist praktisch nicht möglich, weil aus dem südwestdeutschen Raum nur sehr wenige profane Wandmalereien aus spätgotischer Zeit erhalten sind[258]. Schon deshalb können die Freskenreste auf Burg Neipperg ungeachtet ihrer schlechten Erhaltung als eine große Besonderheit gelten.

256 Schloss Runkelstein. Die Bilderburg.

257 Im Verlauf des 15. Jahrhunderts wurden in der Heraldik der Topf- oder der Spangenhelm vom Adel genutzt, um sich gegenüber bürgerlichen Geschlechtern, die den Stechhelm verwendeten, abzugrenzen; vgl. Scheibelreiter, Heraldik, S. 100.

258 Tatsächlich sind dem Verfasser profane Fresken entsprechender Zeitstellung auf Burgen in Baden-Württemberg nicht bekannt. Nur vereinzelt sind Ausmalungen von Burgkapellen erhalten, so etwa auf Burg Zwingenberg am Neckar (Leusch, Wandgemälde). Die Fresken auf Burg Wildenstein an der oberen Donau datieren erst aus der Zeit um 1520 (Curschmann/Wachinger, Riese Sigenot).

Abb. 80: Wappen der Familie von Neipperg im Scheibler'schen Wappenbuch (1450/75).

Abb. 81: Wappen der Familie von Neipperg im Ingeram Codex (1459).

Abb. 82: Runkelstein bei Bozen (Südtirol), Fresko des frühen 15. Jahrhunderts mit einer Helmzier in Gestalt eines hochaufragenden Flügelpaares.

4.3.4 Die Umbauten des 17./18. Jahrhunderts und um 1851

Das Erdgeschoss des Nordflügels ist heute dreigeteilt. Mittig, quer zur Ausrichtung des Gebäudes liegt ein rechteckiger Raum beziehungsweise Mittelflur, an den westlich und östlich jeweils ein großer Raum anschließt (Abb. 73, 76). Die Wände zwischen den Räumen sind in Fachwerk ausgeführt, und die durchgehende Verzapfung des Balkengefüges lässt auf eine Entstehung erst in der frühen Neuzeit schließen, im 17. oder 18. Jahrhundert. Der Zweck dieser Neustrukturierung erschließt sich nicht, und ob entsprechende Modifikationen auch im Obergeschoss vorgenommen wurden, muss ebenfalls offenbleiben.

Beim weitgehenden Umbau, der um 1851 nach den Plänen des Architekten de Millas erfolgte, wurde auch der Nordflügel neugestaltet. Das bei Kieser dargestellte Fachwerkobergeschoss existierte damals offenbar schon nicht mehr (Abb. 68). Im Zuge der Maßnahmen wurden die beiden Giebel vollständig neu aufgeführt, auch wurden Teile der Westfassade neu aufgemauert oder zumindest mit dem für diese Phase typischen, sehr sauberen Glattquaderwerk verkleidet (Abb. 71, 72). Außerdem wurden zahlreiche Fensteröffnungen erneuert oder modifiziert.

4.4 Die Entwicklung der Hinteren Burg bis zum Ende des 17. Jahrhunderts

Thomas Biller

Jeder Besucher von Burg Neipperg, der auf baugeschichtlich aussagekräftige Einzelheiten achtet, kann nicht übersehen, dass die Burg nach dem Mittelalter in vielfältiger Weise verändert wurde. Unübersehbar sind einerseits die voluminösen Bauteile aus dem 19. Jahrhundert, die schon bei der Ankunft das Bild der Anlage bestimmen, insbesondere die riesige Scheune neben dem Tor und die Remisen im Wirtschaftshof. Aber auch an den mittelalterlichen Bauteilen, vor allem am Wohnturm der Hinteren Burg und am dortigen Nordflügel kann man andererseits viele weniger auffällige, aber aussagekräftige Umbauspuren und Indizien für verschwundene Bauteile finden. Nimmt man dazu noch den isolierten Vorderen Turm, der normalerweise doch nur als Teil einer Burg Sinn machen würde, so wird schon auf den ersten Blick klar, dass Burg Neipperg eine bewegte Baugeschichte hinter sich hat, in der gerade auch in der Neuzeit Bauteile hinzugefügt, aber auch unbedenklich abgerissen wurden. Diese Baugeschichte im Detail zu klären ist eine schwierige Aufgabe, deren Lösung allenfalls noch in den Haupt-

Abb. 83: Neipperg, Rekonstruktionsversuch der Gesamtanlage im Zustand um 1680. (Timm Radt)

zügen gelingen kann. Wichtige Hilfsmittel sind dabei, neben Beobachtungen am Bau selbst, vor allem ältere Darstellungen.

Im Fall von Neipperg liegen allerdings nur zwei Arten von Darstellungen vor, die in dieser Hinsicht hilfreich sind. Zum einen handelt es sich dabei um die bereits mehrfach herangezogene aquarellierte Federzeichnung im sogenannten Kieser'schen Forstlagerbuch von 1680/87[259], die als einzige alte Abbildung noch eine gewisse Vorstellung von jenen Bauteilen der Hinteren Burg gibt, die wir nur noch in geringen Spuren an den Bauten selbst sehen und deuten können (Abb. 67). Diese im Detail eher grobe, insgesamt aber doch glaubwürdige Darstellung ist damit die mit Abstand wichtigste für die Baugeschichte von Neipperg.

Zum anderen sind bei der weitgehenden Neugestaltung der Burg durch den Architekten Andreas Ludwig de Millas 1851[260] und sicher auch noch in den Folgejahren, viele Bestands- und Entwurfspläne entstanden, die im Archiv der Grafen von Neipperg aufbewahrt werden. Sie zeigen, was sie besonders wertvoll macht, auch noch einige Bauteile, die kurz danach im Zuge eben dieser Umbauten verschwanden. Sie wurden 1903 durch einen damals neu vermessenen Plan ergänzt, in dem der damalige neippergische Hauslehrer und Archivar Kolb[261] unter Auswertung eben der Pläne de Millas' seine Vorstellungen von der Bauentwicklung der Burg dokumentierte (Abb. 64). Seinen Deutungen wird man heute nicht mehr in allen Einzelheiten folgen wollen – unter anderem weil er manche populäre Bezeichnung seiner Epoche für eine bereits mittelalterliche Funktionsangabe hielt und weil er natürlich auch nicht auf dem heutigen Stand der Kunstgeschichte war –, aber generell hat er viele Beobachtungen festgehalten und Schlüsse gezogen, denen man noch durchaus zustimmen oder daraus zumindest Fragen entwickeln kann.

Bringt man die Aussagen der frühen Darstellung Kiesers mit denen der Pläne des 19. Jahrhunderts in Verbindung, dazu mit den Spuren am Bau selbst, so gewinnt man zumindest für das 17. Jahrhundert ein recht gutes Bild der Burg (Abb. 83). In den folgenden Kapiteln wird daher die Darstellung Kiesers zumeist den Ausgangspunkt vorgeben, der dann durch weitere Indizien zu ergänzen und zu erläutern ist.

259 Zum Kieser'schen Forstlagerbuch vgl. Anm. 234 und Abb. 67.

260 Die im Besitz des Grafen Neipperg erhaltenen Pläne von de Millas sind, bei großer stilistischer Einheitlichkeit, entweder undatiert oder tragen die Jahreszahl 1851, die sich auch am Osttor findet. Laut FEKETE, Instandsetzung, S. 217, wäre de Millas zwischen 1850 und 1855 auf Burg Neipperg tätig gewesen.

261 Gustav Kolb (vgl. Anm. 5) soll nach sporadisch zu findenden Literaturangaben 1899 eine Geschichte des Hauses Neipperg geschrieben haben, die aber weder bibliographisch zu ermitteln noch im GNA in Schwaigern oder in der gräflichen Bibliothek aufzufinden ist. Deshalb vermutet Kurt Andermann, dass es sich dabei um die von Kolb erarbeitete Stammtafel des mediatisierten Hauses Neipperg handelt; dieses Werk ist 1899 im Druck erschienen.

4.4.1 Der Ausbau der Kernburg

Die Ostseite der Kernburg bildete im 13. Jahrhundert (vgl. Kap. 4.2.1) ein Wohnbau, der direkt an den Wohnturm anschloss und in seinem Nordteil auch das ursprüngliche Tor der Kernburg enthielt. Dieser Bau hat offensichtlich lange Zeit bestanden, da er mehrfach neue Dächer erhielt (Abb. 44). Als jedoch im 14. oder 15. Jahrhundert der bis heute weitgehend erhaltene Nordflügel entstand, wurde dieser Ostflügel abgerissen oder zumindest ein weiteres Mal stark verändert, denn der Ostteil des neuen Nordflügels nimmt den Platz der Nordhälfte des Ostflügels ein, ohne dass dort noch Reste von ihm erkennbar wären. Lediglich die Ringmauer des 13. Jahrhunderts mit dem vermauerten Tor blieb erhalten, weil sie als östliche und nördliche Außenmauer des neuen Nordflügels benutzt wurde.

Auf der Kieser'schen Darstellung (Abb. 67) sieht man indes keinen Ostflügel, was zwar daran liegen könnte, dass es ihn im 17. Jahrhundert gar nicht mehr gab, aber durchaus auch daran, dass er damals so niedrig war, dass der Nordflügel ihn verdeckte. Schwer deutbare Baubefunde könnten einen Hinweis darauf geben, dass letztere Deutung zutrifft, dass es also im späten 17. Jahrhundert anstelle des ehemaligen Ostflügels durchaus noch einen Bauteil gab, der aber so niedrig war, dass er auf Kiesers Ansicht verdeckt ist. Zwischen der hofseitigen Südwand des Nordflügels und der Nordwand des Wohnturms spannt sich nämlich ein ungewöhnlich weiter, aber wenig tiefer Stichbogen, der auf beidseitigen Wandvorlagen ruht und dessen ursprüngliche Funktion nicht unmittelbar zu verstehen ist (Spannweite 6,15 m, Abstand zur östlichen Ringmauer 3,10 Meter; Abb. 84). Aufgrund seiner ungewöhnlichen Maße konnte dieser Bogen kein größeres Gewicht tragen, also keineswegs Wand, Decken und Dach eines Geschossbaus; heute ruht auf ihm nur das leichte Pultdach eines hofseitig offenen Schuppens[262]. Die naheliegende Deutung dieses Bogens ist, dass er den Rauchfang über der Herdstelle einer großen Küche trug, die wohl mit dem Nordflügel im 14./15. Jahrhundert oder etwas später entstanden war. Der begrenzte Befund und das Fehlen aller alten Darstellungen lassen zwar keine Bestätigung dieser These zu, aber es gibt auch nichts, was ihr zwingend widerspräche. Im Gegenteil wäre auch die Lage im Erdgeschoss und in der Nähe herrschaftlicher Wohnbauten für eine Küche durchaus passend.

Die Darstellung Kiesers (Abb. 67) zeigt weiterhin, dass im späten 17. Jahrhundert auch an die Westwand des Wohnturms ein Flügel anschloss, mit einem

262 Hätte hier eine Decke oder gar eine Wand in einem Obergeschoss getragen werden sollen, hätte man normalerweise zwei Bögen beziehungsweise Unterzüge auf einem Mittelpfeiler angeordnet. Der Erdgeschossgrundriss von de Millas (Abb. 76) zeigt im übrigen, dass 1851 zwischen dem Bogen und der östlichen Ringmauer vier kleine Räume unbekannter Funktion eingebaut waren; sie hatten mit der ursprünglichen Funktion des Bereichs beziehungsweise des Bogens fraglos nichts mehr zu tun.

Abb. 84: Neipperg, Hintere Burg, Tragbogen an der Ostseite des Hofs, wohl Rest einer Küche.

Satteldach, dessen First west-östlich verlief; er wird im Folgenden als Südflügel bezeichnet. Von diesem Teil der Anlage gibt es heute auf den ersten Blick keine Reste mehr, vielmehr liegt an seiner Stelle einfach ein Teil der Hoffläche, zu der von Süden eine breite Rampe hinaufführt. Dass es den von Kieser dargestellten Bau aber tatsächlich gab, bezeugen einerseits die Spuren der Ringmauer des 13. Jahrhunderts an der Turmecke und westlich gegenüber (Abb. 58, 59), die als südliche Außenmauer dieses Baus gedient haben muss, und andererseits eine – allerdings durch das fehlende Gewände und Restaurierungen ganz formlos gewordene – ehemalige Fensternische in der Westmauer der Burg (Abb. 62). Über die beachtliche Höhe des verschwundenen Baus informieren uns außerdem die Spuren zweier nicht allzu steiler Satteldächer an der Westwand des Wohnturms (Abb. 85). Aus der Höhe dieser Dachanschläge über dem Boden – genaue Maße sind leider nicht verfügbar[263] – ist zu schließen, dass dieser Bauteil anfangs wohl zwei Obergeschosse hatte und später um ein drittes Geschoss erhöht wurde. Kieser zeigt den Bau mit steinernem Westgiebel und einem obersten Geschoss, dessen nördliche Längswand aus Fachwerk war. Da wir nicht wissen, ob die Aufstockung vor oder nach Kiesers Zeichnung erfolgte, muss offenbleiben, ob das

263 Im Besitz des Grafen Neipperg gibt es Aufrisszeichnungen von allen vier Seiten des Turms, wohl aus den 1960er Jahren, auf denen die sekundären Dachanschläge aber nicht eingezeichnet sind.

Fachwerk zum zweiten oder zum (sekundären) dritten Obergeschoss des Baus gehörte.

Die Grundfläche dieses verschwundenen Südflügels war mit etwa 14 mal 11 m Außenmaß nicht sehr groß, und über seine Nutzung beziehungsweise die Innenräume sind selbstverständlich keine Aussagen mehr möglich, allerdings mit einer Ausnahme. Denn zwischen dem Nordflügel des 15. Jahrhunderts, der vermutlichen Küche im Osten und dem Südflügel muss zu Kiesers Zeit ein enger Hof von nur etwa 12 mal 8 m Größe bestanden haben, und dieser Hof kann nur von Süden zugänglich gewesen sein, nachdem das ursprüngliche Burgtor in der Ostwand des Nordflügels zugesetzt worden war. Denn der Hof wird bis heute dreiseitig von Bauteilen ohne Tor begrenzt, im Norden vom Nordflügel beziehungsweise „Palas" des 14./15. Jahrhunderts und im Westen und Osten von Ringmauern. Der neue Zugang zum Hof muss demnach durch das Erdgeschoss des Südflügels geführt beziehungsweise im Zuge der noch heute genutzten Rampe gelegen haben.

Abb. 85: Neipperg, Hinterer Turm, Westwand mit Dachanschlägen, darüber die Fenster der Mauertreppe und der Schornstein.

4.4.2 Spuren der Vorburg

Die Darstellung Kiesers aus den 1680er Jahren (Abb. 67; vgl. auch Abb. 13) zeigt rechts hinter dem Südflügel der Kernburg, etwas zurückgesetzt ein weiteres Gebäude, das offenbar noch größer war als der Nord- und der Südflügel der Kernburg. Dieser Bau, der nach der Zeichnung südlich an den Wohnturm angebaut war, endete an seiner Südecke mit einer Art kleinerem Turm, der die Traufe mit etwa einem Geschoss überragte. Ein Bau an dieser Stelle, der aber auf eine erdgeschossige Torhalle reduziert ist und unverkennbar erst aus dem mittleren 19. Jahrhundert stammt, besteht noch heute. Betrachtet man diese Torhalle als den Westflügel

Abb. 86: Neipperg, Hintere Burg, das östliche Fenster an der Südseite des ehemaligen Schlosses von 1579, heute im Obergeschoss der Scheune sichtbar.

innerhalb einer mehrteiligen Anlage, so bildet die voluminöse Scheune, die im Süden rechtwinklig an die Torhalle anschließt, einen zweiten Flügel, und an sie schließt noch ein dritter, schmaler Flügel im Osten über dem Halsgraben an. Diese beiden Flügel im Süden und Osten – oder ihre Vorgänger – könnten zur Zeit Kiesers auch schon existiert haben, denn weil dessen Zeichnung die Burg von Nordwesten zeigt, ist dieser Bereich dort verdeckt. Und da andere vor dem 19. Jahrhundert entstandene Ansichten fehlen, die die Burg von Süden oder Osten zeigen, sind Aussagen über frühere Zustände der im 17. Jahrhundert bestehenden Bauten nur noch aufgrund der Zeichnungen de Millas' und bauanalytischer Methoden möglich.

Bevor man sich dieser Thematik zuwendet, ist aber eine noch grundsätzlichere Frage zu klären: Weshalb nämlich findet man südlich und östlich der Kernburg heute und wohl auch schon zu Zeiten Kiesers überhaupt einen dreiflügelig umbauten zweiten Hof, der flächenmäßig sogar die Kernburg des 13. Jahrhunderts übertrifft? Wie und wann ist dieser zweite Bereich der Burg entstanden, und was war seine Funktion?

Obwohl man dort kaum noch Bausubstanz findet, die vor das 16./17. Jahrhundert zurückreicht, liegt es sehr nahe, hier bereits eine mittelalterliche Vorburg anzunehmen, denn schon die geringe Größe der ältesten Burg beziehungsweise Kernburg lässt vermuten, dass sie früh von einem Wirtschaftsbereich ergänzt wurde. Die Lage und Größe des beschriebenen Osthofs entspricht dieser Überlegung sehr gut, und sie legt damit sogar die Vermutung nahe, dass die ihm entsprechende Vorburg schon zum Gründungsbestand der Hinteren Burg gehörte. Denn warum sonst sollte man die Kernburg 20 m von der Westböschung des Halsgrabens abgerückt haben? Die Kernburg und vor allem ihren Turm direkt hinter dem Halsgraben zu plazieren, hätte durchaus einem von vielen Burgen der Epoche bekannten Typus entsprochen. Von dieser Erwägung ausgehend soll deshalb gefragt werden, wieviel mittelalterliche oder zumindest in die Zeit Kiesers zurückgehende Bausubstanz in diesem Vorburgbereich vielleicht doch noch nachzuweisen ist.

Betrachtet man die Bauteile in diesem Bereich von außen, so sieht man heute nichts mehr, was vor das 19. Jahrhundert zurückreicht. Etwas anders sieht es aber aus, sobald man die Innenräume betritt. Insbesondere in der riesigen Scheune des mittleren 19. Jahrhunderts, die den Osthof beziehungsweise die ehemalige Vorburg südlich begrenzt (Abb. 11), ist nicht zu übersehen, dass der Bau aus zwei Teilen ganz unterschiedlichen Alters besteht. Der größere Südteil ist die eigentliche Scheune mit Räumen, die im Erd- und im Obergeschoss jeweils die gesamte Geschossfläche einnehmen. Dieser Bauteil entstand im 18. Jahrhundert, wohl um 1737/48, wurde aber von de Millas östlich und westlich verkürzt und mit neuen Fassaden versehen[264]. Dass andererseits der Nordteil des heute beachtliche 20 m tiefen Baus aus dem Erdgeschoss eines älteren, nur etwa 8 m tiefen Wohnbaus besteht, an das die Scheune erst nachträglich angebaut wurde, verdeutlicht die als Innenwand erhaltene Südwand dieses Wohnbaus, in der nämlich noch zwei Fenster seines Obergeschosses vermauert erhalten sind (Abb. 86), und die Nische eines dritten. Es handelt sich dabei um große zweilichtige Rechteckfenster, die gut zu der inschriftlich belegten Erbauung dieses Flügels im Jahr 1579 passen (vgl. Kap. 4.4.4).

Dass die Mauer, in deren Oberteil diese Fenster erhalten sind, schon vor dem Bau des Flügels im späten 16. Jahrhundert existiert hat, nämlich als südliche Ringmauer der Vorburg, ist zwar eine naheliegende Annahme, aber im heutigen Zustand nicht mehr sicher zu erkennen, denn an der Außenseite ist diese Mauer verputzt und an ihrer Nordseite, also unter dem ehemaligen Gebäude selbst, gibt es keinen Keller. Trotzdem gab es einen Befund, der ein starkes Indiz nicht nur für die mittelalterliche Entstehung dieser Südmauer der Vorburg darstellt, sondern auch für jene ihrer Ostmauer über dem Halsgraben, allerdings ist auch dieser Befund heute nicht mehr sichtbar. Zwei Pläne von de Millas aus dem Jahr 1851 – der erwähnte Entwurf für den Südflügel beziehungsweise die Scheune, und ein zweiter für den schmalen Ostflügel (Abb. 87, 88) – zeigen nämlich im Eckbereich beider Flügel einen Befund, der offensichtlich sowohl unter den damals bereits bestehenden Wänden lag (und vermutlich noch liegt), als auch unter den von de Millas erst neu geplanten. Nach der Darstellung auf beiden Plänen ist anzunehmen, dass de Millas dort zeichnerisch etwas festhielt, was er im Boden sah; vielleicht war der Befund bei

264 Dass die Scheune schon existierte, bevor de Millas sie dreiseitig mit neuen Fassaden versah, zeigt sein Entwurf für diese Maßnahme (*Entwurf über die durchgreifende Reparatur der grossen Scheunen & Stallgebaeude..., Februar 1851*; Abb. 87); nach FEKETE, Instandsetzung, soll sie 1737/48 erbaut worden sein. Auf dem Entwurf von de Millas, wie auch auf dem Gesamtplan von 1850 (Abb. 12), ist der weiter westlich verlaufende, polygonale Abschluss der älteren Scheune noch dargestellt, und ebenso ihr schräg verlaufender Abschluss im Osten. Außerdem deutet der Entwurf gestrichelt einen langen rechteckigen Keller an, dessen Lage und Form aber weder zu der älteren Scheune, noch zu dem Umbau von de Millas wirklich passt. Insbesondere wären auch die breiten Kellertreppen an den beiden Schmalseiten mit den örtlichen Gegebenheiten, vor allem mit dem Halsgraben im Osten schwer zu vereinbaren gewesen.

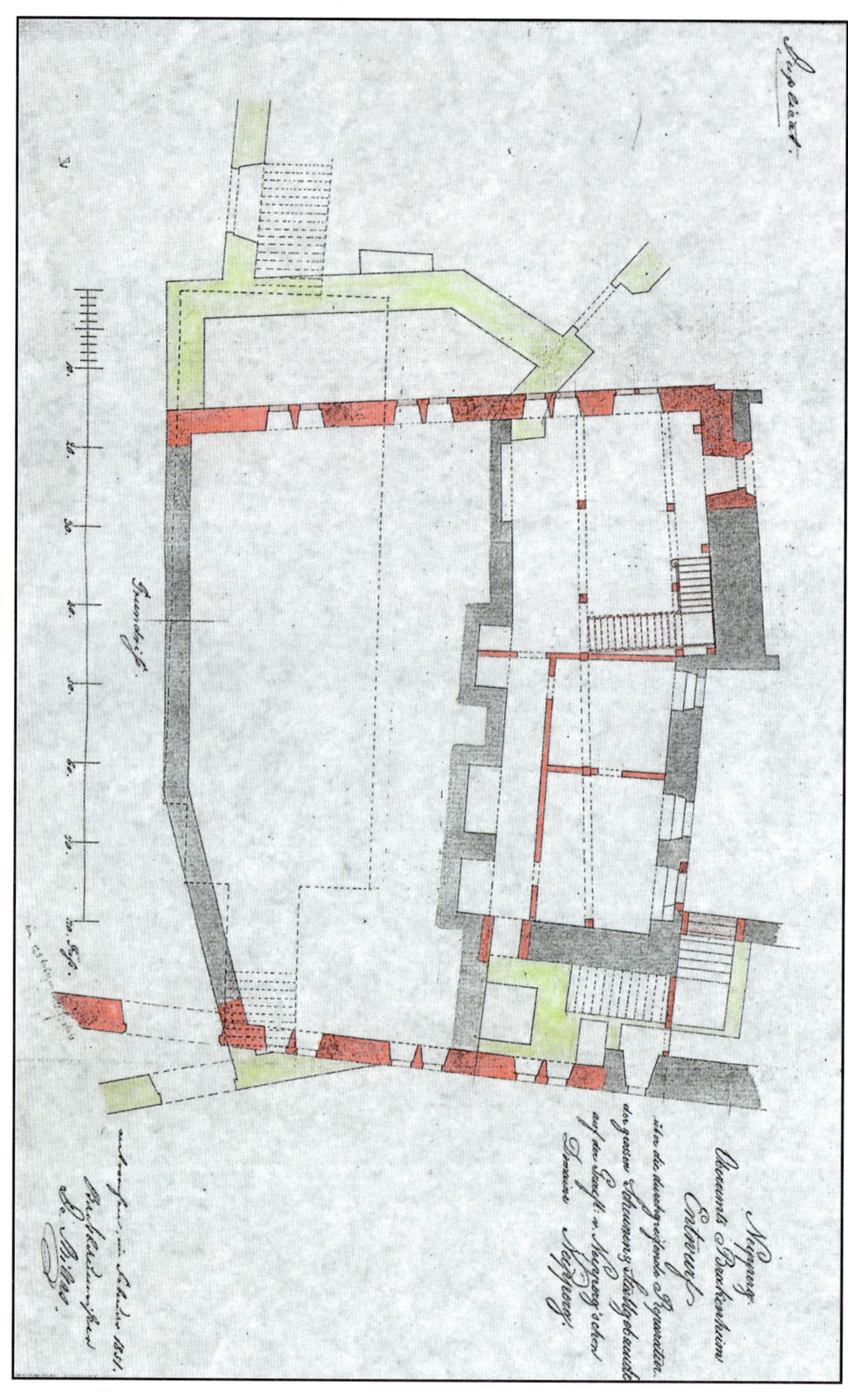

Abb. 87: Neipperg, Hintere Burg, Entwurf für die Erneuerung der Scheune, Zeichnung von Andreas Ludwig de Millas (1851).

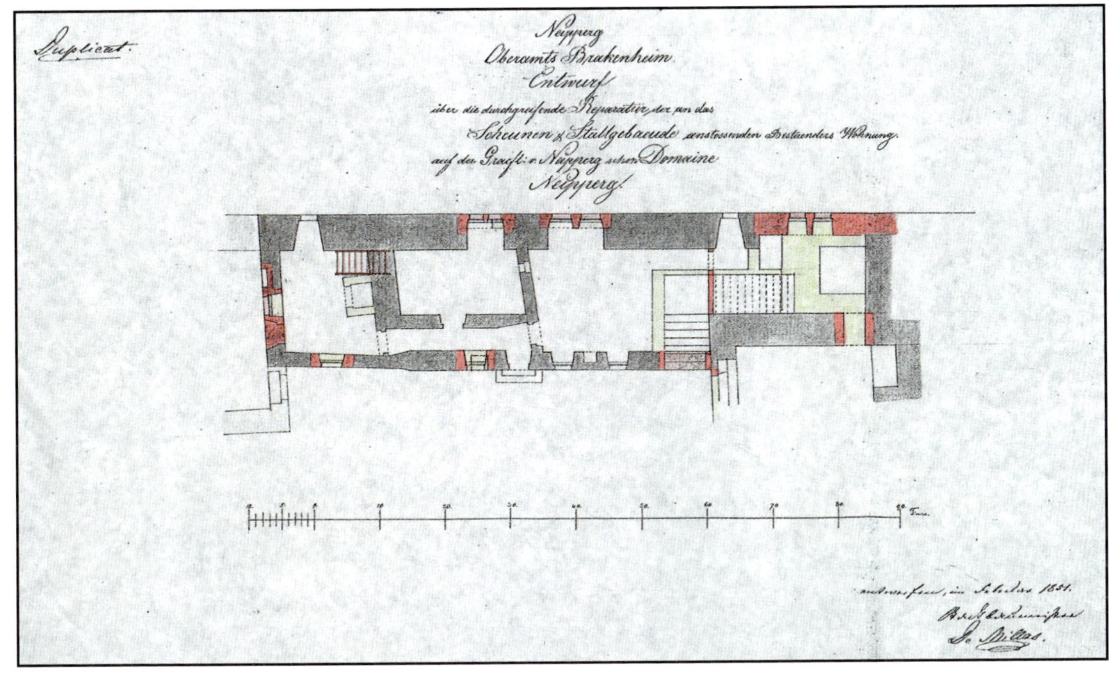

Abb. 88: Neipperg, Hintere Burg, Entwurf für die Erneuerung des Ostflügels, Zeichnung von Andreas Ludwig de Millas (1851).

vorbereitenden Arbeiten für den Umbau freigelegt worden. Es handelte sich nämlich um den kleinen, quadratischen Innenraum eines dickwandigen, ebenfalls quadratischen Baus von etwa 6 m Seitenlänge. So jedenfalls rekonstruierte bereits Gustav Kolb 1903 (Abb. 64) den Grundriss dieses Bauteils, der folglich ein kleiner, aber recht dickwandiger Turm gewesen sein muss.

Diese Deutung lässt sich zwar nicht mehr überprüfen, weil der Befund unter dem heutigen Fußboden liegt. Sie ist aber durchaus plausibel, wenn man sich verdeutlicht, dass ein Turm an dieser Stelle nicht nur die Ecke der Vorburg verstärkt hätte, sondern dass er auch die Brücke über den äußeren Halsgraben sichern konnte. Außerdem gibt es eine weitere Beobachtung, die sogar darauf hindeutet, dass dieser Turm an der Südostecke nicht der einzige der Vorburg war, sondern dass es an ihrer Südwestecke sogar ein Pendant gab. Von diesem zweiten Turm gibt es zwar weder Reste, noch ist er in älteren Grundrissen erfasst, er war also schon vor den Arbeiten von de Millas verschwunden. Aber die Kieser'sche Ansicht der 1680er Jahre (Abb. 67) zeigt an der betreffenden Stelle den schon angesprochenen turmartigen Aufbau, der die Ecke des westlichen Schlossflügels mit mindestens einem Geschoss überragte, dabei aber offenbar nicht vor seine Flucht vorsprang und auch in keiner anderen Darstellung belegt ist. Dieser nur indirekt erschlossene turmartige Bau ist natürlich noch schwerer zu deuten als sein östliches, immerhin im Grundriss bekanntes Pendant. Es könnte sich auch nur um einen überhöhenden Eckpavillon gehandelt haben, wie man ihn etwa an Schlössern des 16. Jahrhunderts in Württemberg findet beziehungsweise fand[265], so beispielsweise am rechbergischen Schloss in Donzdorf bei Göppingen, am Alten Schloss und an der ehemaligen Kanzlei in Stuttgart, am wolkensteinischen Schloss in Poltringen bei Tübingen oder ehemals auch am Collegium in Mömpelgard (Montbéliard). Aber die Analogie zum Eckturm am anderen Ende des Südflügels macht es doch halbwegs wahrscheinlich, dass es sich auf Neipperg nicht nur um einen solchen Dachaufsatz, sondern wirklich um einen zweiten Turm gehandelt hat. Demnach hätte es im Mittelalter an der Südseite der heute weitgehend verbauten Vorburg eine zweitürmige Front gegeben, und der zweite Turm hätte auch das Tor der Vorburg geschützt, das offenbar westlich neben ihm gelegen hat (Abb. 13).

Damit ist die Frage nach den Ringmauern der Vorburg an ihren anderen Seiten berührt, im Westen, Osten und Norden. Auch von diesen Mauern ist fast nichts mehr erhalten, nur indirekte Quellen erlauben noch gewisse Rückschlüsse. Am sichersten zu bestimmen ist die Lage der Ringmauer im Osten, auf der Kante des Halsgrabens. Dort ist die Außenmauer des schmalen Ostflügels auf einer der Zeichnungen de Millas' noch mit einer Dicke von etwa 1,60 m (5,5 Fuß) dargestellt, was es sehr wahrscheinlich macht, dass es sich noch um Reste der Ringmauer gehandelt hat (Abb. 88). De Millas plante dort bereits den Einbau von mehreren neuen Fenstern, dazu kamen zu ungeklärter Zeit – vielleicht erst nach einem Brand 1956 – noch weitere Fenster, ein kleiner Erker und eine Treppe zum Graben, was zur Erneuerung eines langen Abschnitts dieser Wand führte. Ein Plan von 1994 zeigt daher nur noch einen etwa 12,50 m langen Abschnitt in der originalen, erheblichen Dicke der Ringmauer. Das Mauerwerk dieser älteren, nur noch etwa 5 m hohen Teile – sie tragen ein Fachwerkobergeschoss von 1956 (Abb. 94) – ist nach den zahlreichen Umbauten nicht mehr zu beurteilen; allein im Nordteil ahnt man noch einige Glattquader.

Nur noch hypothetisch zu klären ist die Frage nach dem Nordabschluss der ehemaligen Vorburg. Heute endet der Bereich des Hofs dort unter einem offenen Schuppen über einer 1851 schon vorhandenen, aber später nochmals erneuerten Stützmauer; das Gelände nördlich davor liegt dann mehrere Meter tiefer, was auf hohe Auffüllungen im Bereich des Hofs hindeutet. Der schmale Ostflügel der Vorburg, der in heutiger Form ja weitgehend erst aus dem 19./20. Jahrhundert stammt, endet östlich dieser Stützmauer mit der Ruine eines etwa quadratischen Anbaus (Abb. 13), die heute weitgehend mit Schutt gefüllt ist. Das schlechte Bruchsteinmauerwerk dieses Bauteils und die großen Glattquader seiner

265 Reduzierte Formen beziehungsweise kleine Dacherker gibt respektive gab es unter anderem an den Schlössern in dem Neipperg benachbarten Brackenheim und ehemals in Mauren bei Böblingen.

Nordwestecke zeigen, dass es nicht vor dem 15./16. Jahrhundert entstanden sein kann und dass auch die Nordmauer der Vorburg nie an seine Nordwestecke anschloss, obgleich die moderne Stützmauer eben dieses tut. Die mittelalterliche Nordmauer der Vorburg kann auch nicht nördlich von dieser Stützmauer des Hofs gesucht werden, denn dort liegt – tiefer als der Hof, aber mehrere Meter über dem dortigen Geländeniveau – das ursprüngliche Kernburgtor (Abb. 14, 60). Nach all dem muss die mittelalterliche Nordmauer der Vorburg also eher südlich der modernen Stützmauer gelegen haben, vielleicht dort, wo der schmalere Ostflügel heute an den ruinierten Anbau stößt; mangels oberirdisch erkennbarer Reste dürfte dies aber nur noch archäologisch nachprüfbar sein.

Zu klären bleibt schließlich noch der Verlauf der Vorburgringmauer an der Südwestseite, also zwischen dem verschwundenen Südflügel der Kernburg und dem vermuteten südwestlichen, später in den Renaissancebau integrierten Eckturm der Vorburg. Heute führt vor dem Westgiebel der Scheune die erwähnte breite Rampe zum ehemaligen Hof der Kernburg hinauf. Diese Rampe gab es vor den Abbrüchen des mittleren 19. Jahrhunderts in dieser Form noch nicht, sondern der an dieser Stelle heraufführende, schmalere Weg zur Kernburg war an zwei Stellen durch Tore unterbrochen (Abb. 13). Einerseits konnte man, wie schon beschrieben, nur durch ein Tor beziehungsweise durch eine Torhalle im Erdgeschoss des Südflügels, also am oberen Ende der Rampe, den Hof der Kernburg erreichen. Andererseits wissen wir durch die Pläne de Millas' (Abb. 87), dass es weiter unten, etwa auf halber Höhe der Rampe, ein erstes Tor gab, das er damals abbrechen ließ. Wo dieses Tor sich befand, kann man bei genauer Betrachtung heute noch ahnen, denn die Mauer, in deren Fortsetzung es lag, ist erhalten und führt als hohe Stützmauer von Westen schräg auf die Giebelwand der Scheune zu, endet dann aber stumpf an der Rampe, die an dieser schmalsten Stelle immer noch etwa 5,5 m breit ist (Abb. 13). Eben dort lag das 1851 abgebrochene Tor in einer Mauer, die in recht auffälliger Weise spitzwinklig auf die Giebelwand der Scheune zuführte. Zieht man zusätzlich den Grundriss der Scheune heran, so erkennt man, dass die Stelle, wo die Mauer auf den Giebel traf, keineswegs zufällig war. Es handelt sich vielmehr um die Ecke des Schlossflügels von 1579, der nachträglich in die Scheune einbezogen wurde, beziehungsweise um die Ecke des mutmaßlichen Turms. Oder noch einmal anders akzentuiert: Die Mauer mit dem Tor setzte nach einem stumpfwinkligen Knick die im Inneren der Scheune erhaltene Südmauer des Schlossflügels fort, die ja vermutlich nichts anderes ist als die ursprüngliche Südmauer der Vorburg (Abb. 87).

Diese Feststellung – die wegen der vielen Umbauten der Burg ohne Beiziehung von Plänen kaum noch nachzuvollziehen ist – läuft darauf hinaus, dass das 1851 abgebrochene Mauerstück mit dem Tor ursprünglich als Ringmauerabschnitt der mittelalterlichen Vorburg entstanden war, und zwar als derjenige, in dem das Vorburgtor lag. Dass diese Mauer älter war als der in die Scheune einbezogene Wohnbau, liegt dabei auch deshalb nahe, weil die Mauer ausgesprochen spitzwinklig auf dessen Wand traf. Das zwang den durch das Tor Eintretenden zu einer abrupten Linksdrehung direkt hinter dem Tor, was man nach einem sekundären Einbau, nämlich dem des Renaissanceschlosses, in Kauf genommen haben mag, weil Platzmangel dazu zwang; aber dass man von Anfang an so geplant hätte, ist doch recht unwahrscheinlich.

Was also wissen wir letztlich – um all diese mühsam gewonnenen Einzelbeobachtungen zusammenzufassen – über die mittelalterliche Vorburg der Hinteren Burg? Leider nur wenig wirklich Sicheres und vor allem kaum noch Anschauliches, denn nach zahllosen Umbauten ist kein einziges Mauerstück mehr hinreichend erhalten beziehungsweise so erkennbar, dass man es eindeutig ins Mittelalter, ins 13. bis 15. Jahrhundert datieren könnte. Es sind nur grundsätzliche Überlegungen, die zur These einer Vorburgringmauer mit einem oder zwei Türmen im Süden und dem Tor im Südwesten führen, nämlich Mauerdicken, Fundamente und augenscheinlich zusammenhängende Mauerverläufe, ferner das Verhältnis zu jüngeren Bauten und eine Reihe indirekter Argumente. Das Ergebnis muss also Hypothese bleiben, die allerdings mit den bereits 1903 vorgelegten Interpretationen von Kolb (Abb. 64) weitgehend übereinstimmt, und die auch unabhängig davon in hohem Maße plausibel ist.

4.4.3 Die Zwinger

Die kleine Kernburg des 13. Jahrhunderts (vgl. Kap. 4) wurde nicht nur durch die östlich und südlich vorgelagerte Vorburg ergänzt, sondern im späten Mittelalter zusätzlich durch verschiedene Zwingeranlagen geschützt (Abb. 13). Ein südlicher Zwinger sicherte vor allem den Zugang zur Vorburg und ist heute kaum noch zu erahnen, weil sowohl sein unteres Tor verschwunden ist als auch das schon beschriebene Vorburgtor, auf das er mit leichter Steigung zuführte. Erhalten ist nur, als Stützmauer der Rampe, ein wenig auffälliger Teil der Westmauer dieses Zwingers aus einem etwas unregelmäßigen Großquaderwerk. Der untere Teil dieser Mauer ist durch den Einbau eines am Tor 1733 datierten Kellers zerstört und dabei auch verbreitert worden. Gänzlich unbekannt bleibt vor allem der Ostabschluss dieses Zwingers, weil in diesem Bereich im 18. Jahrhundert die riesige Scheune entstand, die als Umbau von 1851 erhalten ist. Möglich scheint einerseits, dass die Ostmauer des Torzwingers direkt neben dem Weg zum Vorburgtor emporführte; der Zwinger wäre dann nur ein kleiner Torzwinger gewesen, keine 10 m breit. Etwas wahrscheinlicher wirkt die Alternative, dass nämlich die Südfront des Zwingers parallel zur Vorburgmauer zum Osttor am Halsgrabens hinüberführte (Abb. 83).

Auch die Westfront der Hinteren Burg wurde im späten Mittelalter offenbar durch einen kleinen Zwingerabschnitt verstärkt, der auf der Felskante des inneren Halsgrabens an die ältere Kapelle anschloss. Er bildet im Grundriss ein Trapez und ist heute, mit im 19. Jahrhundert erneuerter Grabenfront und moderner, pappgedeckter Plattform, nicht mehr als mittelalterlicher Bauteil zu erkennen. An die Nordwestecke der Kapelle selbst wurde ein Strebepfeiler angefügt, der gegen Norden vorspringt und noch Reste eines rundlichen Wehrerkers trägt (Abb. 65). Ein entsprechender Erker befindet sich auch südöstlich davon an der Stelle, wo die Vorburgmauer gegen die Ecke des Südflügels der Kernburg stieß und ebenso von Nordwesten der neue Zwinger[266].

Nördlich vor der Kernburg des 13. Jahrhunderts liegt eine geräumige Terrasse, die nur sacht gegen den steileren Berghang im Nordwesten beziehungsweise den äußeren Halsgraben im Osten abfällt (Abb. 13). Auf ihren Hangkanten verlief eine weitere Mauer, die nicht nur diesen Bereich schützte, sondern darüber hinaus im Westen und Süden auf der Terrassenkante weiträumig um den Hügel der Vorderen Burg herumgeführt war, wie auch um die Terrasse südlich der Hinteren Burg. Dieser äußere Mauerring, der von Kieser in den 1680er Jahren schon dargestellt wird (Abb. 67), endete im Osten der Südterrasse an einem äußeren Tor beziehungsweise an der Brücke über den Halsgraben. Der innere Teil dieser Brücke war ursprünglich eine Zugbrücke, wie der schmalere und niedrigere Brückenbogen direkt vor dem Tor noch belegt. Ein zweites Tor im Norden, bei Kieser rundbogig dargestellt, ließ den steiler ansteigenden Weg vom Dorf passieren, der dahinter wie noch heute durch den inneren Halsgraben zur Südterrasse führte.

Diesen weitgedehnten Mauerring, der heute großenteils eingestürzt oder restauriert ist, im Sinne der traditionellen Burgenterminologie als Zwinger anzusprechen, scheint aufgrund seiner ungewöhnlichen Merkmale problematisch. Denn der Abstand zu den beiden Burgen, die er umgab, ist viel größer als bei üblichen Zwingern, und sehr eingeschränkte Möglichkeiten zur Flankierung sind ausschließlich im Osten gegen den Halsgraben festzustellen. In dem nördlichen Anbau an den Vorburgostflügel – der nach seinen technischen Merkmalen wohl mit dem Mauerring gleichzeitig entstanden sein dürfte – gibt es nämlich Reste einer Scharte, die flankierend gegen Norden in den Graben wirken konnte, und an einer Mauerecke etwas weiter nördlich sind Reste eines wenig über die Mauer vorspringenden Rechteckbaus erhalten, der – an der Innenseite durch einen wohl seine Plattform tragenden Stichbogen ergänzt – vermutlich eher ein Erker als ein wirklicher Flankierungsturm war. Sonst verzichten die wechselnd dicken und heute vor allem im Norden oft unterbrochenen Reste der Mauer auf jede Form der Flankierung, und auch ein

266 Die ursprüngliche, in die Bauzeit der Kernburg zurückreichende Ecke des Südflügels, von deren Mauerschale an der Innenseite noch Reste zu erkennen sind, wurde offenbar im Spätmittelalter in nun schräger Führung erneuert und zusätzlich mit einem Strebepfeiler abgestützt, weil man dem tragenden Fels nicht mehr traute (Abb. 63). Es liegt nahe, dass dies geschah, als man auch den zur Kapelle hinüberführenden Zwinger anfügte. Kieser (Abb. 67) stellt Runderker in kaum verständlicher Form dar, nämlich als eine Art große Rundbogenöffnung auf Höhe des Wehrgangs.

ehemaliger Wehrgang ist nur noch auf einer Partie im Nordwesten zu erahnen, wo von der Brustwehr eine einzige Schicht unter dichtem Bewuchs erhalten scheint. Immerhin erwähnt die Oberamtsbeschreibung von 1873 noch Schießscharten[267], die man als Hinweis auf eine damals noch höher erhaltene Brustwehr deuten kann.

Gegen den Angriff eines mit Artillerie ausgestatteten Feindes war eine derartige Mauer nutzlos, denn wenige Kanonenschüsse hätten sie zerstört. Man kann sie daher nur als Versuch eines Schutzes gegen wenige und leicht bewaffnete Angreifer verstehen, gegen Räuberbanden, Aufständische oder marodierende Truppen in Kriegszeiten. Situationen, in denen mit derartigen Bedrohungen zu rechnen war, hat es in der Region im 16. und 17. Jahrhundert vielfach gegeben, vom Bauernkrieg bis zum Orléans'schen Krieg; relativ früh in diesem Zeitraum muss diese äußere Verteidigungslinie entstanden sein, wobei am ehesten die Jahre um und nach 1579 in Betracht zu ziehen sind, weil damals ein letzter und durchaus aufwendiger Ausbau der Hinteren Burg stattfand (vgl. Kap. 4.4.4)[268]. Es liegt nämlich nahe, dass der äußere Mauerring mit einer Entwicklung des Wirtschaftsbereichs zusammenhing, weil das neue Schloss innerhalb der Vorburg entstand und deren frühere Funktionen verdrängte. Man dürfte die Wirtschaftsbauten damals dorthin verlegt haben, wo sie sich noch heute befinden, nämlich auf die Südterrasse, wo die weit ausschwingende äußere Zwingermauer viel Platz für derartige Nutzungen bot. Die ältesten datierbaren Gebäude in diesem Bereich stammen zwar erst aus dem 18. Jahrhundert – die große Remise ist bauinschriftlich „1783" datiert – aber zwei inschriftlich datierte Tore, die an der Ostseite des inneren Grabens in Felsenkeller führen, zeigen, dass die wirtschaftliche Nutzung dort, außerhalb der Hinteren Burg, weiter als nur ins späte 18. Jahrhundert zurückreicht. Eines dieser Kellertore, am unteren Ende der zur Kernburg heraufführenden Rampe, trägt die schon erwähnte Jahreszahl „1733", aber Paulus erwähnte noch ein zweites, heute nicht mehr identifizierbares Kellertor in diesem Graben, das sogar 1581 datiert gewesen sein soll[269].

267 Beschreibung des Oberamts Brackenheim, S. 339; Paulus beschreibt diesen Bereich als „Gartenanlagen".

268 Nahe liegt ein Vergleich mit der weiten, gänzlich ohne Flankierungselemente auskommenden äußeren Mauer der Burg Liebenstein bei Neckarwestheim, die allerdings deutlich höher war und noch romanisches Mauerwerk wohl aus dem mittleren 13. Jahrhundert zeigt. Man darf dort vermuten, dass sie einige Burgmannensitze schützte; vgl. FLECK, Liebenstein, und KNAUER, Liebenstein.

269 Es gibt in diesem Graben nur ein zweites Tor, nämlich das in die ursprüngliche Kapelle, für dessen Rundbogengewände um 1851 Renaissancespolien verwendet wurden, mit einem Allianzwappen Neipperg-Gemmingen, aber ohne Jahreszahl; es dürfte sich auf die 1586 geschlossene Ehe zwischen Philipp dem Jüngeren von Neipperg und Magdalena von Gemmingen beziehen, wobei die Herkunft der Spolien allerdings unklar bleibt. Die Jahreszahl 1581 findet man aber auf einem Allianzwappen Neipperg-Neipperg an der Südseite des Hofs der ehemaligen Vorburg; sollte diese Spolie nach 1873 dorthin versetzt worden sein?

4.4.4 Der Schlossbau von 1579

Die Ansicht Neippergs von Kieser aus den 1680er Jahren (Abb. 67) zeigt – wie schon im Zusammenhang der Vorburg beschrieben –, südlich an den Wohnturm anschließend einen großen Bau, der mindestens zwei Obergeschosse hatte und an seiner Südwestecke mit einem Turm oder Dachaufsatz endete. Wann ist dieser Bau entstanden und was war seine Funktion?

Zunächst ist zu fragen, welche weiteren, über Kiesers Ansicht hinausgehenden Belege es für die Existenz dieses Flügels gibt. Denn auf den ersten Blick scheinen keinerlei Reste mehr von einem derartigen Bau zu existieren. Man findet an der betreffenden Stelle südlich des Wohnturms vielmehr nur eine erdgeschossige Torhalle zum Hof der ehemaligen Vorburg, die jedoch erst im 19. Jahrhundert entstand (Abb. 89). Diese Halle öffnet sich außen und hofseitig in je zwei Stichbögen, die mittig auf einer Säule ruhen; die wuchtigen

Abb. 89: Neipperg, Hintere Burg, die Front der Torhalle und der Südgiebel der Scheune, nach dem Entwurf von Andreas Ludwig de Millas (1851).

Kompositkapitelle sind in beiden Fällen wiederverwendete Originale des 16. Jahrhunderts, allerdings in zwei verschiedenen Größen. Der Schaft der hofseitigen Säule hat 0,70 m Durchmesser, jener der äußeren nur 0,47 m; zwei weitere Originalkapitelle, die dem kleineren Typus entsprechen, werden heute als Spolien im Nordflügel des 14./15. Jahrhunderts aufbewahrt. Diese Torhalle mit ihrem Flachdach gehört zu den Bauteilen, die de Millas der Burg seit 1851 hinzufügte. Auf seinem Gesamtplan (Abb. 12) ist sie bereits dargestellt und auch die Gleichartigkeit des Quadermauerwerks mit dem Scheunengiebel bestätigt die gemeinsame Entstehung Mitte des 19. Jahrhunderts.

Dass die Torhalle nur der bescheidene Nachfolger eines weit höheren Bauteils beziehungsweise des von Kieser dargestellten Flügels ist, belegen nur noch die Spuren von zwei hohen Satteldächern an der Südwand des Wohnturms, deren Vertiefungen teilweise auch noch Ziegelreste enthalten (Abb. 41 links). Die untere Dachspur, deren Spitze bis an das östliche Doppelfenster im dritten Obergeschoss des Turms reicht, entsprach in ihrer Traufhöhe dem oberen Dachanschlag des ebenfalls verschwundenen Südflügels der Kernburg; beide Traufen stießen ja an der Südwestecke des Turms zusammen. Der obere der beiden Dachanschläge, der beide Doppelfenster des Wohnturms weitgehend überschnitt und sie damit unbrauchbar machte, bezeugt auch hier, wie schon beim Südflügel, die nachträgliche Hinzufügung eines weiteren Geschosses. Der Bau muss nach dieser Aufstockung mit beachtlichen vier Obergeschossen der höchste Wohnbau der Hinteren Burg gewesen sein, abgesehen natürlich vom Wohnturm. Unklar bleibt dabei allerdings, ob die Aufstockung zur Zeit der Darstellung Kiesers, in den 1680er Jahren, schon erfolgt war, oder ob sie erst danach entstand. Kieser stellt ja den First dieses Flügels etwas höher dar als den des Südflügels der Kernburg, was für die erste Möglichkeit spricht; aber angesichts der Kleinheit der Darstellung sollte man diese Deutung nicht überbewerten.

Wann und warum wurde dieser große Bau abgebrochen und schließlich 1851 durch die niedrige Torhalle ersetzt, die wir heute vorfinden? Die Frage ist nicht genau zu beantworten, aber auf einer vor 1840 entstandenen Lithographie[270], die die Burg von Westen darstellt (Abb. 68), fehlt der hohe Flügel bereits und man sieht an seiner Stelle nur noch einen niedrigen Bauteil, kaum höher als ein Geschoss, der als einzige Öffnung ein Tor in seinem Südteil aufweist. Diese Darstellung belegt, dass der hohe, von Kieser dargestellte Flügel irgendwann zwischen etwa 1680 und 1840 – wahrscheinlich 1688/93 – zerstört oder abgebrochen wurde, so dass nur ein Rest seines Erdgeschosses erhalten blieb. Diesen sicher unansehnlichen Baurest ersetzte de Millas dann 1851 durch die immer noch bescheidene, aber architektonisch ansprechendere heutige Torhalle.

270 Frontispiz von KLUNZINGER, Neipperg.

Die wichtigste Frage in Bezug auf diesen verschwundenen Flügel ist natürlich die nach seinen Funktionen. Jedoch ist vorab zu klären, ob er eigentlich für sich allein stand oder mit weiteren Bauteilen verbunden war. Denn die Darstellung Kiesers, die die Südseite der Burg ja nicht erfasst (Abb. 67), lässt damit offen, ob der dargestellte Bau vielleicht mit einem weiteren Bauteil an der Südseite verbunden gewesen sein könnte. Dass dies tatsächlich der Fall war, wurde schon bei den Überlegungen zur Begrenzung der Vorburg begründet. In die jüngere Scheune ist das Erdgeschoss eines zweiten, südlichen Flügels einbezogen, und zusätzlich informiert sogar eine Bauinschrift von 1579 über die Entstehung des zweiflügeligen Baus.

Deutlichster Beleg dafür, dass der Nordteil der Scheune des 18./19. Jahrhunderts Reste eines älteren, schmaleren Baus integriert, ist die schon erwähnte Südwand dieses älteren Bauteils, die mit zwei, ehemals drei rechteckigen Doppelfenstern im Inneren der Scheune erhalten ist (Abb. 86). Aber auch im Grundriss der Scheune ist dieser Flügel deutlich zu erkennen, und zwar als rechteckiger Baukörper von hofseitig etwa 11,50 m Länge und 9,20 m Tiefe, der fast rechtwinklig – mit einer Abweichung von nur etwa 6 Grad – an den Westflügel ansetzte (Abb. 87). Erhalten ist allerdings nur das nicht unterkellerte Erdgeschoss dieses Bauteils, wobei die Fundamente der erhaltenen Südwand mehrere Meter unter dessen Niveau liegen. Der ursprüngliche Grund für diese größere Höhe der Mauer lag fraglos darin, dass der Flügel auf einen Hang gesetzt wurde; spätestens der Anbau der Scheune hat diese Geländeform aber unkenntlich gemacht. Naheliegend ist dabei, dass der Flügel ursprünglich mindestens ein Geschoss mehr hatte, denn heute hat er an der nördlichen Hofseite nur die Höhe des Erdgeschosses, was sich mit den repräsentativen Fenstern der Südseite schlecht verträgt und auch nicht zu der beachtlichen Höhe des von Kieser überlieferten Westflügels passen würde (Abb. 67).

Die Datierung dieses Südflügels ist durch eine Inschrift dokumentiert, die teilweise bereits von Paulus in der Oberamtsbeschreibung von 1873 zitiert wurde[271], und zwar mit der Ortsangabe „im inneren Hof über der Tür des Meiereigebäudes“[272]. Dort, das heißt über dem Eingang des Ostflügels, befindet sie sich noch immer, allerdings als Spolie, die sich ursprünglich an anderer Stelle befunden haben muss (Abb. 90).

271 Beschreibung des Oberamts Brackenheim, S. 337.

272 Der Baualterplan Kolbs von 1903 bezieht die Jahreszahl 1579 auf alle drei Flügel um den Vorburghof und auch auf die Wirtschaftsgebäude (Küche etc.) im Nordteil des Hofs. Da die Torhalle hofseitig keine Tür hat, kann mit dem „Meiereigebäude“ nur der Süd- oder der Ostflügel gemeint gewesen sein; an dem sehr schmalen Ostflügel, der typische Züge eines Nebengebäudes aufweist, ist eine derart repräsentative Inschrift nicht zu vermuten. Es bleibt nur der größere und repräsentativere, von Kolb als „Rittersaal“ bezeichnete Südflügel, der hofseitig ein Portal mit der Inschrift darüber besessen haben kann.

Abb. 90: Neipperg, Hintere Burg, Bauinschrift von 1579, heute über dem Eingang des Ostflügels.

Die Inschrift (Abb. 90) lautet: *Alls man zalt fünffzehenhundert Jar / Sübenzigneun, nembt Eben war, / Eberhart von Neypperckg, Ludwigs son, / Der eltist, den Bauw hait gfangen An / Vndt fast In Jarsfrist vndt Behendt / Durch Gottes Segen In Vollendt, / Durchaus gemacht vnndt Zügericht, / Alls da jetz steth vndt wie man sicht, / Weyll es das Stam- vndt Namhauss ist. / Bin angeerpt Vor Diser frist / Vom Vatter Seelgen Vorgenan[t] / Gott gnadt seinr seel in genner welt. / Sein hausfrauw, auch von disem stam / Geboren war gantz thugentsam, / Ihr Stam vndt nam sehr woll bekant, / Rosina von Neypperckg ist sie gnant. / Gott halt sie baydt in seyner hutt, / Schutz sie an leyb, seel, Ehr vndt Gutt, / Behüt Sie hie Vor Allem laydt / Vndt geb in Dortt die Ewig fraydt*[273].

Paulus zitiert in seiner Oberamtsbeschreibung noch eine weitere Datierung ins Jahr 1579, die sich demnach samt einem Wappen „am Eingang“ befunden habe, bezeichnet mit den Namen Eberhard von und zu Neipperg und Rosina von Neipperg geborene von Neipperg. Ein entsprechendes Relief mit dem Allianzwappen Neipperg-Neipperg befindet sich heute an der Hofwand des Südflügels, das heißt des ehemaligen Renaissanceschlosses, allerdings ohne die beiden Namen und mit der Jahreszahl 1581 statt 1579 (Abb. 91, vgl. auch Abb. 4); das Fehlen der Namen ließe sich damit erklären, dass sie vielleicht auf einem anderen Stein angebracht waren.

273 In heutigem Deutsch: Im Jahr 1579 hat Eberhard von Neipperg, Ludwigs ältester Sohn, diesen Bau angefangen und mit Gottes Segen beinahe in Jahresfrist vollendet und zustande gebracht, an der Stelle des ererbten namengebenden Stammhauses. Der Seele des verstorbenen Vaters [Ludwig] möge Gott gnädig sein. [Eberhards] Ehefrau Rosina ist ebenfalls vom Stamm Neipperg. Gott möge die Eheleute in dieser Welt behüten und ihnen dereinst die ewige Seligkeit zuteilwerden lassen. Vgl. dazu auch Eberhards († 25. Juli 1591) Grabdenkmal in der Pfarrkirche zu Neipperg, dessen Inschrift hervorhebt, er habe das Stammhaus Neipperg neu erbaut (Beschreibung des Oberamts Brackenheim, S. 333).

Abb. 91: Neipperg, Hintere Burg, Allianzwappen Neipperg-Neipperg (1581), heute an der Hofseite des ehemaligen Südflügels beziehungsweise der Scheune.

Was war aber nun die Funktion des zweiflügeligen Neubaus von 1579? Die Frage ist trotz seines weitgehenden Verschwindens gut zu beantworten, denn nicht nur die großen Fenster an der Südseite (Abb. 86) und die zahlreichen Fenster im Westen, die Kieser darstellte (Abb. 67), deuten auf einen repräsentativen frühneuzeitlichen Wohnbau – ein Schloss –, sondern auch die Bauzeit als solche. Im späten 16. Jahrhundert war es zwar durchaus noch üblich, dass man Burgen aufwendig modernisierte, damit sie weiterhin als statusträchtige Sitze dienen konnten – vor allem, wenn es sich um namengebende Stammsitze handelte.

Von einer Burg oder zumindest einer burgartigen Anlage konnte man zu dieser Zeit aber nur noch in seltenen Fällen sprechen, wenn nämlich der zeitgemäß komfortable Wohnbau durch massive Befestigungsanlagen wie Erdwälle, dicke Mauern, Rondelle oder Bastionen verstärkt war, was auf Neipperg nicht zutraf.

Selbstverständlich können wir über die Räume der beiden Schlossflügel so gut wie nichts mehr sagen. Der westliche und die Obergeschosse des südlichen sind ohne Dokumentation verschwunden, und die bestehende Raumaufteilung im Erdgeschoss des Südflügels stammt, wie die roten Eintragungen im Erdgeschossgrundriss von de Millas belegen (Abb. 87), erst von dessen Umbau Mitte des 19. Jahrhunderts. Interessant ist immerhin, dass Kolb, auf seinem die Bauentwicklung der Burg interpretierenden Plan von 1903 diesen Südflügel als

Abb. 92: Neipperg, Hintere Burg, Säulen mit wiederverwendeten Kapitellen des späten 16. Jahrhunderts in der Torhalle von 1851 (links) und formal entsprechende Kapitelle als Spolien, heute im Nordflügel (rechts).

„Rittersaal" bezeichnete (Abb. 64). Diese Bezeichnung, die – ebenso wie jene des Nordflügels als „Palas" – erst der Burgenromantik des 19. Jahrhunderts entstammt, findet man auch schon in der Oberamtsbeschreibung von 1873, dort klar gekennzeichnet als Raum, den man lediglich „früher sah"[274]. Der Saal existierte also schon 1873 nicht mehr, und Paulus zitierte hier nur etwas, was ihm Bewohner der Burg oder des Dorfs aus der Erinnerung oder gar nur aufgrund weiter zurückreichender Überlieferungen erzählt hatten.

Wo dieser Saal sich innerhalb der Burg beziehungsweise des Schlosses befunden hatte, erfahren wir also auch von Paulus nicht, dafür aber etwas über seine Gestalt. Der Saal sei nämlich lang gewesen und er respektive seine – folglich gewölbte? – Decke habe „auf korinthischen Säulen" geruht. Nun sind ja auf der Burg tatsächlich vier große Kompositkapitelle erhalten, deren wuchtige, durchaus ins späte 16. Jahrhundert passende Formen man zur Not auch als korinthisch beschreiben kann; zwei verschieden große wurden von de Millas für seine neue Torhalle wiederverwendet, zwei weitere liegen heute als Spolien im Nordflügel (Abb. 92). Die vier Säulen, die diese Kapitelle belegen, passen durchaus zu einer langen Halle, wie sie in der Oberamtsbeschreibung erwähnt ist, nämlich zu einem Raum mit zwei mal fünf Jochen; dabei bleiben allerdings Stelle und Funktion der erheblich stärkeren Säule unklar. Kolb hat den Saal vermutlich deshalb im

274 Beschreibung des Oberamts Brackenheim, S. 339.

Südflügel angenommen, weil in dessen ehemaliger Südwand die drei großen Doppelfenster erhalten sind. Der – heute unterteilte – Innenraum dieses Flügels war etwa 18 m lang, was durchaus Raum für eine solche Gewölbehalle geboten hätte.

Der Lageplan der gesamten Hinteren Burg, den de Millas 1851 zeichnete (Abb. 12) – und danach der interpretierende Plan von Kolb von 1903 (Abb. 64) – zeigen im ehemaligen Vorburghof, östlich an den Wohnturm anschließend, einen weiteren, dreiräumigen und grundrisslich komplizierten Bauteil, der dort nur in Umrissen dargestellt und heute ganz verschwunden ist[275]. Dies und die Tatsache, dass der gleichaltrige Detailentwurf im Ostflügel Fenster zeigt, die sich gegen diesen Bereich öffnen sollten, während der dreiräumige Bau als solcher nicht mehr dargestellt ist, verdeutlicht, dass de Millas ihn noch vorgefunden hatte, aber beseitigen ließ. Auch dieser Bauteil muss demnach deutlich vor dem mittleren 19. Jahrhundert entstanden sein, und es liegt daher nahe, dass auch er ein Bestandteil des Schlossbaus von 1579 war. Zwei seiner Räume – einer L-förmig an den Ostflügel anschließend, der andere, quadratische nördlich vorspringend – sind schwer zu deuten, aber der dritte ist umso interessanter und hat auch indirekt Spuren hinterlassen. Dieser außen ebenfalls quadratische Bauteil war nämlich innen kreisrund, bei ungefähr 3,60 m Durchmesser, und nur von Süden, vom Hof her zugänglich. An der Ostwand des Wohnturms, an den dieser Bauteil stieß, kann man seine Breite und Höhe noch gut ablesen, weil bei seinem Anbau alle Buckelquader des Turms abgearbeitet wurden (Abb. 41, rechts unten). Demnach war der Bau 4 m tief und lief oben, ab einer Höhe von etwa 4,50 m konisch zu, und zwar so hoch, dass seine Spitze 10 m über dem Hof das Rundbogenfenster im ehemaligen ersten Obergeschoss des Turms überschnitt[276]. Balkenlöcher und schräg ansteigende Spuren an der Turmwand deuten überdies an, dass es sich beim oberen, konisch zulaufenden Teil dieses verschwundenen Baus zumindest teilweise um eine Holzkonstruktion gehandelt haben dürfte.

Für eine so ungewöhnliche Bauform gibt es nur eine naheliegende Deutung, nämlich die einer Küche mit einem hohen, den gesamten Raum oben abschließenden Rauchfang. Zwar ist die Rundform für eine Küche durchaus ungewöhnlich, aber sie steht zu ihrer Funktion in keinem grundsätzlichen Widerspruch. Die beiden benachbarten Räume dienten sicher ebenfalls der Lagerung und Zubereitung von Lebensmitteln, das heißt der verschwundene Bauteil war einfach der Küchenbereich des Renaissanceschlosses; gewiss hatte er, wie wohl auch der benachbarte Ostflügel in seiner ursprünglichen Form, nur ein Erdgeschoss.

---

275 Man kann erwägen, ob das Nordende dieser Raumgruppe einen Rest der älteren nördlichen Vorburg-Ringmauer genutzt hat, jedoch bleibt dies nur eine Überlegung ohne Beweiskraft.

276 Dieses Fenstergewände wurde 1851 vollständig erneuert; wahrscheinlich war es durch den Anbau und seine Funktion beschädigt.

5 Die Umgestaltung im 18. und 19. Jahrhundert

Thomas Biller

Der Neubau des Schlosses in der ehemaligen Vorburg in den Jahren um 1579 – wahrscheinlich ergänzt durch die Anlage eines großzügigeren Wirtschaftsbereichs südlich, im Schutz der äußeren Mauer – war offensichtlich der letzte Versuch, die Hintere Burg Neipperg als zeitgemäßen Sitz zu modernisieren.

Der Baubefund zeigt, dass man erst im 18. Jahrhundert wieder an Modernisierungen beziehungsweise größere Neubauten dachte. Aber natürlich heißt das nicht, dass die Anlage in den Jahrzehnten davor völlig ungenutzt geblieben wäre, allerdings hatte man offenbar ohne größere Neubauten auskommen müssen. Neben dem schon erwähnten, 1733 datierten Felsenkeller am inneren Graben entstand 1783 die große Remise im Süden der äußeren Mauer. Sie wurde später leider erheblich verändert, zeigt aber am Tor noch Reste einer anspruchsvollen Rustizierung. Angeblich zwischen 1737 und 1748 entstand nach Fekete[277] die große, unterkellerte Scheune, die – als Vorgängerbau der erhaltenen von 1851 – südlich an das allein erhaltene Erdgeschoss des Schlosses von 1579 angebaut wurde. Die älteste Ansicht, die diese Scheune zeigt, ist eine 1817 datierte Federzeichnung in der Württembergischen Landesbibliothek (Abb. 93). Demnach handelte es sich um einen Bau, der im Volumen bereits weitgehend dem erhaltenen Nachfolger entsprach, indem er den Schlossrest und den Neubau unter einem gemeinsamen hohen Satteldach vereinte. Die Zeichnung von de Millas (Abb. 87) zeigt dabei, dass die Scheune im Osten und Westen sogar etwas länger war als die heutige. Im Osten setzte ihr Giebel auf die zum älteren Osttor führende Ringmauer auf, im Westen auf eine stumpfwinklig gebrochene Mauer an der zur Kernburg hochführenden Rampe; beide Mauern wurden von de Millas zugunsten rechtwinklig ansetzender Giebelmauern abgebrochen. Unter der Scheune des 18. Jahrhunderts wurde außerdem ein langer Gewölbekeller mit beidseitigen Zugängen angelegt, der bei den Veränderungen durch de Millas wohl etwas verkürzt beibehalten wurde; seine Zugänge sind aber heute verschlossen.

Der tatsächliche Umfang der Neubauten und Reparaturen auf Burg Neipperg im 18. und früheren 19. Jahrhundert ist nicht vollständig zu erfassen, weil diesbezüglich keine schriftlichen Unterlagen, Bauentwürfe oder dergleichen bekannt sind. Erst mit der grundlegenden Modernisierung der Burg, die im wesentlichen (seit) 1851 stattfand, sind wir über das Baugeschehen genauer informiert, einerseits weil viele Pläne des damals beauftragten Architekten de Millas erhalten sind, und andererseits weil auch der größte Teil der Bauten selbst noch besteht.

277 Fekete, Instandsetzung, S. 216, ohne Quellenangabe.

Abb. 93: Neipperg von Süden, Bleistift- beziehungsweise Sepiazeichnung von August Seyffer (1817).

Die großenteils erhaltenen, nur in Ausnahmefällen heute verschwundenen, aber durchweg noch rekonstruierbaren Bauteile von de Millas zeigen, dass der Auftraggeber damals zwei verschiedene Ziele verfolgte. Einerseits sollte die Burg als Wirtschaftshof modernisiert, andererseits aber sollte sie durch Graf Alfred von Neipperg auch im Sinn einer etwas verspäteten Romantik als Stammsitz der Familie wieder akzentuiert werden.

Dieser zweiten Aufgabe, die nach den Zerstörungen und Umbauten des 17. und 18. Jahrhunderts im Grunde nur noch die beiden eindrucksvollen Türme des 13. Jahrhunderts erfüllten, sollte nun offenbar vor allem eine neue Nutzung des Wohnturms dienen, in dessen attraktivsten Geschossen der Bauherr sich eine Art Studiolo einrichtete. Inwieweit er diese Räume dann tatsächlich nutzte, wissen wir natürlich nicht; schließlich mangelte es dem Turm nicht zuletzt an zeitgemäßen Sanitäreinrichtungen. Im ersten Obergeschoss des Turms wurde um 1851 der Kamin restauriert, indem man den die Haube tragenden Sturz erneuerte, ferner wurden in der Ostwand, in eine ältere Fensternische und den mittelalterlichen Abort, zwei Rundbogenfenster eingesetzt, die fraglos die schwache Belichtung des Raums verbessern sollten. Auf eine Nutzung des ursprünglichen Hocheinstiegs an der Nordseite verzichtete man und baute stattdessen eine lange steinerne Treppe, die an der West- und Südseite des Turms zu einer neuen Pforte führte, zu der man das dortige Fenster umbaute[278]. Von diesem Raum stieg man dann über die originale Treppe in das zweite Obergeschoss hinauf, das keine Umbauspuren zeigt und daher vielleicht als Schlafraum dienen sollte, entsprechend seiner möglicherweise ursprünglichen Funktion. Immer noch auf der alten, nun gewendelten Treppe in der Mauerdicke stieg man schließlich in das dritte Obergeschoss, das mit seinen Doppelfenstern gegen Süden der attraktivste Raum auch des neuerlich genutzten Turms war. Dieser Raum wurde damals wenig verändert. Die Fenstergewände beziehungsweise -säulen hat man zwar, wie ihr guter Zustand zeigt, durch nachgearbeitete Stücke ersetzt, was aber wohl erst im 20. Jahrhundert geschah. Folgenreich war allerdings im Zuge der 1851 geplanten Maßnahmen die Veränderung der Decke zwischen dem zweiten und dritten Obergeschoss, wo man nämlich den Balkenboden durch ein stichbogiges Tonnengewölbe ersetzte. Der Vorteil dieser Maßnahme bleibt unklar, denn man hätte ja auch eine neue Balkendecke einziehen können; eine so hohe Belastung, dass sie eine neue, tragfähigere Deckenkonstruktion erfordert hätte, ist schwer vorstellbar. Dagegen lagen die Nachteile des Gewölbes auf der Hand. Weil man die Absätze für die Balkendecke als Auflager nutzte, lag der neue Boden mehr als anderthalb Meter höher als der ursprüngliche. Dadurch war die Pforte von der Treppe her nicht mehr nutzbar und man brach mehrere Stufen darüber eine neue ein. Außerdem lag der Boden der Fensternischen nun deutlich unter dem neuen Boden, was mehrere abwärts führende Stufen in beide Nischen erforderte und die Fensterproportion in der Innenansicht ungünstig veränderte. Ein weiterer Nachteil zeigte sich erst viel später. Der Seitendruck des Gewölbes schädigte nämlich die Statik des ganzen Turms und seine Seitenwände begannen auszuweichen. Deshalb wurde das Gewölbe 1974 wieder entfernt und durch eine Balkendecke in der ursprünglichen Höhe ersetzt[279].

Auch der aus dem 14./15. Jahrhundert stammende Nordflügel der Kernburg, seit dem 19. Jahrhundert als „Palas“ bezeichnet, wurde von de Millas umgebaut, wie sowohl ein von ihm unterzeichneter Entwurf belegt – Grundrisse des

278 Diese Treppe existierte bis etwa in die 1960er Jahre und wurde dann bei der Restaurierung des Turms abgetragen. Seither ist der Turm durch einen Mauerdurchbruch an der Südseite zugänglich und dann über Treppen, die die neu eingezogenen Betondecken nutzen, um bis ins ursprüngliche erste Obergeschoss zu gelangen.

279 Vgl. Fekete, Instandsetzung, S. 217. Die Form des Gewölbes zeichnet sich noch heute ab, weil die Turmwände darüber und darunter geweißelt wurden; auch die obere Tür ist erhalten. Außerdem konnten die riesigen Steine, welche die in die Fensternischen hinab führenden Treppenstufen bildeten, offenbar wegen ihrer Maße und ihres Gewichts nicht aus dem Turm geschafft werden und liegen deshalb noch sehr störend in den Fensternischen.

Erd- und Obergeschosses (*1er* beziehungsweise *2er Stock*), sowie Nordansicht (*Façade*; Abb. 76) –, als auch der heutige Zustand des Baus. Der Entwurf zeigt, dass gegen Norden und Westen zunächst nur ein Fenster im Erdgeschoss ergänzt werden sollte, sowie vier im Obergeschoss, wovon zwei samt ihren Nischen neu geplant waren; hofseitig und im Osten sollte kaum etwas verändert werden. Wie der Baubefund zeigt, wurden dann aber fast alle Fenster erneuert, sicher wegen ihres doch zu schlechten Zustands, ebenso die meisten Pforten und Fenstergewände an der Hofseite. Auch die gesamte westliche Giebelwand und der obere Giebelteil im Osten wurden in gutem Quaderwerk erneuert.

Für welche Nutzung wurde der „Palas“ aber überhaupt restauriert? De Millas’ Pläne zeigen, dass sowohl das Erd-, als auch das Obergeschoss in je drei Räume unterteilt werden sollten, nämlich einen Mittelflur durch die ganze Tiefe des Gebäudes, einen großen Raum mit Mittelstütze im Westteil und einen kleineren, ofenbeheizten nebst Treppenhaus und Toilette im Ostteil. Im heutigen Zustand sind davon im Erdgeschoss nur die beidseitigen Flurwände erhalten, die westliche gab es schon 1851. Die Wand zum Treppenhaus, dieses selbst und alle Unterteilungen im Obergeschoss sind verschwunden. Dabei ist im heutigen Zustand des nur noch als Lagerraum genutzten und einer Treppe entbehrenden Baus kaum noch festzustellen, ob die von de Millas geplante Wohnung tatsächlich eingebaut wurde. Zwar sprechen die aufwendig erneuerten Fenster dafür, das Fehlen aller Spuren von Inneneinrichtungen aber eher dagegen. Die Planung als solche ist am ehesten so zu deuten, dass hier zwei gleiche Wohnungen mit gemeinsamer Toilette entstehen sollten, vielleicht für gräfliche Bedienstete.

Weitaus umfangreicher und das Bild der Burg prägender als der Umbau des Wohnturms und des „Palas“ waren aber die Baumaßnahmen, die 1851 die Wirtschaftsbauten betrafen. Insbesondere die große Scheune an der Südseite der Hinteren Burg bestimmt heute neben den beiden Türmen das Bild von Neipperg, vor allem von Osten und in der Fernansicht von Süden her. Es sind dies die wirkungsvollsten Ansichten der Burg, die von Westen und Norden her von Wald und von Westen her zusätzlich vom Hügel und Turm der Vorderen Burg verdeckt wird (Abb 11). De Millas übernahm, wie nicht nur sein Plan zeigt, sondern auch das Bruchsteinmauerwerk dieser Wand, die zweigeschossige Südwand der bestehenden Scheune des 18. Jahrhunderts, in die er lediglich neue Türen und Fenster einfügte.

Der Architekt schuf also, wie das Großquaderwerk dieser Teile zeigt, für die Scheune nur neue Giebelfronten im Osten und Westen, die er hinter die des Vorgängerbaus zurücksetzte, vor allem wohl, um einen klarer definierten Baukörper zu erhalten. Ergebnis ist ein im Grundriss annähernd rechteckiges Giebelhaus von west-östlich rund 25 m Länge und – einschließlich des Erdgeschosses des älteren Schlosses – beachtlichen 20 m Tiefe. Der Querschnitt lässt die unterschiedlich alten Bauteile noch gut erkennen, weil der Renaissanceteil nur ein normal hohes

Erdgeschoss umfasst, der südlich angebaute Scheunenteil aber ein viel tiefer gelegenes, von der Zufahrt her zugängliches Erdgeschoss und darüber das eigentliche Scheunengeschoss, das rund 8 m hoch ist. Dort sieht man noch die Südwand des Renaissanceflügels mit seinen zugesetzten Fenstern (Abb. 86). Das gesamte Gebäude liegt unter einem in drei Geschosse und den Dachspitz unterteilten Satteldach, dessen First die südliche Zufahrt um mehr als 20 m überragt.

Von der puren Größe abgesehen bezieht dieser Bau seine Wirkung vor allem aus dem bräunlich-gelben Glattquaderwerk der beiden Giebelwände – das man auch am „Palas" und der Westwand der Kapelle findet –, und vor allem aus der Gliederung seiner Fassaden. Zwar bot die von der älteren Scheune übernommene Südfront mit neuen Öffnungen im Erdgeschoss und zwei (zugesetzten) Fenstern und der Ladeluke im Obergeschoss nur wenig Gestaltungsmöglichkeiten. Auch die Abschrägung der Südostecke mit Rücksicht auf die Zufahrt beziehungsweise die Lage der älteren Brücke, beschränkt die ästhetische Wirkung dieser Seite. Diesen funktional bedingten Mangel versuchte de Millas zu beheben, indem er die Giebelfront in gleicher Flucht nach Süden verlängerte und dort in einer freistehenden Mauer hinter der Brücke ein neues, rundbogiges Haupttor schuf, mit einem Medaillon darüber, das das neippergische Wappen zeigt und die Jahreszahl 1851.

Umso wirkungsvoller ist die Gestaltung der beiden neuen, im Prinzip gleich gestalteten Giebel. Der östliche über dem Halsgraben (Abb. 94) zeigt – über kleinen, den Geländeanstieg berücksichtigenden Öffnungen im Erdgeschoss – im Obergeschoss drei symmetrisch zur Mittelachse angeordnete große Doppelfenster mit rechteckigen Öffnungen. Im nächsten Geschoss, dem untersten des Giebels, wird die Symmetrie aufgenommen, aber die seitlichen Fenster sind nicht mehr verdoppelt und alle Fenster deutlich niedriger. In den weiteren Giebelgeschossen hat dann allein noch die Mittelachse Fenster, zunächst ein Doppelfenster wie direkt darunter, dann nur noch ein einzelnes und zuoberst eine kreuzförmige Lüftungsöffnung im Dachspitz. Der nur vom Wirtschaftsbereich her sichtbare Westgiebel (Abb. 89) wiederholt diese Gliederung mit der Ergänzung, dass hier die neue Torhalle den Anschluss zum Wohnturm vermittelt, wodurch im Obergeschoss der Scheune beziehungsweise im Restbestand des Renaissanceschlosses auch ein weiteres Doppelfenster untergebracht werden konnte. Die Torhalle selbst ist räumlich schlicht und bezieht ihre Wirkung allein aus den beidseitigen Doppelbögen beziehungsweise den Säulen mit ihren Renaissancekapitellen (Abb. 92).

Das erhaltene Erdgeschoss des Südflügels von 1579 wurde beim Neubau 1851 in einer Weise neu aufgeteilt, die im Prinzip erhalten ist (Abb. 87), nämlich mit zwei hofseitigen Räumen an einem unbelichteten Flur; der größere nimmt heute die Heizung auf. Nur der größte Raum am westlichen Ende des Flurs, von dem auch die Treppe zum Scheunendach hinaufführt, sollte offenbar zusätzlichen Lagerzwecken dienen, denn de Millas sah dort eine Zwischendecke auf Holzstützen vor; diese blieb aber entweder unausgeführt oder sie wurde später wieder entfernt.

Abb. 94: Neipperg, Hintere Burg von Osten.

Auch der schmale Flügel, der in mehrfach umgebauter Form an der östlichen Ringmauer der ehemaligen Vorburg erhalten ist, wurde offenbar von de Millas stark erneuert (Abb. 88). Die Oberamtsbeschreibung von 1873 bezeichnet ihn als „steinernes Ökonomiegebäude mit Pächterwohnung, erbaut 1850/51"[280], wobei aber der 1851 datierte Plan zeigt, dass damals nur Veränderungen der vorhandenen Bausubstanz stattfanden. Es wurden neue Fenster, ein Durchgang zum Scheunenteil und eine kurze Trennwand eingebaut, vermutlich aber auch ein wichtiger Bauteil abgerissen, nämlich der Rest des quadratischen Turms in der Südostecke der ehemaligen Vorburg. Nach dem Entwurfsplan muss man vermuten, dass bis dahin mindestens das Erdgeschoss dieses Turms erhalten war, über das damals eine Treppe zum Scheunendach führte. Dass dieser Ostflügel nach dem Umbau als Beständerswohnung dienen sollte, also als Wohnung des Gutspächters, besagt seine Beschriftung – in jüngeren Plänen wird der große südliche Raum als Küche bezeichnet –, aber ob diese dort auch schon zuvor gelegen hat, muss offenbleiben.

Dass im Bereich der ursprünglichen Vorburg auch nach 1851 noch umgebaut wurde, zeigt der heutige Zustand des Ostflügels (Abb. 94). Er hat beidseitig

280 Beschreibung des Oberamts Brackenheim, S. 336.

eine stärkere und regelmäßigere Durchfensterung als auf den Plänen von 1851, auch einen Zugang und einen Erker an der Grabenseite. Außerdem wurde ein Obergeschoss mit Fachwerkwänden aufgesetzt, das nach Fekete erst 1956 nach einem Brand erneuert wurde[281]. Auch das Satteldach birgt heute bewohnbare, an ihren Gauben erkennbare Räume. Fraglos wurde hier also noch im mittleren 20. Jahrhundert Personal untergebracht, das für die Landwirtschaft um die Burg notwendig war. Der Flügel wird auch heute noch entsprechend genutzt, aber wegen der Dominanz des Weinbaus und den entsprechenden Merkmalen des Arbeitsmarkts nur noch von Saisonarbeitern. Die riesige Scheune, die heute leer steht, ist im gleichen Sinn ein Beleg dafür, dass die Landwirtschaft der Domäne noch im 19. Jahrhundert viel stärker diversifiziert war als heute, beziehungsweise dass der Weinbau damals nur ein Produktionszweig neben anderen war. Paulus schreibt noch 1873, dass von den 711 Morgen des damaligen Ritterguts nur 19 Morgen (!) Weinberge waren – also keine 3 Prozent –, der größte Teil jedoch Wald und Äcker[282]; auch 24 Rinder und sechs Pferde gab es damals noch auf dem Wirtschaftshof.

Wie Julius Fekete 1996 zusammenfasste, wurden 1947/49 und 1952/54 der Nordflügel und die Plattform des Hinteren Turms restauriert. Die im gräflichen Archiv vorhandenen Grundrisse und Ansichten des Turms stammen offenbar aus dieser Zeit. 1959 verlor die große Scheune ihre Funktion und sollte abgebrochen werden. Das verhinderte aber die staatliche Denkmalpflege und sorgte außerdem bis in die 1990er Jahre hinein für zahlreiche Sicherungsmaßnahmen. In den 1960er Jahren sind nach Fekete viele Werkstücke restauriert beziehungsweise ersetzt worden; leider ist nicht dokumentiert, welche es genau waren. Bis 1974 wurde der Hintere Turm statisch gesichert, das heißt ein Ringanker um sein Fundament gelegt, zwei Betondecken im ehemaligen „Verlies“ eingezogen und neue Balken mit stählernen Zugankern in den oberen Geschossen eingebaut; das Gewölbe des 19. Jahrhunderts wurde entfernt. 1967 brannte schließlich die Remise von 1783 im Süden des äußeren Mauerring bei einer Feuerlöschübung (!) ab, was auch Schäden an der Mauerschale des Vorderen Turms mit sich brachte (Abb. 20). Die Scheune ist aber heute wieder unter Dach.

281 Fekete, Instandsetzung, S. 216.
282 Beschreibung des Oberamts Brackenheim, S. 334–335.

6 Zusammenfassung: Die Bauentwicklung von Burg Neipperg

Thomas Biller

6.1 13. Jahrhundert

Um oder bald nach 1200 gründete eine Ministerialenfamilie, deren ursprünglicher Sitz in Schwaigern war, auf einem Bergsporn am südlichen Rand des Heuchelbergs eine kleine Burg – die Vordere Burg –, deren Aussehen uns weitgehend unbekannt bleibt, weil ihr größter Teil schon früh abgetragen wurde. Neben dem Halsgraben ist nur der Bergfried mit einer Schale aus gutem Buckelquaderwerk erhalten, der noch keine spitzbogigen Öffnungen zeigt.

Nur wenig später, um 1210/40, wurde östlich vor dem Halsgraben dieser ersten Burg eine zweite, ähnlich kleine Burg begonnen, die ihrerseits gegen Osten durch einen äußeren, recht langen und breiten Halsgraben geschützt wurde. Als Erbauer sind Angehörige derselben Familie anzunehmen, von der schon die Vordere Burg errichtet wurde (Abb. 15). Als erster Bau dieser zweiten Burg – der Hinteren Burg – entstand ein viergeschossiger Wohnturm in hervorragender technischer Qualität, mit Buckel- und Glattquaderwerk und formal anspruchsvollen Details wie einem Kamin, Biforen und Treppen in der Mauerdicke. Seine Detailformen belegen einen direkten Zusammenhang mit zeitgleichen Bauteilen des nahen Klosters Maulbronn; am ehesten ist zu vermuten, dass entsprechend spezialisierte Konversen des Klosters den Turm errichtet haben. Der damit verbundene hohe Anspruch dürfte ebenso wie der 1241 erstmals bezeugte Name Neipperg (*Niberch*, 1241; *Nitperg*, 1281) auf den Verkehr der Burgherren am Königshof und die Pflege der höfischen Kultur im nahen Wimpfen zurückzuführen sein.

Dass der Wohnturm von Anfang an Kern einer kleinen, rechteckigen Burg sein sollte, zeigt der beim Bau vorgesehene Ansatz einer dicken Ringmauer an seiner Südwestecke. Die Ringmauer wurde jedoch weder an der Südseite noch an den anderen Seiten in dieser Dicke ausgeführt, vielmehr entstand sie in reduzierter Stärke und Qualität erst in einer zweiten und dritten Ausbaustufe, deren zeitlicher Abstand aber schwer einzuschätzen ist, wahrscheinlich noch im 13. Jahrhundert (Abb. 63). Zunächst wurde die Ringmauer im Osten und weitgehend auch im Norden errichtet, mit einer Schale aus etwas kleinteiligerem, aber qualitätvollem Buckelquaderwerk. An der Ostmauer entstand außerdem ein kleiner Wohnbau, von dessen Obergeschoss noch ein Aborterker zeugt; in diesem Wohnbau lag auch das Burgtor, etwa 3 m über dem Außengelände und wohl nur über eine Brücke zu erreichen. Erst in einer dritten Bauphase, die an ihrem weniger sauberen Glattquaderwerk erkennbar ist, wurden die der Angriffsseite abgekehrten Teile der rechteckigen Ringmauer vollendet, die Nordwestecke, die Westseite und vermutlich auch die Südfront, von der aber fast nichts erhalten ist. Zusammen mit diesem letzten Teil der Ringmauer, im Verband mit ihrer Nordwestecke, entstand im Graben zwischen beiden Burgen, nur von der Grabensohle her zu betreten, eine kleine Kapelle; ihre Lage dürfte bedeuten, dass sie den Bewohnern beider Burgen zur Verfügung stehen sollte.

6.2 Spätmittelalter

Im 14./15. Jahrhundert wurde die Hintere Burg in begrenztem Maße modernisiert und im Osten eine Vorburg entweder erst jetzt hinzugefügt oder weiter ausgebaut; Zwingeranlagen verbesserten ihren Schutz im Süden und Westen. In der Kernburg entstand – wohl erst nach einer Erhöhung, eindeutig aber nach dem Abriss des älteren östlichen Wohnbaus – an der Nordseite ein neuer Wohnbau in gotischen Formen, wobei auch das Burgtor zugesetzt wurde. Da von diesem Wohnbau nur ein Erker unverändert blieb, kann man seine Entstehung nur grob ins 14./15. Jahrhundert datieren. Noch schlechter zu datieren ist das gewölbte, mit gröberen Buckelquadern verkleidete Geschoss, das auf den Wohnturm aufgesetzt wurde; das gilt auch für die kurzen erhaltenen Partien der hohen westlichen Zwingermauern, mit Resten von zwei runden Eckerkern in Höhe des ehemaligen Wehrgangs.

Die mittelalterliche Gestalt der später vielfach umgestalteten Vorburg der Hinteren Burg ist nur noch in ihren Grundzügen zu fassen. Die Wahrscheinlichkeit spricht für ihre Entstehung schon bald nach der Kernburg, vielleicht anfangs mit Holzbauten, aber dafür fehlen Belege. Der Ausbau mit steinerner Ringmauer und zumindest einem Turm an der Südostecke ist dagegen noch in Grundzügen zu belegen, wenn auch nur aufgrund der Bestandsaufnahmen des 19. Jahrhunderts, nicht durch sichtbare Bausubstanz. Ihr Tor dürfte im Südosten gelegen haben; der Nordabschluss ist nicht mehr sicher zu lokalisieren.

Wie lange die Vordere Burg in dieser Phase bewohnt blieb beziehungsweise wann und weshalb ihre Bauten verschwanden, bleibt unklar. Seit dem späteren 15. Jahrhundert wurde sie als Burgstall bezeichnet.

6.3 16. und 17. Jahrhundert

Bis zum späten 16. Jahrhundert wurde die Kernburg der Hinteren Burg weiter ausgebaut. Auf der südlichen Ringmauer, anstoßend an den Wohnturm, entstand ein kurzer Südflügel, in dessen Erdgeschoss ein Tor zum engen Hof der Kernburg gelegen haben muss und an der Ostseite dieses Hofs offenbar eine große Küche. Weil davon kaum mehr als der mutmaßliche Tragbogen des Küchenschlots erhalten blieb, ist eine genauere Datierung dieser Teile nicht möglich. Der neue Südflügel wurde mindestens einmal aufgestockt.

1579 begann dann das größte Bauvorhaben in der Geschichte der Hinteren Burg, nämlich der Bau eines zweiflügeligen Renaissanceschlosses innerhalb der früheren Vorburg. Von diesem Bau ist heute nur noch das Erdgeschoss des Südflügels verbaut erhalten, während der verschwundene Westflügel nur noch von Dachanschlägen an der Südwand des Wohnturms bezeugt wird. Dieser Bau muss nach einer dort ablesbaren Erhöhung erstaunliche vier Obergeschosse gehabt haben. Über sein Inneres wissen wir fast nichts. Nur indirekte Überlieferungen und vier als Spolien beziehungsweise in neuer Verwendung erhaltene Renaissancekapitelle deuten darauf hin, dass er einen Saal mit säulengestützter Decke enthielt, vielleicht im Erdgeschoss des Südflügels, wo in der Südwand große rechteckige Doppelfenster erhalten sind.

Dass auch der schmale, nur als Umbau des mittleren 20. Jahrhunderts erhaltene Ostflügel der ehemaligen Vorburg in die Bauzeit des Schlosses zurückreicht, liegt nahe, ist aber durch den Baubestand kaum noch belegt, und auch der 1851 abgerissene nördliche Küchentrakt als Teil des Schlossprojekts ist nur noch durch glattgearbeitete Buckelquader an der Ostseite des Wohnturms indirekt bezeugt.

Dass die zu jener Zeit schon längst nicht mehr genutzte Vordere Burg beim Schlossbau zur Gewinnung von Baumaterial abgetragen wurde, liegt nahe. Schon auf der ältesten Darstellung von Neipperg im Kieser'schen Forstlagerbuch aus den 1680er Jahren ist von der Vorderen Burg nur noch der Bergfried zu sehen. Auf dieser Ansicht umgibt auch bereits die heute noch großenteils erhaltene, weitgedehnte äußere Mauer die Hintere Burg und den Hügel der Vorderen Burg. Sie kann als Schutz vor Angriffen nur leicht bewaffneter Truppen kaum vor dem 16. Jahrhundert entstanden sein, vielleicht gleichzeitig mit dem Schloss von 1579. Auf der Darstellung Kiesers umschloss sie unter dem Bergfried der Vorderen Burg nur einige Wirtschaftsgebäude.

6.4 19. und 20. Jahrhundert

Erst in der ersten Hälfte des 19. Jahrhunderts ist mittels verschiedener Darstellungen der Burg eine direkte Anschauung von deren Zustand zu gewinnen, der bereits damals von erheblichen Verlusten ihrer älteren Bausubstanz geprägt war.

Insbesondere war nach 1688/93 das zweiflügelige Schloss bis auf Reste des Erdgeschosses verschwunden, und noch vollständiger der Südflügel der Kernburg. Da die Anlage Mitte der 1680er Jahre auf der Darstellung Kiesers noch keine Schäden zeigte, waren diese Verluste sicher auf den Orléans'schen Krieg zurückzuführen und auf das Ende der Instandhaltung der zerstörten und überdies unmodern gewordenen Anlage zu einem späteren, aber nicht näher bestimmbaren Zeitpunkt. Im mittleren und späten 18. Jahrhundert setzte eine Umgestaltung für Zwecke der Landwirtschaft ein. Die Reste des Südflügels des Schlosses wurden in eine große Scheune einbezogen, im Süden des äußeren Mauerrings entstanden weitere Wirtschaftsgebäude.

1851 erfolgte nach qualitätvollen Entwürfen des regional tätigen Baumeisters Andreas Ludwig de Millas eine Systematisierung der Gesamtanlage. Verfallene Bauteile wurden gesichert, die große Scheune erhielt neue Giebel und der schmale, wohl im 16. Jahrhundert entstandene Ostflügel der Vorburg beziehungsweise des Schlosses wurde zur Wohnung ausgebaut. Ob auch die Umgestaltung des gotischen Nordflügels der Kernburg zu Wohnungen realisiert wurde, bleibt dagegen unklar. Im Wohnturm richtete sich Graf Alfred von Neipperg (†1865) in den drei ursprünglichen Wohngeschossen eine Art Wohnung ein, deren Glanzstücke der Kaminraum und das dritte Obergeschoss mit den beiden Biforen waren. In diesem Bereich wurden Restaurierungen durchgeführt, jedoch ist eine anschließende tatsächliche Nutzung der schwer erreichbaren Räume nicht zu belegen.

Im Lauf des 20. und frühen 21. Jahrhunderts wird die Burg weiterhin als Wirtschaftshof genutzt, vor allem für Zwecke des gräflichen Weinguts. Neben den Wirtschaftsgebäuden auf der Südterrasse dient dabei vor allem der Ostflügel als Unterkunft für Beschäftigte, während die Scheune für gelegentliche Veranstaltungen genutzt wird. Der Wohnturm als herausragender denkmalwerter Teil der Anlage wurde mehrfach restauriert, ist aber nicht öffentlich zugänglich.

Anhang

Stammtafeln

Stammtafel 1:
von Schwaigern und von Neipperg

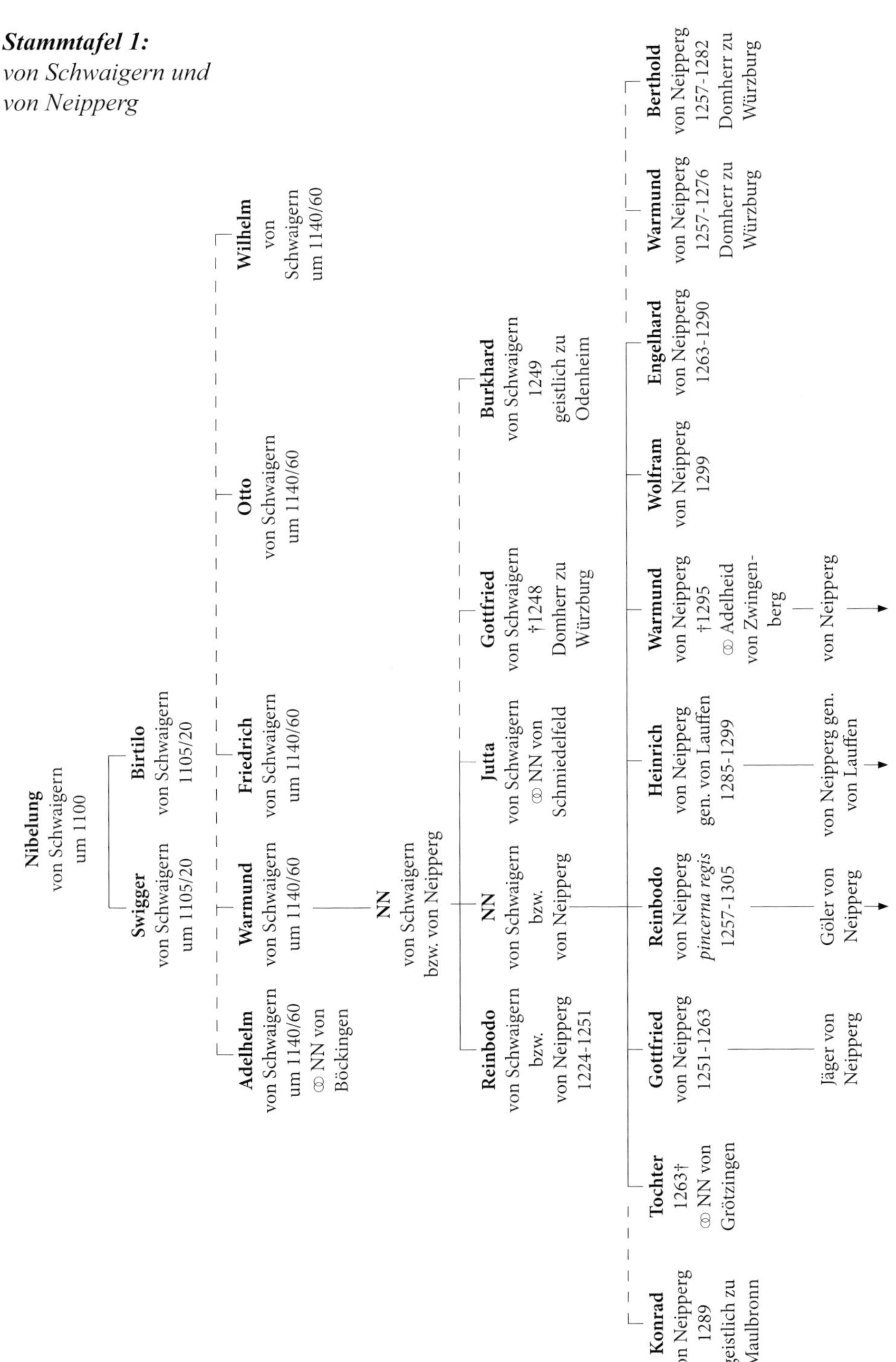

Stammtafel 2:
Göler von Neipperg

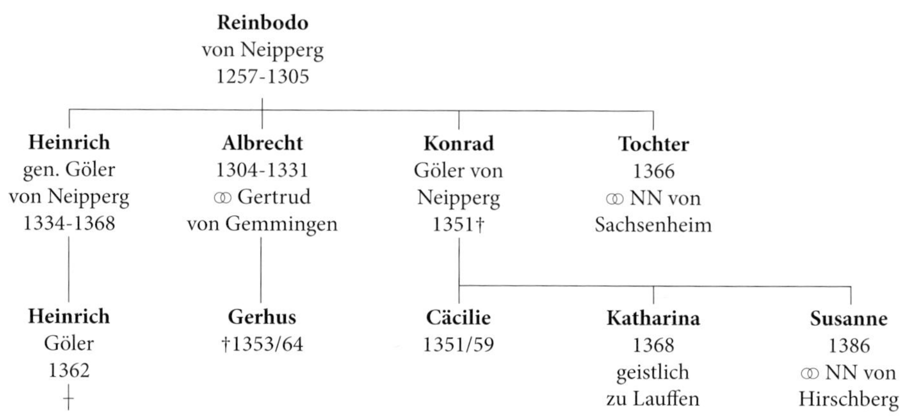

Stammtafel 3:
von Neipperg
gen. von Lauffen

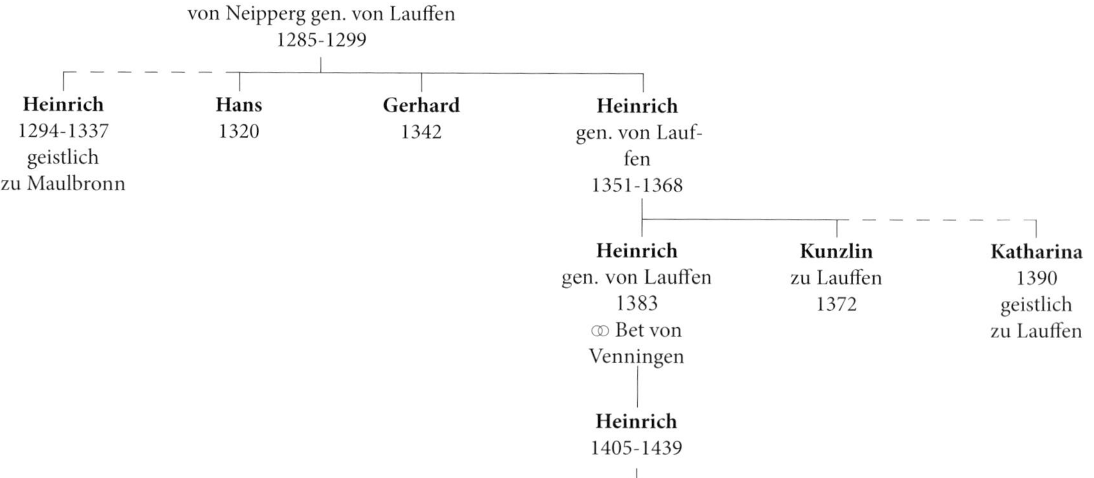

Stammtafel 4:
von Neipperg

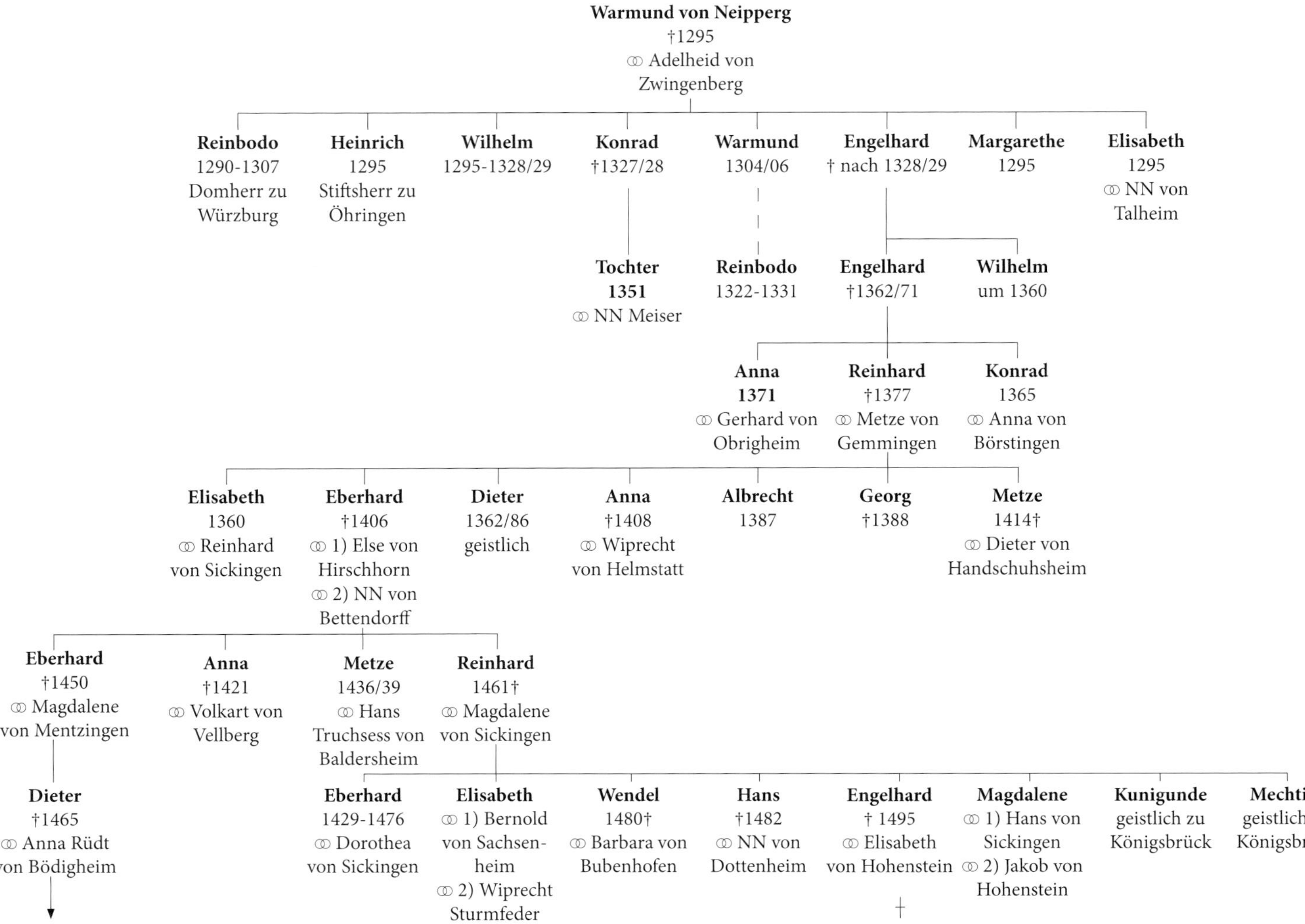

Stammtafel 5:
von Neipperg

Dieter
†1465
⚭ Anna Rüdt
von Bödigheim

- **Eberhard**
  †1506
  zu Adelshofen
  und Schwaigern
  ⚭ Agathe
  von Massenbach
  - **Dietrich**
    †1541
    ⚭ Margarethe
    von Rechberg
    - **Hans**
      †1591
      ⚭ 1) Helene
      von Freudenberg
      ⚭ 2) Anna Wolfskeel
      ⚭ 3) Ursula Schenk von
      Winterstetten
      - **Wolf Dietrich**
        1558†
        ⚭ Katharina
        von Helmstatt
      - **Georg Bernhard**
        †1602
        ⚭ Anna
        von Riedheim
    - **Hartmann**
      †1571
      ⚭ 1) Anna
      von Flehingen
      ⚭ 2) Barbara
      von Jarsdorff
  - **Eberhard**
    †1534
    ⚭ Katharina
    von Sachsenheim
    - **Ludwig**
      †1570
      ⚭ Magdalena
      von Hornstein
      - **Eberhard**
        †1591
        ⚭ Rosina
        von Neipperg
        - **Ludwig**
          †1591
          ⚭ Barbara
          von Dienheim
      - **Reinhard**
        † nach 1612
        ⚭ Sabine
        von Jarsdorff
      - **Georg Wilhelm**
        1607†
        ⚭ 1) Anna von Stein
        ⚭ 2) Dorothea
        von Neideck
        - **Melchior Ludwig**
          †1619
          ⚭ Agnes Maria
          von Neipperg
          - **Philipp Ludwig**
            †1685
            ⚭ 1) Bernhardine
            Schaffalitzky
            von Muckodell
            ⚭ 2) Juliane Agnes
            von Sperberseck
            - **Bernhard**
              †1708
              ⚭ 1) Helene Dorothea
              Jäger von Gärtringen
              ⚭ 2) Sophie Amalie
              Senft von Sulburg
              †
- **Reinhard**
  †1496
  Deutschmeister
- **Wilhelm**
  †1498
  zu Schwaigern
  und Klingenberg
  ⚭ Margarethe
  von Stöffeln
  ↓

Stammtafel 6:
von Neipperg

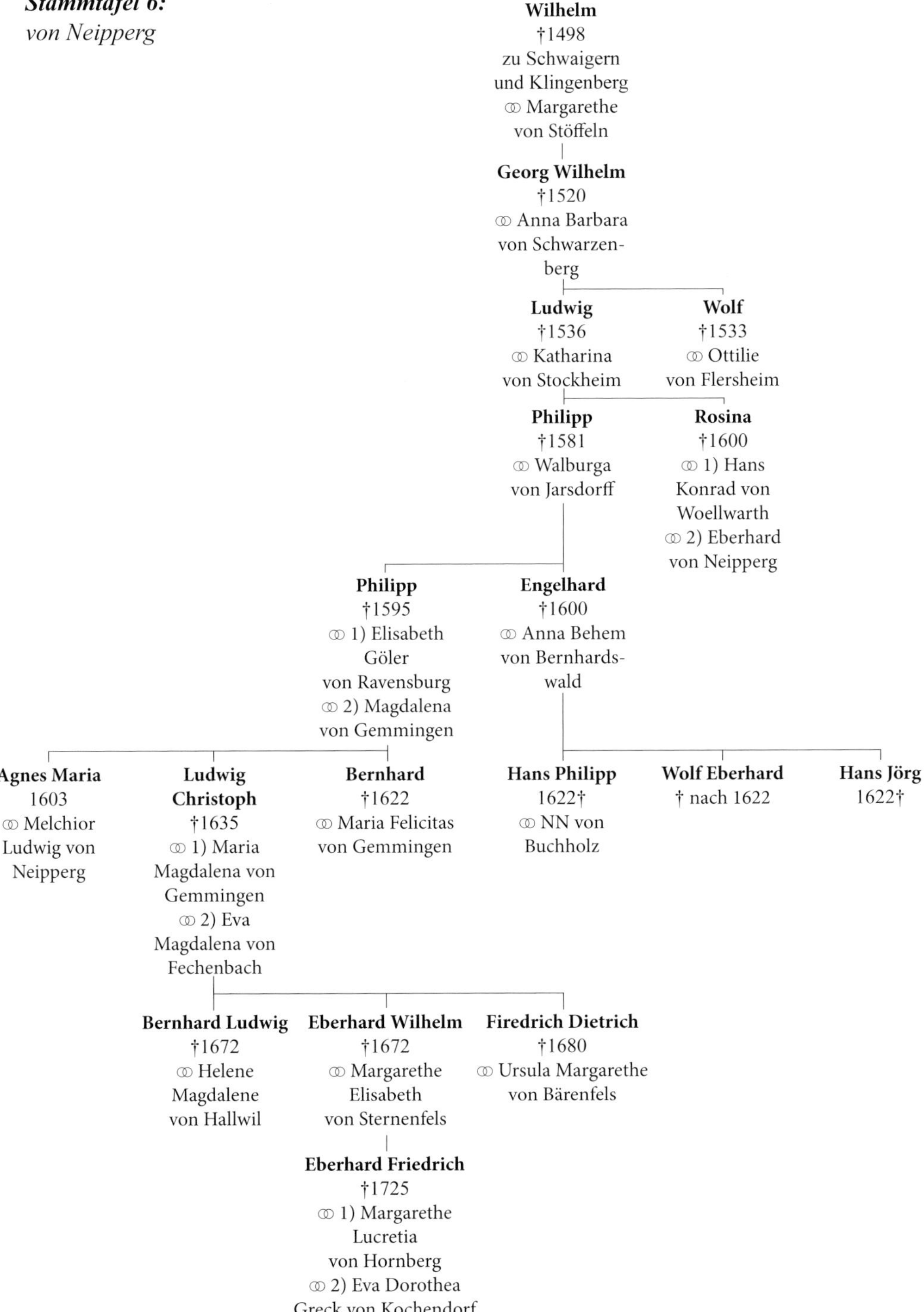

Stammtafel 7:
von Neipperg

Dendrochronologische Untersuchungen

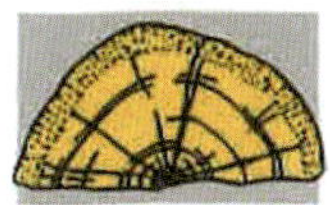

JAHRRINGLABOR HOFMANN & REICHLE GbR

Jutta Hofmann • Dipl. Agrarbiologin • Daniel Reichle • Dipl. Biologe
Waldhäuser Straße 12 • 72622 Nürtingen • Tel. 07022 / 55598 • www.jahrringlabor.de • info@jahrringlabor.de

17.06.21

Kommentar zur dendrochronologischen Altersbestimmung

Auftragsnr.: **270421/4**

Einsender: Herr Dr.-Ing. Timm Radt, Robert-Mayer-Straße 109, 70191 Stuttgart

Objekt: **Neipperg, Burg Neipperg**

Bei den 4 untersuchten Bohrkernen (Nr.1 bis Nr.4) handelt es sich um Eichen.

Die Jahrringkurven der **Eichen Nr.1, Nr.2, Nr.3** und **Nr.4** konnten für den Wachstumszeitraum 1149 - 1218 mit der Eichen-Standardchronologie mit signifikanten Gleichläufigkeiten und Signatur-Gleichläufigkeiten sowie hohen t-Werten synchronisiert werden.
Die **Eiche Nr.4** weist keine Waldkante auf. Vom Splintholz, das bei Eichen in der Regel 10 bis 30 Jahrringe umfasst, ist noch ein Jahrring vorhanden. Dieser letzte erhaltene Splintring wurde 1208 gebildet, d.h. das frühest mögliche Fälldatum ist das Jahr 1217 (= 1208 + mind. 9 fehlende Splintringe) und das spätest mögliche Fälldatum ist das Jahr 1237 (= 1208 + max. 29 fehlende Splintringe).
Die **Eiche Nr.3** weist keine Waldkante auf. Vom Splintholz sind noch 2 Jahrringe vorhanden. Der letzte erhaltene Splintring wurde 1209 gebildet, d.h. das frühest mögliche Fälldatum ist das Jahr 1217 (= 1209 + mind. 8 fehlende Splintringe) und das spätest mögliche Fälldatum ist das Jahr 1237 (= 1209 + max. 28 fehlende Splintringe).
Die **Eiche Nr.1** weist keine Waldkante auf. Vom Splintholz sind noch 8 Jahrringe vorhanden. Der letzte erhaltene Splintring wurde 1215 gebildet, d.h. das frühest mögliche Fälldatum ist das Jahr 1217 (= 1215 + mind. 2 fehlende Splintringe) und das spätest mögliche Fälldatum ist das Jahr 1237 (= 1215 + max. 22 fehlende Splintringe).
Die **Eiche Nr.2** weist keine Waldkante auf. Vom Splintholz sind noch 10 Jahrringe vorhanden. Der letzte erhaltene Splintring wurde 1218 gebildet, d.h. das frühest mögliche Fälldatum ist das Jahr 1219 und das spätest mögliche Fälldatum ist das Jahr 1238 (= 1218 + max. 20 fehlende Splintringe).

J. Hofmann

Dipl.agr.biol. J.Hofmann

JAHRRINGLABOR HOFMANN & REICHLE GbR
Jutta Hofmann • Dipl. Agrarbiologin • Daniel Reichle • Dipl. Biologe
Waldhäuser Straße 12 • 72622 Nürtingen • Tel. 07022 / 55598 • www.jahrringlabor.de • info@jahrringlabor.de

Ergebnis der dendrochronologischen Altersbestimmung

Auftragsnr.: **270421/4**

Einsender: Herr Dr.-Ing. Timm Radt, Robert-Mayer-Straße 109, 70191 Stuttgart

Objekt: **Neipperg, Burg Neipperg**

Proben-Nr.	Holzart	Wachstumszeitraum	Splintbeginn	Waldkante	Chronologie	Gleichläufigkeit (%)	Signatur-Gleichläufigkeit (%)	t-Wert
1	Eiche	1171 - 1215	1208	nicht erhalten	Eichen Standard	68,2	92,3	4,2
2	Eiche	1159 - 1218	1209	nicht erhalten	Eichen Standard	62,7	77,8	4,6
3	Eiche	1149 - 1209	1208	nicht erhalten	Eichen Standard	65,0	83,3	4,4
4	Eiche	1161 - 1208	1208	nicht erhalten	Eichen Standard	72,3	76,9	3,5
Mittelkurve:								
1+2+3+4	Eiche	1149 - 1218			Eichen Standard	62,3	77,3	5,7

Neipperg, Burg Neipperg (Auftragsnr. 270421/4) Abbildung 1

Neipperg, Burg Neipperg (Auftragsnr.270421/4) **Abbildung 2**

Eichen Nr.1 bis Nr.4

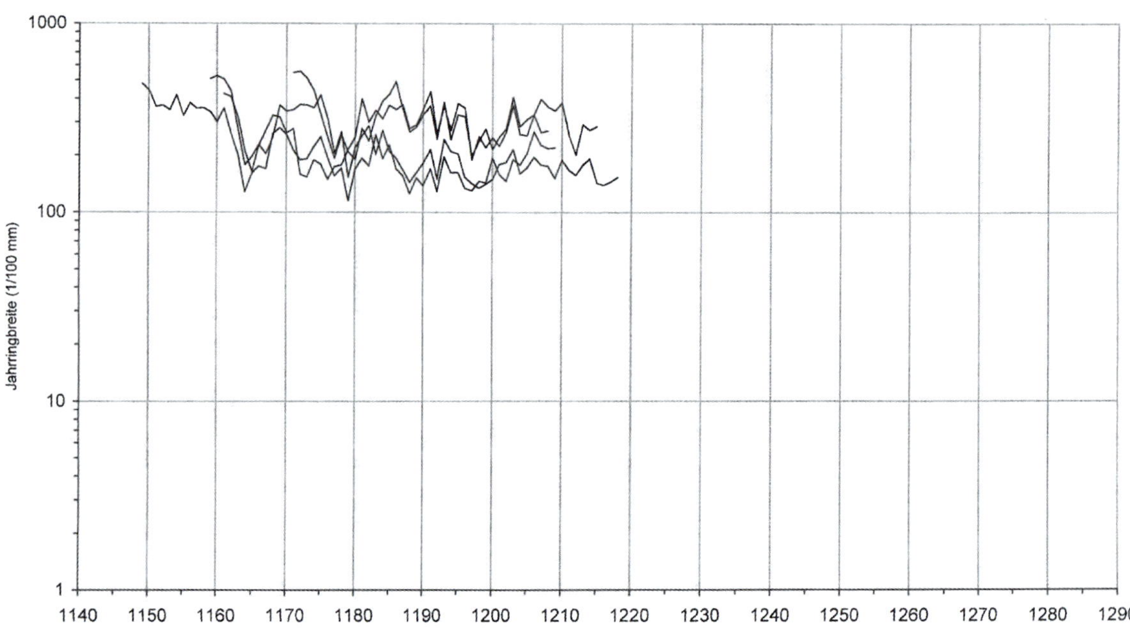

Siglen

FGA	Freiherrlich von Gemmingen'sches Archiv
GLA	Generallandesarchiv
GNA	Gräflich von Neipperg'sches Archiv
HStA	Hauptstaatsarchiv
HZA	Hohenlohe-Zentralarchiv
ZGO	Zeitschrift für die Geschichte des Oberrheins

Literatur und Quellen

Manfred AKERMANN, Bad Wimpfen und die Burgen Guttenberg, Krautheim und Neipperg, in: Manfred AKERMANN, Burgen und Pfalzen der Staufer. Ein Ausflugsführer, Stuttgart 2010, S. 39–46.

Otto VON ALBERTI u. a., Württembergisches Adels- und Wappenbuch, 2 Bde., Stuttgart 1889–1916.

August AMRHEIN, Reihenfolge der Mitglieder des adeligen Domstiftes zu Wirzburg, St. Kilians-Brüder genannt, von seiner Gründung bis zur Säkularisation 742 bis 1803, in: Archiv des Historischen Vereines von Unterfranken und Aschaffenburg 32 (1889) und 33 (1890).

Kurt ANDERMANN, Engelhard von Neipperg (†1495). Schlossherr zu Altwiesloch und Klient des Heidelberger Hofes, in: Wiesloch. Beiträge zur Geschichte, Bd. 2, bearb. von Jürgen WEIS, Ubstadt-Weiher 2001, S. 91–102.

Kurt ANDERMANN, êre – güete – minne. Die Burgen des Wimpfner Reichsforstes, in: Deutsches Archiv für Erforschung des Mittelalters 54 (1998) S. 97–117.

Kurt ANDERMANN, Zwischen adliger Herrschaft, fürstlichem Dienst und drohender Landsässigkeit. Die Vettern Engelhard und Wilhelm von Neipperg, in: ZGO 146 (1998) S. 159–196.

Kurt ANDERMANN, Konrad von Weinsberg (um 1370–1448), in: Fränkische Lebensbilder (Veröffentlichungen der Gesellschaft für fränkische Geschichte VII A), Bd. 26, hg. von Dieter J. WEISS, Neustadt an der Aisch 2022, S. 37–54.

Kurt ANDERMANN, Das Kopialbuch des Engelhard von Neipperg (†1495). Urkundenregesten (um 1235) 1331 bis 1493 (Heimatverein Kraichgau , Sonderveröffentlichung 11), Sinsheim 1994.

Kurt ANDERMANN, Der Kraichgau – eine Landschaft dazwischen, in: Der Kraichgau. Facetten der Geschichte einer Landschaft (Kraichtaler Kolloquien 6), hg. von Kurt ANDERMANN und Christian WIELAND, Epfendorf 2008, S. 11–25.

Kurt ANDERMANN, Neidenstein – ein Ort mit einem besonderen Namen, in: Kraichgau 26 (2020) S. 231–240.

Kurt ANDERMANN, Öffnungsrecht, in: Handwörterbuch zur deutschen Rechtsgeschichte, 25. Lfg., Berlin [2]2017, Sp. 126–128.

Kurt ANDERMANN, Unterwerfungsstrategien der Kurpfalz gegenüber dem Ritteradel um die Wende vom Mittelalter zur Neuzeit, in: (Un)Gleiche Kurfürsten? Die Pfalzgrafen bei Rhein und die Herzöge von Sachsen im späten Mittelalter (1356–1547) (Heidelberger Veröffentlichungen zur Landesgeschichte und Landeskunde 19), hg. von Jens KLINGNER und Benjamin MÜSEGADES, Heidelberg 2017, S. 195–205.

Kurt ANDERMANN, Die Urkunden der Freiherrlich von Gemmingen'schen Archive aus Gemmingen und Fürfeld, Regesten 1331 bis 1849 (Heimatverein Kraichgau, Sonderveröffentlichung 37), Ubstadt-Weiher 2011.

Kurt ANDERMANN, Die Urkunden des Freiherrlich von Gemmingen'schen Archivs auf Burg Guttenberg über dem Neckar (Regesten) 1353 bis 1802 (Heimatverein Kraichgau, Sonderdruck 6), Sinsheim 1990.

Kurt ANDERMANN, Die Urkunden des Freiherrlich von Gemmingen'schen Archivs Treschklingen aus Rappenau (Heimatverein Kraichgau, Sonderveröffentlichung 41), Ubstadt-Weiher 2021.

Kurt ANDERMANN, Zwischen adliger Herrschaft, fürstlichem Dienst und drohender Landsässigkeit. Die Vettern Engelhard und Wilhelm von Neipperg, in: ZGO 146 (1998) S. 159–196.

Kurt ANDERMANN und Franz MAIER unter Mitarbeit von Karl BORCHARDT, Die Urkunden des Freiherrlich von Gemmingen'schen Archivs von Burg Hornberg über dem Neckar. Regesten 1283 bis 1845 (Heimatverein Kraichgau, Sonderveröffentlichung 38), Ubstadt-Weiher 2018.

Alexander ANTONOW, Planung und Bau von Burgen im süddeutschen Raum, Frankfurt am Main 1983.

Heinrich APPELT u. a., Die Urkunden der deutschen Könige und Kaiser, Bd. 10,4: Die Urkunden Friedrichs I. 1181 bis 1190 (Monumenta Germaniae Historica, Diplomata), Hannover 1990.

Gerhard ASSFAHL, Ein Würzburger Bischofslehen der Grafen von Vaihingen (1973), in: Gerhard ASSFAHL, Aus dem Zabergäu. Aufsätze aus der Zeitschrift des Zabergäuvereins und dem Jahrbuch für schwäbisch-fränkische Geschichte des Historischen Vereins Heilbronn, Brackenheim 1989, S. 196–231.

Hans-Peter BAUM und Rolf SPRANDEL, Statistische Forschungen an den spätmittelalterlichen Lehenbüchern von Würzburg, in: Zeitschrift für historische Forschung 17 (1990) S. 85–128.

Hugo BAZING, Der Name Neipperg, in: Korrespondenzblatt des Vereins für Kunst und Altertum in Ulm und Oberschwaben 1876, S. 38–40.

Ute BEITLER, Die Stadtkirche in Schwaigern, ihre Bau- und Kunstgeschichte, in: Schwaigern Heimatbuch, S. 477–494.

Beschreibung des Oberamts Brackenheim, hg. von dem Königlich statistisch-topographischen Bureau, Stuttgart 1873.

Beschreibung des Oberamts Heilbronn, hg. von dem Königlichen Statistischen Landesamt, 2 Bde., Stuttgart [2]1901–1903.

Thomas BILLER, Die Adelsburg in Deutschland. Entstehung, Form und Bedeutung, München 1992.

Thomas BILLER, Die Baugeschichte der Burg Leofels (Veröffentlichungen zur Ortsgeschichte und Heimatkunde in Württembergisch Franken 28), Ostfildern 2020.

Thomas BILLER, Die Hohkönigsburg im Mittelalter. Geschichte und neue Bauforschung, mit einem Beitrag von Bernhard METZ (Veröffentlichungen des Alemannischen Instituts 87), Ostfildern 2020.

Thomas BILLER, Die Pfalz Wimpfen (Burgen, Schlösser und Wehrbauten in Mitteleuropa 24), Regensburg 2010.

Thomas BILLER und Bernhard METZ, Die Burgen des Elsass. Architektur und Geschichte, Bd. 1: Die Anfänge des Burgenbaues im Elsass (bis 1200), München 2018.

Thomas BILLER und Bernhard METZ, Die Burgen des Elsass. Architektur und Geschichte, Bd. 2: Der spätromanische Burgenbau im Elsass (1200–1250), München 2007.

Thomas BILLER und Achim WENDT, Burgen und Schlösser im Odenwald. Ein Führer zu Geschichte und Architektur, Regensburg [2]2014.

Heinrich BOOS, Urkundenbuch der Stadt Worms (Quellen zur Geschichte der Stadt Worms 1 und 2), 2 Bde., Berlin 1886–1890.

Karl BOSL, Die Reichsministerialität der Salier und Staufer. Ein Beitrag zur Geschichte des hochmittelalterlichen deutschen Volkes, Staates und Reiches (Schriften der Monumenta Germaniae Historica 10), 2 Bde., Stuttgart 1950–1951.

Karl BOSL, Die Adelige Unfreiheit, in: Ministerialität im Pfälzer Raum (Veröffentlichungen der Pfälzischen Gesellschaft zur Förderung der Wissenschaften 64), hg. von Friedrich Ludwig WAGNER, Speyer 1975, S. 9–19.

Thomas BRÜCKNER, Lehnsauftragung (Studien zur europäischen Rechtsgeschichte – Veröffentlichungen des Max Planck-Instituts für europäische Rechtsgeschichte Frankfurt am Main 258), Frankfurt am Main 2011.

Joachim BUMKE, Mäzene im Mittelalter. Die Gönner und Auftraggeber der höfischen Literatur in Deutschland 1150 bis 1300, München 1979.

Michael CURSCHMANN und Burghart WACHINGER, Der Berner und der Riese Sigenot auf Wildenstein, in: Beiträge zur Geschichte der deutschen Sprache und Literatur 116 (1994) S. 360–389.

Karl-Heinz DÄHN, Ein Beitrag zur Diskussion um die großen Neipperger Burgfenster, in: Jahrhuch für schwäbisch-fränkische Geschichte 34 (2001) S. 109–118.

Karl-Heinz DÄHN, Burg Neipperg, in: Jahrbuch für schwäbisch-fränkische Geschichte 32 (1992) S. 49–62.

Karl-Heinz DÄHN, Neipperg, in: Brackenheim. Heimatbuch der Stadt Brackenheim und ihrer Stadtteile, hg. von der Stadt Brackenheim, Brackenheim 1980, S. 419–456.

Joseph DAMBACHER, Urkundenarchiv des Klosters Herrenalb, 14. Jahrhundert, in: ZGO 5 (1854) S. 206–223.

Deutsches Rechtswörterbuch. Wörterbuch der älteren deutschen Rechtssprache, hg. ehedem von der Preußischen Akademie der Wissenschaften, heute von der Heidelberger Akademie der Wissenschaften, bisher 14 Bde., Weimar 1914–2019.

Ferdinand Ludwig Immanuel DILLENIUS, Weinsberg, vormals freie Reichs-, jetzt württembergische Oberamtsstadt. Chronik derselben, Stuttgart 1860.

Irmgard Dörrenberg, Das Zisterzienser-Kloster Maulbronn, Würzburg ²1938.

Immo EBERL, Die Herren und Grafen von Neipperg, in: Schwaigern Heimatbuch, S. 385–428.

Irmtraud FARRENKOPF, Neipperg. Die Geschichte eines Dorfes und seiner Einwohner, Brackenheim 1989.

Julius FEKETE, Zur bevorstehenden Instandsetzung der Burg Neipperg, in: Denkmalpflege in Baden-Württemberg 25 (1996) H. 3, S. 209–217.

Walther-Gerd FLECK, Burgen und Schlösser in Nordwürttemberg, Frankfurt am Main 1979.

Walther-Gerd FLECK, Burgenporträt: Burg Liebenstein, Gemeinde Neckarwestheim, Kreis Heilbronn, in: Burgen und Schlösser 38 (1997) S. 27–36.

Walter-Gerd FLECK, Burg Lichtenberg in Württemberg (bei Oberstenfeld), Kr. Ludwigsburg (Veröffentlichungen der Deutschen Burgenvereinigung D 6), Braubach ²2013.

Gerhard FRITZ, Die Grafen von Vaihingen, in: Nachrichten aus 7000 Jahren (Schriftenreihe der Stadt Vaihingen an der Enz 9), hg. von Lothar BEHR, Otto-Heinrich ELIAS, Manfred SCHECK und Ernst Eberhard SCHMIDT, Vaihingen an der Enz 1995, S. 23–96.

Gerhard FRITZ, Hochadelige Herren. Die Grafen von Vaihingen, ihr Dorf und ihre Stadt vom 11. bis zum 14. Jahrhundert, in: Geschichte der Stadt Vaihingen an der Enz, hg. von Lothar BEHR, Otto-Heinrich ELIAS, Manfred SCHECK und Ernst Eberhard SCHMIDT, Vaihingen an der Enz 2001, S. 67–98.

Bernd FUHRMANN, Konrad von Weinsberg. Ein adliger Oikos zwischen Territorium und Reich (Vierteljahrschrift für Sozial- und Wirtschaftsgeschichte, Beiheft 171), Stuttgart 2004.

Genealogisches Handbuch bürgerlicher Familien, hg. von Bernhard KOERNER, Bd. 110, Görlitz 1940.

August Friedrich GFRÖRER, Codex Hirsaugiensis (Bibliothek des Literarischen Vereins Stuttgart 15), Stuttgart 1843.

Karl GLÖCKNER, Codex Laureshamensis (Arbeiten der Historischen Kommission für den Volksstaat Hessen), 3 Bde., Darmstadt 1929–1936.

Gothaisches genealogisches Handbuch der fürstlichen Häuser, Bd. 2 (Gesamtreihe 7), bearb. von Gottfried GRAF FINCK VON FINCKENSTEIN, Marburg 2018.

Die Grafen von Lauffen am mittleren und unteren Neckar (Heidelberger Veröffentlichungen zur Landesgeschichte und Landeskunde 18), hg. von Christian BURKHART und Jörg KREUTZ, Heidelberg 2015.

Handwörterbuch zur deutschen Rechtsgeschichte, hg. von Adalbert Erler, Ekkehard Kaufmann u. a., 5 Bde., Berlin 1971–1998.
Handwörterbuch zur deutschen Rechtsgeschichte, hg. von Albrecht Cordes, Heiner Lück u. a., bisher 3 Bde., Berlin ²2005 ff.
Werner Hechberger, Adel im fränkisch-deutschen Mittelalter. Zur Anatomie eines Forschungsproblems (Mittelalter-Forschungen 17), Ostfildern 2005.
Maria Theresia Heitlinger, Bernhard Sporer und die Stadtkirche in Schwaigern, in: Jahrbuch für schwäbisch-fränkische Geschichte 34 (2001) S. 21–90.
Historischer Atlas von Baden-Württemberg, hg. von der Kommission für geschichtliche Landeskunde in Baden-Württemberg in Verbindung mit dem Landesvermessungsamt Baden-Württemberg, Stuttgart 1972–1988.
Hans-Georg Hofacker, Die schwäbischen Reichslandvogteien im späten Mittelalter (Spätmittelalter und frühe Neuzeit 8), Stuttgart 1980.
Hermann Hoffmann, Das älteste Lehenbuch des Hochstifts Würzburg 1303 bis 1345 (Quellen und Forschungen zur Geschichte des Bistums und Hochstifts Würzburg 25), 2 Bde., Würzburg 1972–1973.
Hermann Hoffmann, Das Lehenbuch des Fürstbischofs Albrecht von Hohenlohe 1345 bis 1372 (Quellen und Forschungen zur Geschichte des Bistums und Hochstifts Würzburg 33), 2 Bde., Würzburg 1982.
Yves Hoffmann, Baugeschichtliche Untersuchungen an den erzgebirgischen Wehrkirchen Dörnthal, Großrückwalde, Lauterbach und Mittelsaida, in: Wehrhafte Kirchen und befestigte Kirchhöfe (Veröffentlichung der Landesgruppe Sachsen, Sachsen-Anhalt und Thüringen der Deutschen Burgenvereinigung), hg. von Dirk Höhne und Reinhard Schmitt, Langenweißbach 2015, S. 201–230.
Jürgen Keddigkeit, Michael Losse und Hubert Puhl, Neidenfels, in: Pfälzisches Burgenlexikon (Beiträge zur pfälzischen Geschichte 12), hg. von Jürgen Keddigkeit u. a., Bd. 3, Kaiserslautern 2005, S. 665–674.
Kieser, Forstlagerbuch → Maurer/Schiek, Ortsansichten Kieser.
Karl Klunzinger, Die Edlen von Neipperg und ihre Wohnsitze Neipperg und Schwaigern, Stuttgart 1840.
Ulrich Knapp, Das Kloster Maulbronn. Geschichte und Baugeschichte, Stuttgart 1997.
Nicolai Knauer, Schloss Liebenstein. Baugeschichte und Historie, Neckarwestheim 2012.
Eugen Knupfer und Moriz von Rauch, Urkundenbuch der Stadt Heilbronn (Württembergische Geschichtsquellen 5, 15, 19 und 20), 4 Bde., Stuttgart 1904–1922.
Jacky Koch, Le donjon du château de Spesbourg. Nouvelles observations à l'occasion de récents travaux de restauration, in: Châteaux forts d´Alsace 6 (2004) S. 45–60.
A. Gustav Kolb, Die Kraichgauer Ritterschaft unter der Regierung des Kurfürsten Philipp von der Pfalz, in: Württembergische Vierteljahrshefte für Landesgeschichte NF 19 (1910) S. 1–154.
Dagmar Kraus, Archiv der Grafen von Neipperg. Urkundenregesten 1280 bis 1881 (Inventare der nichtstaatlichen Archive in Baden-Württemberg 23), Stuttgart 1997.
Konrad Krimm, Christa Balharek und Dirk Hainbuch, Archive der Grafen und Freiherren von Helmstatt. Urkunden (Inventare der nichtstaatlichen Archive in Baden-Württemberg 40), Stuttgart 2020.
Helmut Kunstmann, Die Burgen der südwestlichen Fränkischen Schweiz (Veröffentlichungen der Gesellschaft für fränkische Geschichte 9,28,1), Neustadt an der Aisch 1971.
Helmut Kunstmann, Die Burgen der nordwestlichen und nördlichen Fränkischen Schweiz (Veröffentlichungen der Gesellschaft für fränkische Geschichte 9,28,2), Neustadt an der Aisch 1972.
Emil Lacroix, Peter Hirschfeld und Wilhelm Paeseler, Die Kunstdenkmäler des Amtsbezirks Pforzheim Land (Die Kunstdenkmäler des Großherzogthums Badens 9,7), Freiburg im Breisgau 1938.

Das Land Baden-Württemberg. Amtliche Beschreibung nach Kreisen und Gemeinden, Bd. 4: Regierungsbezirk Stuttgart, Regionalverbände Franken und Ostwürttemberg, hg. von der Landesarchivdirektion Baden-Württemberg, Stuttgart 1980.

Der Landkreis Heilbronn (Baden-Württemberg – Das Land in seinen Kreisen), bearb. von der Abteilung Fachprogramme und Bildungsarbeit des Landesarchivs Baden-Württemberg, hg. vom Landesarchiv Baden-Württemberg in Verbindung mit dem Landkreis Heilbronn, 2 Bde., Ostfildern 2010.

Der Landkreis Schwäbisch Hall (Baden-Württemberg – Das Land in seinen Kreisen), bearb. von der Abteilung Fachprogramme und Bildungsarbeit des Landesarchivs Baden-Württemberg, hg. vom Landesarchiv Baden-Württemberg in Verbindung mit dem Landkreis Schwäbisch Hall, 2 Bde., Ostfildern 2005.

Dankwart LEISTIKOW, Der romanische Schornstein am Berchfrit zu Neipperg, in: Burgen und Schlösser 1 (1960) S. 15 f.

Lutz LEUSCH, Die Wandgemälde der Burgkapelle zu Zwingenberg, Karlsruhe 1893.

Matthias LEXER, Mittelhochdeutsches Handwörterbuch, 3 Bde., Leipzig 1872–1878.

Eberhard LOHMANN, Das älteste Lehnbuch des Hochstifts Worms von 1426 bis 1434, in: Archiv für hessische Geschichte und Altertumskunde NF 58 (2000) S. 1–62.

Hans VON MALOTTKI, Heinrich von Leiningen, Bischof von Speyer und Reichskanzler. Ein Beitrag zur Geschichte der deutschen Reichskanzlei und des Bistums Speyer im 13. Jahrhundert (Münchener Historische Studien, Abt. Geschichtliche Hilfswissenschaften 14), München 1977.

Hans-Martin MAURER, Burgen und Adel des Zabergäus im hohen Mittelalter, in: Zeitschrift des Zabergäu-Vereins 1967, S. 33–56.

Hans-Martin MAURER und Siegwald SCHIEK, Alt-Württemberg in Ortsansichten und Landkarten von Andreas Kieser 1680 bis 1687, Stuttgart 1985.

Helmut MAURER, Die deutschen Königspfalzen, Bd. 3: Baden-Württemberg, 2 Teile in 6. Lfgg., Göttingen 1988–2020.

Cord MEYER, Die deutsche Literatur im Umkreis König Heinrichs (VII.). Studien zur Lebenswelt spätstaufischer Dichter (Kultur, Wissenschaft, Literatur. Beiträge zur Mittelalterforschung 17), Frankfurt am Main u. a. 2007.

Matthias MILLER, Mit Brief und Revers. Das Lehenswesen Württembergs im Spätmittelalter. Quellen – Funktion – Topographie (Schriften zur südwestdeutschen Landeskunde 52), Leinfelden-Echterdingen 2004.

Franz Joseph MONE, Kraichgauer Urkunden, in: ZGO 14 (1862) S. 311–335.

Christian Adolf MÜLLER, Burgen und Schlösser im Markgräflerland (Das Markgräflerland, Sonderheft), Schopfheim 1973.

Bert NAGEL, Staufische Klassik. Deutsche Dichtung um 1200, Heidelberg 1977.

Neipperg. Ministerialen – Reichsritter – Hocharistokraten (Kraichtaler Kolloquien 9), hg. von Kurt ANDERMANN, Epfendorf 2014.

Renate NEUMÜLLERS-KLAUSER, Die Inschriften des Enzkreises bis 1650 (Die Deutschen Inschriften 22 – Heidelberger Reihe 8), München 1983.

Thomas OLECHOWSKI, Ärgere Hand, in: Handwörterbuch zur deutschen Rechtsgeschichte, Bd. 1, Berlin [2]2008, Sp. 293 f.

Eduard PAULUS, Die Cisterzienser-Abtei Maulbronn, Stuttgart 1889.

Eduard PAULUS, Die Kunst- und Altertums-Denkmale im Königreich Württemberg, Bd. 1: Neckarkreis, Stuttgart 1889.

Georg Heinrich PERTZ u. a., Monumenta Germaniae Historica, Scriptores (in Folio), Bd. 10, Hannover 1852.

Timm RADT, Bauformen früher Adelsburgen in Baden-Württemberg, in: Die Pfalz Wimpfen und der Burgenbau in Südwestdeutschland (Forschungen zu Burgen und Schlössern 15), hg. von Thomas BILLER und Christine MÜLLER, Petersberg 2013, S. 106–117.

Franz Xaver REMLING, Urkundenbuch zur Geschichte der Bischöfe zu Speyer, 2 Bde., Mainz 1852–1853.

Meinrad Schaab, Die Ministerialität der Kirchen, des Pfalzgrafen, des Reiches und des Adels am unteren Neckar und im Kraichgau, in: Ministerialität im Pfälzer Raum (Veröffentlichungen der Pfälzischen Gesellschaft zur Förderung der Wissenschaften 64), hg. von Friedrich Ludwig WAGNER, Speyer 1975, S. 95–121.

Zeynep SAGOL, Der Altwürttembergische Landgraben vom Heuchelberg zum Bottwartal. Ein beinahe vergessenes Relikt württembergischer Herrschaftsgeschichte, in: Denkmalpflege in Baden-Württemberg 51 (2022) H. 1, S. 48–53.

Johann Friedrich SCHANNAT, Historia episcopatus Wormatiensis, 2 Bde., Frankfurt am Main 1734.

Georg SCHEIBELREITER, Heraldik (Oldenbourg Historische Hilfswissenschaften), Wien und München 2006.

Scheibler'sches Wappenbuch. D'après le manuscript conservé par la Bibliothèque d'État de Bavière à Munich sous la cote Cod. icon. 312c (Documents d'héraldique médiévale 13), bearb. von Michel POPOFF, hg. von Daniel STEMMELEN, Paris 2018.

Schloss Runkelstein. Die Bilderburg, bearb. von André BECHTOLD u. a., hg. von der Stadt Bozen unter Mitwirkung des Südtiroler Kulturinstitutes, Bozen 2000.

Paul SCHMIDT, Maulbronn. Die baugeschichtliche Entwicklung des Klosters im 12. und 13. Jahrhundert und sein Einfluß auf die schwäbische und fränkische Architektur (Studien zur deutschen Kunstgeschichte 47), Straßburg 1903.

Eugen SCHNEIDER, Codex Hirsaugiensis, in: Württembergische Vierteljahrshefte für Landesgeschichte 10 (1887) S. 1–78.

Peter-Johannes SCHULER, Regesten zur Herrschaft der Grafen von Württemberg 1325 bis 1378 (Quellen und Forschungen aus dem Gebiet der Geschichte NF 8), Paderborn u. a. 1998.

Schwaigern. Heimatbuch der Stadt Schwaigern mit den Teilorten Massenbach, Stetten a. H. und Niederhofen, hg. von der Stadtverwaltung Schwaigern, red. von Werner CLEMENT, Schwaigern 1994.

Detlev SCHWENNICKE, Europäische Stammtafeln. Stammtafeln zur Geschichte der europäischen Staaten NF, bisher 29 Bde. in 35, Marburg und Frankfurt am Main1979–2013.

Karl-Heinz SPIESS unter Mitarbeit von Thomas WILLICH, Das Lehnswesen in Deutschland im hohen und späten Mittelalter, Stuttgart [2]2009.

Stammtafel des mediatisierten Hauses Neipperg, o. O. 1899.

Stätten der Herrschaft und Macht. Burgen und Schlösser im Landkreis Ravensburg, hg. von Hans Ulrich RUDOLF, Berthold BÜCHELE und Ursula RÜCKGAUER, Ostfildern 2013, S. 71–74.

Thomas VOGTHERR, Der bedrängte König. Beobachtungen zum Itinerar Heinrichs (VII.), in: Deutsches Archiv für Erforschung des Mittelalters 47 (1991) S. 395–439.

Franz Xaver VOLLMER, Der Besitz der Staufer (bis 1250), in: Historischer Atlas von Baden-Württemberg, Karte und Erläuterungen V,4 (1976).

Peter WANNER, Im hohen Mittelalter. Böckingen und die Herren von Böckingen, in: Böckingen am See. Ein Heilbronner Stadtteil gestern und heute (Veröffentlichungen des Archivs der Stadt Heilbronn 37), red. von Peter WANNER, Heilbronn 1998, S. 63–75.

Friedrich VON WEECH, Das Wormser Synodale von 1496, in: ZGO 27 (1875) S. 227–326 und 385–454.

Karl WELLER und Christian BELSCHNER, Hohenlohisches Urkundenbuch, 3 Bde., Stuttgart 1899–1912.

Stephan Alexander WÜRDTWEIN, Nova subsidia diplomatica sed selecta iuris ecclesiastici Germaniae, 13 Bde., Heidelberg 1781–1789.

Württembergische Regesten Regesten von 1301 bis 1500, hg. vom Königlichen Haus- und Staatsarchiv Stuttgart, 3 Tle., 1916–1940

Württembergisches Urkundenbuch online: https://www.wubonline.de/?mp=1&sp=1

Abbildungsnachweis

Abb. 29: Neipperg, Vorderer Turm, Traufgesims des östlichen Pultdachs an der Südseite des Turmabschlusses. Timm Radt.

Abb. 30: Neipperg, Vorderer Turm, Konsolsteine des Wehrerkers an der Westseite. Timm Radt.

Abb. 31: Mauterndorf, Lunggau (Österreich), Hurden in Strickbauweise auf der äußeren Zwingermauer. Timm Radt.

Abb. 32: Neipperg, Vorderer Turm, Decksteine der Zinnen mit bogenförmigem Querschnitt. Timm Radt.

Abb. 33: Wimpfen, Roter Turm der Kaiserpfalz, Aborterker. Timm Radt.

Abb. 34: Neipperg, Vorderer Turm, rundbogige Scharte an der Südseite (rechts). Lichtenberg bei Oberstenfeld, rundbogige Scharte an dem um 1200 erbauten südlichen Bergfried (links). Timm Radt.

Abb. 35: Lichtenberg bei Oberstenfeld (oben), Buckelquaderwerk um 1200 mit roh bearbeiteten Bossen und schmalem Randschlag. Hohenbeilstein (unten), Buckelquaderwerk um 1220/30 mit kissenförmig bearbeiteten Bossen. Timm Radt.

Abb. 36: Spesburg bei Andlau (Unterelsass), Rekonstruktion der Krone des Bergfrieds, Ostansicht und Schnitt, nach den Untersuchungen 1999. Jacky Koch und Maurice Seiler.

Abb. 37: Liebeneck bei Tiefenbronn, Bergfried, Ansichten der Feldseite (links) und der Hofseite (rechts). Timm Radt.

Abb. 38: Miltenberg am Main (links), Bergfried nach 1200 mit Wehrerkern aus Werkstein; Ravensburg bei Sulzfeld (rechts), Bergfried um 1220/30 mit Konsolen für Wehrerker aus Holz. Timm Radt.

Abb. 39: Neipperg, Hinterer Turm, Baualterpläne auf fünf Höhen. Messtechnische Grundlage: Aufmaße im GNA Schwaigern, Baupläne. Thomas Biller.

Abb. 40: Neipperg, Hinterer Turm, Rekonstruktion des Schnitts Süd-Nord im mittelalterlichen Zustand. Messtechnische Grundlage: Zeichnung bei Fekete; Thomas Biller.

Abb. 41: Neipperg, Hinterer Turm, Ansichten von Südwesten (links) und Osten (rechts); das formal abweichende Buckelquaderwerk des obersten Geschosses ist erkennbar, ferner an der Süd- und Westwand die verschiedenen Dachanschläge und an der Ostwand unten links die Glattbearbeitung für die Küche des 16. Jahrhunderts, darüber die 1851 erneuerten Fenstergewände des Obergeschosses. Thomas Biller.

Abb. 42: Neipperg, Steinmetzzeichen am Hinteren Turm. Nach der Beschreibung des Oberamts Brackenheim, mit Ergänzungen von Thomas Biller.

Abb. 43: Neipperg, Hinterer Turm, die volkstümlich als Donarkopf bezeichnete primitive Maske außen neben dem östlichen Lichtschlitz des Untergeschosses; sie kann nicht vor dem späten 16. Jahrhundert entstanden sein, nachdem die Buckel für den Anbau des Schlosses (seit 1579) abgeschlagen worden waren, wahrscheinlich entstand sie erst nach dem Abbruch des Schlosses, also im 19. Jahrhundert. Thomas Biller.

Abb. 44: Neipperg, Hinterer Turm, Spuren des Erkers vor dem Hocheinstieg und sekundäre Dachanschläge. Thomas Biller.

Abb. 45: Neipperg, Hinterer Turm, weiße Scheinfugen im ersten Obergeschoss, oben auf dem deckentragenden Band, unten in der südlichen Fensternische der Ostwand. Thomas Biller.

Abb. 46: Neipperg, Hinterer Turm, Kamin im ersten Obergeschoss, restaurierter Zustand 1889 (Eduard Paulus) und heute. Zeichnung Joseph Cades, Aufnahme Thomas Biller.

Abb. 47: Neipperg, Hinterer Turm, Kamin im ersten Obergeschoss, mit Andeutung der fehlenden Teile des Sturzes. Aufnahme und Rekonstruktion Thomas Biller.

Abb. 48: Neipperg, Hinterer Turm, Spolie des Ornaments von der Kaminhaube im ersten Obergeschoss, heute im Nordflügel. Thomas Biller.

Abb. 49: Neipperg, Hinterer Turm, Halbmondkonsole am Treppenzugang im ersten Obergeschoss. Thomas Biller.

Abb. 50: Neipperg, Hinterer Turm, Westwand im zweiten Obergeschoss mit dem oberen Teil der Kaminhaube und der Pforte zur Wendeltreppe. Thomas Biller.

Abb. 51: Neipperg, Hinterer Turm, die teilweise erneuerten Biforen in der Südwand des dritten Obergeschosses. Thomas Biller.
Abb. 52: Neipperg, Hinterer Turm, Grundriss und Außenansicht einer Bifore. Eduard Paulus, Zeichnung Joseph Cades.
Abb. 53: Neipperg, Hinterer Turm, der Schornsteinkopf. Thomas Biller.
Abb. 54: Kloster Maulbronn, Halbmondkonsolen im Herrenrefektorium (links), am Gesims des südlichen Kreuzgangflügels (Mitte) und am Kamin im Frühmesserhaus (rechts). Thomas Biller.
Abb. 55: Schwaigern, Pfarrkirche St. Johannes der Täufer, Fenster im ehemaligen Chorturm, links das nur teilweise erhaltene südliche Fenster, rechts das fast vollständig erneuerte an der Ostseite. Thomas Biller.
Abb. 56: Neipperg, Hinterer Turm, Schornstein (links) und Maulbronn, Bekrönung eines Strebepfeilers am Südflügel des Kreuzgangs (rechts). Thomas Biller.
Abb. 57: Neipperg, Hinterer Turm, Rekonstruktion der oberen Geschosse und ihrer Treppen im ursprünglichen Zustand des 13. Jahrhunderts als aufgeschnittene Perspektive. Timm Radt.
Abb. 58: Neipperg, Hinterer Turm, Ringmaueransatz an der Südwestecke, rechts ein Teil der Torhalle von 1851 mit einer weiteren, nicht mehr benutzten Verzahnung. Thomas Biller.
Abb. 59: Neipperg, Hintere Burg, Teile der abgebrochenen Südmauer der Kernburg, die in der nachträglich abgeschrägten Südwestecke erhalten sind. Thomas Biller.
Abb. 60: Neipperg, Hintere Burg, der Nordflügel des 14./15. Jahrhunderts von Nordosten. Thomas Biller.
Abb. 61: Neipperg, Hintere Burg, beschädigter Aborterker an der Ostmauer der Kernburg, dahinter der besser erhaltene Aborterker des Wohnturms. Thomas Biller.
Abb. 62: Neipperg, Hintere Burg, die westliche Ringmauer der Kernburg, Außenseite, aufgenommen von der vorgelagerten Terrasse des ehemaligen Zwingers. Thomas Biller.
Abb. 63: Neipperg, Hintere Burg, schematische Darstellung der Bauphasen der Ringmauer im 13. Jahrhundert. Thomas Biller.
Abb. 64: Neipperg, Bestandsplan der Gesamtanlage mit Interpretation der Bauteile von Gustav Kolb (1903). Zeichnung Geometer Karr, GNA Schwaigern, Baupläne.
Abb. 65: Neipperg, die Nordwand der ehemaligen St. Georgs-Kapelle, rechts der nachträglich angesetzte Strebepfeiler mit Resten eines Wehrerkers. Thomas Biller.
Abb. 66: Neipperg, das nachtäglich eingesetzte Maßwerkfenster in der Nordwand der ehemaligen St. Georgs-Kapelle. Thomas Biller.
Abb. 67: Neipperg, Darstellung aus dem Forstlagerbuch von Andreas Kieser (1680/87). HStA Stuttgart, H 107.
Abb. 68: Neipperg, Westansicht (um 1840). Lithographie eines unbekannten Künstlers, bei Karl Klunzinger.
Abb. 69: Neipperg, Hintere Burg, Wohnbau von Nordosten. Timm Radt.
Abb. 70: Neipperg, Hintere Burg, Hoffassade des Wohnbaus von Südwesten. Timm Radt.
Abb. 71: Neipperg, Hintere Burg, östliche Schmalseite des Wohnbaus, rechts unten das zugesetzte Burgtor aus dem mittleren 13. Jahrhundert. Timm Radt.
Abb. 72: Neipperg, Hintere Burg, westliche Schmalseite des Wohnbaus, rechts die Baunaht zwischen der Ringmauer des 15. Jahrhunderts und dem nach links anschließenden Quaderwerk aus der Mitte des 19. Jahrhunderts. Timm Radt.
Abb. 73: Neipperg, Hintere Burg, Baualterpläne und Querschnitt des Nordflügels. Timm Radt nach dem Aufmaß von 1998 im GNA Schwaigern.
Abb. 74: Neipperg, Hintere Burg, Wohnbau von Nordosten mit Hervorhebung der Bruchsteinpartien aus dem mittleren 13. Jahrhundert und Versuch einer Rekunstruktion des Gebäudes im 13. Jahrhundert. Timm Radt.
Abb. 75: Neipperg, Hintere Burg, Innenansicht des ehemaligen Ziererkers im Nordwesten des Wohnbaus mit Resten des Netzgewölbes, das den Erker bis zu seiner Reduktion auf eine Fensternische überspannte. Timm Radt.

Abb. 76: Neipperg, Hintere Burg, Umbaupläne de Millas' für den Wohnbau (1851). GNA Schwaigern.

Abb. 77: Neipperg, Hintere Burg, zentrales Feld der spätgotischen Freskenreste im Nordwesten des Obergeschosses des Wohnbaus mit neippergischem Wappen (oben) und grobe Umzeichnung (unten). Thomas Biller (oben) und Timm Radt (unten).

Abb. 78: Neipperg, Hintere Burg, östlicher Rand des Freskenfelds an der Südwand des Obergeschosses des Wohnbaus mit gemaltem Zierfries und darüber angeordnetem Würfeldekor (links) und grobe Umzeichnung (rechts). Thomas Biller (links) und Timm Radt (rechts).

Abb. 79: Neipperg, Hintere Burg, Freskenrest mit figürlicher Darstellung einer sitzenden, bärtigen (?) Gestalt an einer Fensterlaibung der Südwand im Obergeschoss des Wohnbaus (links) und grobe Umzeichnung (rechts). Thomas Biller (links) und Timm Radt (rechts).

Abb. 80: Wappen der Familie von Neipperg im Scheibler'schen Wappenbuch (1450/75). Wikipedia.

Abb. 81: Wappen der Familie von Neipperg im Ingeram Codex (1459). Wikipedia.

Abb. 82: Runkelstein bei Bozen (Südtirol), Fresko des frühen 15. Jahrhunderts mit einer Helmzier in Gestalt eines hochaufragenden Flügelpaares. Timm Radt.

Abb. 83: Neipperg, Rekonstruktionsversuch der Gesamtanlage im Zustand um 1680. Timm Radt.

Abb. 84: Neipperg, Hintere Burg, Tragbogen an der Ostseite des Hofs, wohl Rest einer Küche. Thomas Biller.

Abb. 85: Neipperg, Hinterer Turm, Westwand mit Dachanschlägen, darüber die Fenster der Mauertreppe und der Schornstein. Thomas Biller.

Abb. 86: Neipperg, Hintere Burg, das östliche Fenster an der Südseite des ehemaligen Schlosses von 1579, heute im Obergeschoss der Scheune sichtbar. Thomas Biller.

Abb. 87: Neipperg, Hintere Burg, Entwurf für die Erneuerung der Scheune, Zeichnung von Andreas Ludwig de Millas (1851). GNA Schwaigern, Baupläne.

Abb. 88: Neipperg, Hintere Burg, Entwurf für die Erneuerung des Ostflügels, Zeichnung von Andreas Ludwig de Millas (1851). GNA Schwaigern, Baupläne.

Abb. 89: Neipperg, Hintere Burg, die Front der Torhalle und der Südgiebel der Scheune, nach dem Entwurf von Andreas Ludwig de Millas (1851). Thomas Biller.

Abb. 90: Neipperg, Hintere Burg, Bauinschrift von 1579, heute über dem Eingang des Ostflügels. Thomas Biller.

Abb. 91: Neipperg, Hintere Burg, Allianzwappen Neipperg-Neipperg (1581), heute an der Hofseite des ehemaligen Südflügels beziehungsweise der Scheune. Thomas Biller.

Abb. 92: Neipperg, Hintere Burg, Säulen mit wiederverwendeten Kapitellen des späten 16. Jahrhunderts in der Torhalle von 1851 (links) und formal entsprechende Kapitelle als Spolien, heute im Nordflügel (rechts). Thomas Biller.

Abb. 93: Neipperg von Süden, Bleistift- beziehungsweise Sepiazeichnung von August Seyffer (1817). Württembergische Landesbibliothek Stuttgart, Schef. qt. 5495.

Abb. 94: Neipperg, Hintere Burg von Osten. Thomas Biller.

Indices

Personen und Orte

Sachen und Begriffe

(in themenbezogener Auswahl)

Weitere Veröffentlichungen im verlag regionalkultur

Klaus Gereon Beuckers (Hrsg.)

Die mittelalterlichen Wandmalereien zwischen Rhein, Neckar und Enz

Die Kirchen zwischen Rhein, Neckar und Enz bergen eine überraschende Fülle mittelalterlicher Wandmalereien von teilweise bemerkenswerter Qualität. Viele von ihnen sind noch nie besprochen und veröffentlicht worden. Der vorliegende Band stellt erstmals anhand zahlreicher Bildbeispiele die in über 50 Kirchen befindlichen Wand- und Gewölbeausmalungen vor.

Hrsg. vom Heimatverein Kraichgau e.V.
Sonderveröffentlichung Nr. 35.
Hrsg. von Klaus Gereon Beuckers.
512 S. mit 551 farbigen Abb., repräsentatives Großformat, fester Einband. 2011. ISBN 978-3-89735-669-6. EUR 79,-

Hartmut Riehl / Jürgen Alberti

Burgen und Schlösser im Kraichgau

Burgen und Schlösser im Kraichgau – Hartmut Riehl und Jürgen Alberti haben das reichhaltige Bildmaterial durch markante Informationen zu Geschichte und Baustil ergänzt; Text und Bild vermitteln vielfältige Impressionen der traditionsreichen Adelssitze, die nur den einen Wunsch offenlassen: die Burgen und Schlösser bei nächster Gelegenheit auch selbst zu besichtigen.

Hartmut Riehl / Jürgen Alberti
2. überarbeitete Auflage.
132 Seiten mit 250 Abb., attraktives quadratisches Format, fester Einband. 2013. ISBN 978-3-89735-500-2. EUR 17,90

verlag regionalkultur
Bahnhofstr. 2 . 76698 Ubstadt-Weiher .
07251 36703-0 . www.verlag-regionalkultur.de